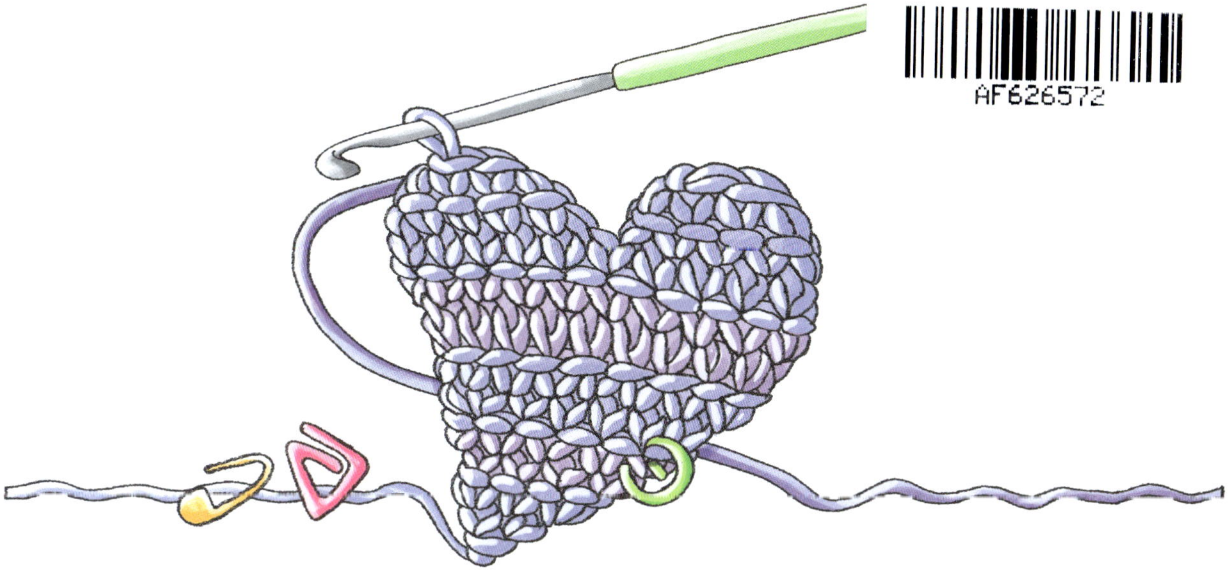

AF626572

HÄKELN LERNEN

BILD FÜR BILD

Grundlagen

Materialkunde

Seite 6

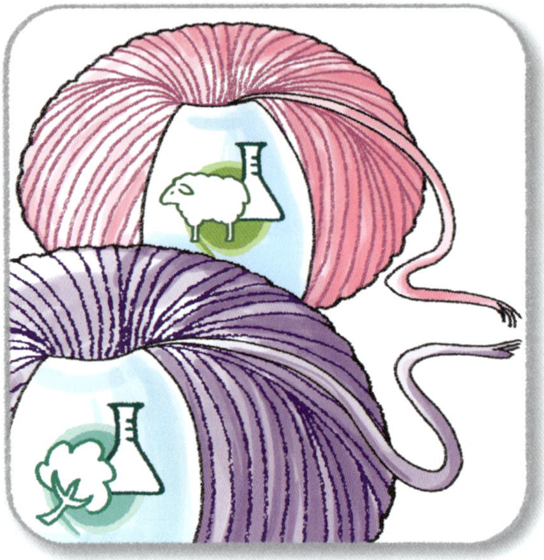

Vorbereitung

Seite 22

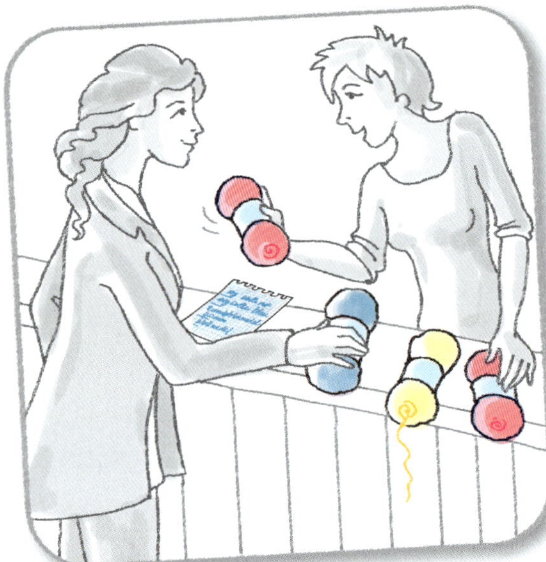

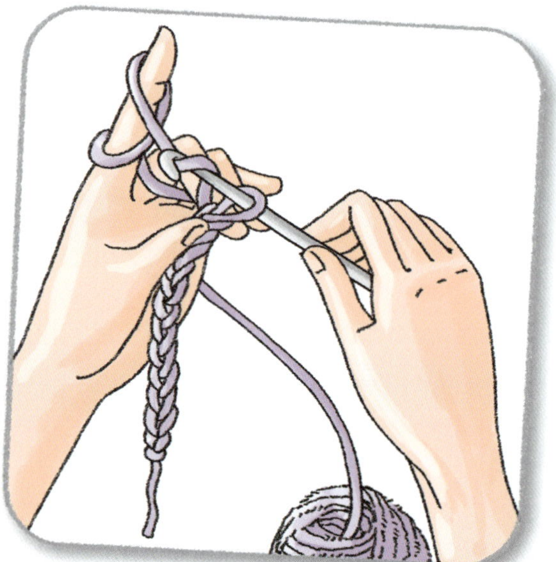

Häkeln lernen

Seite 28

Modelle

Beanie
Seite 86

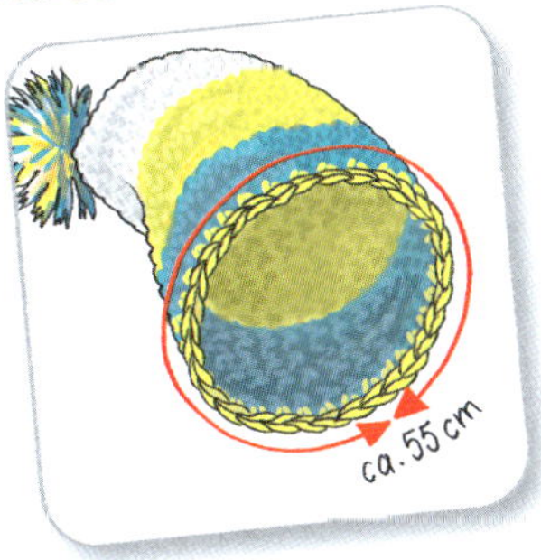

Blumenbrosche
Seite 90

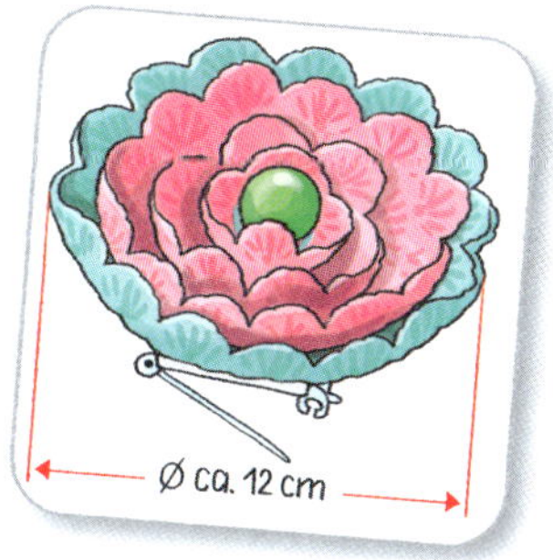

Smartphonetäschchen
Seite 94

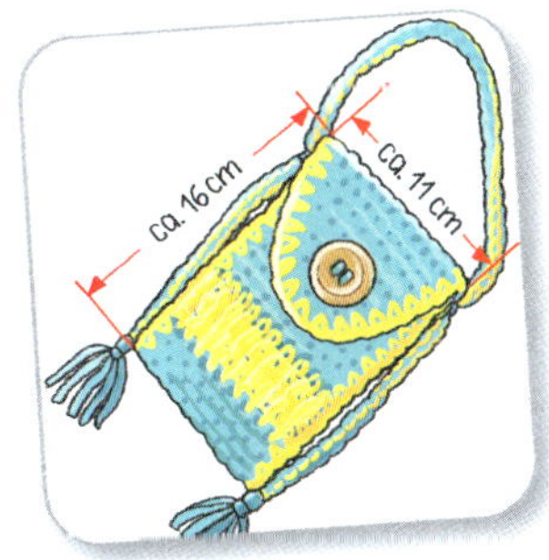

Blütenuntersetzer
Seite 98

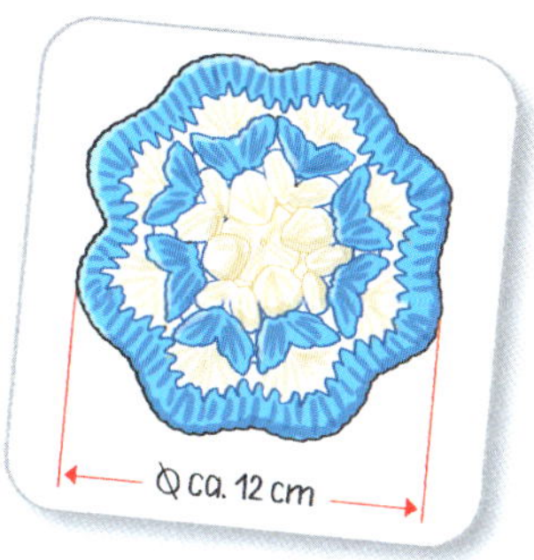

Knopfloop
Seite 102

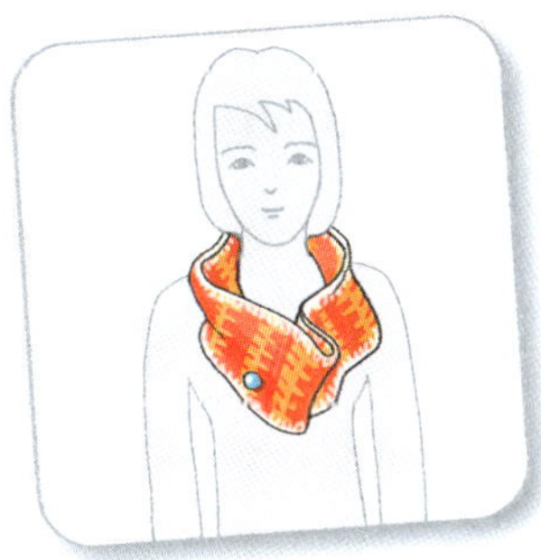

Dreieckstäschchen
Seite 106

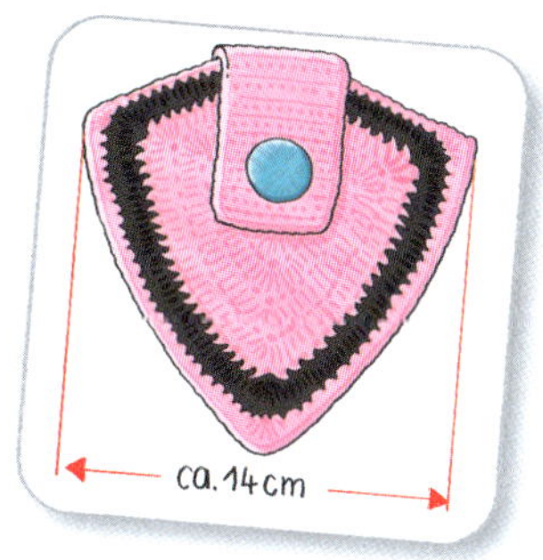

Körbchen
Seite 110

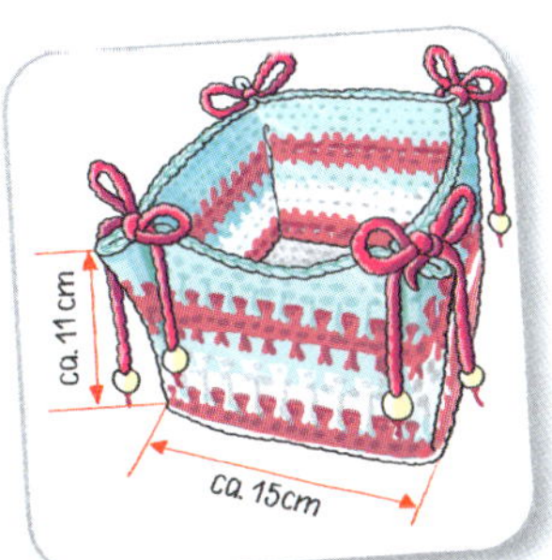

Eierwärmer
Seite 114

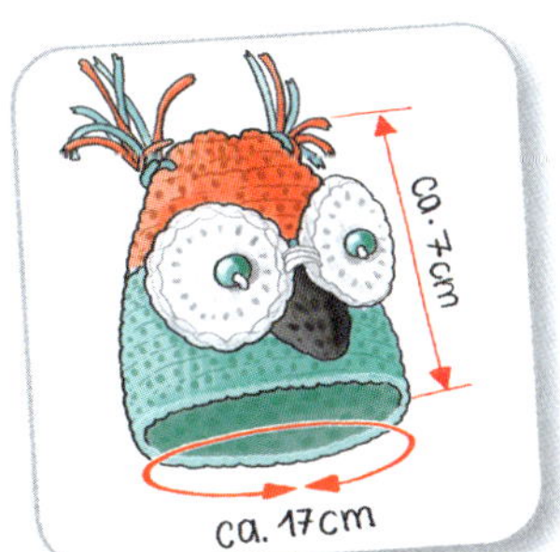

Hüttenschuhe
Seite 118

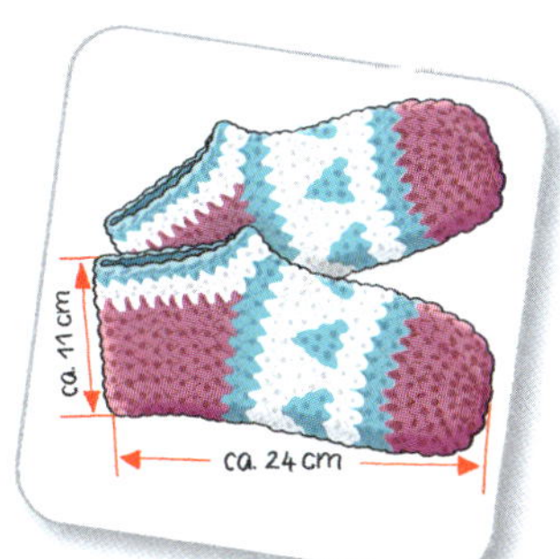

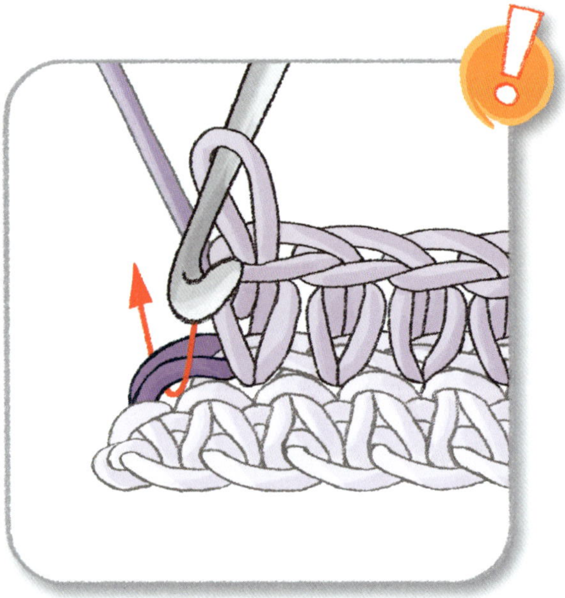

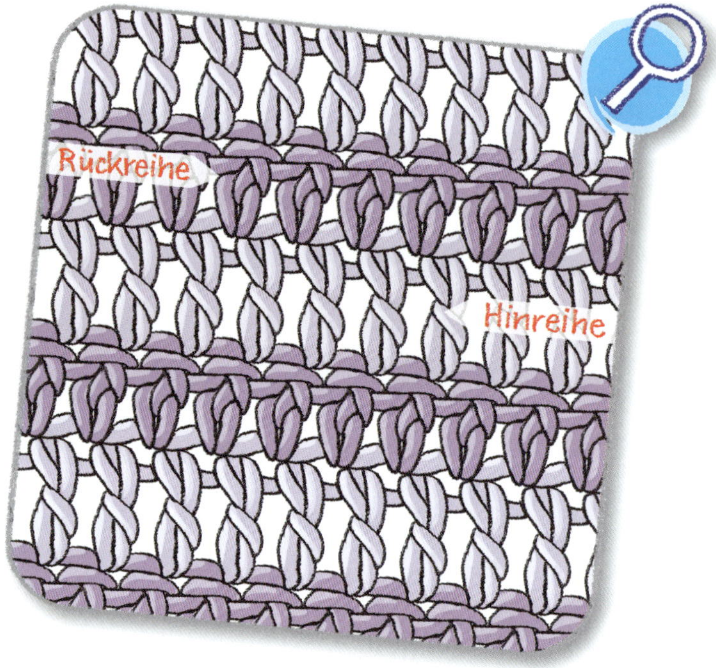
Rückreihe
Hinreihe

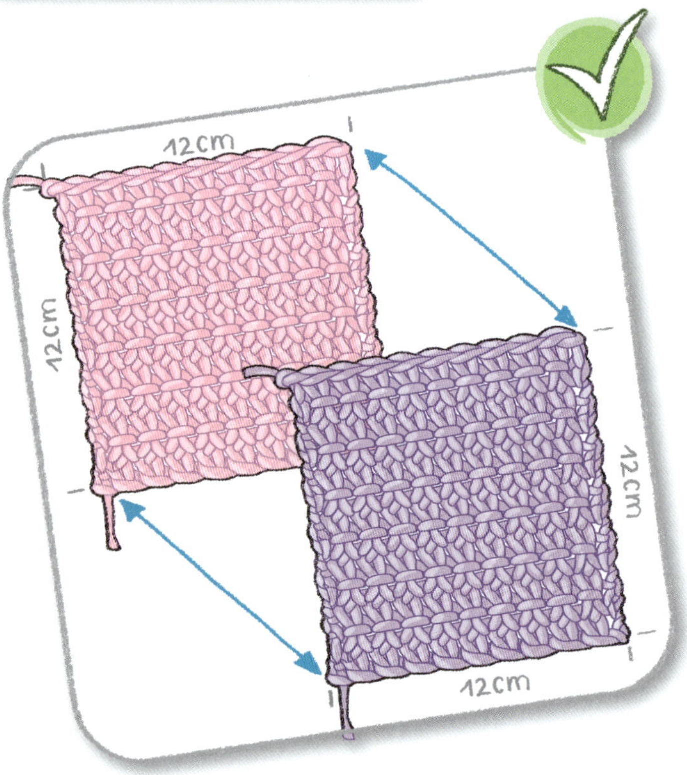
12cm
12cm
12cm
12cm

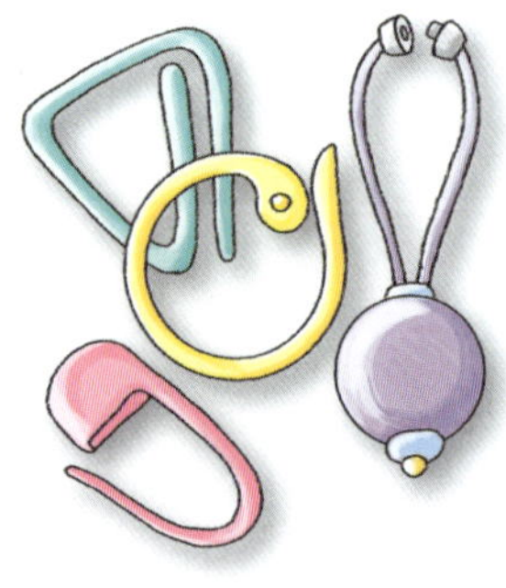

Sehen → Verstehen → Häkeln

Jetzt kann jeder Häkeln lernen!

Mit diesem Buch geht es kinderleicht. Schritt für Schritt, Bild für Bild wird die Leserin an die Hand genommen und vom Nichtwissen zum Wissen geführt.
Bisher mussten sich Häkeleinsteigerinnen oft erst einmal mit komplizierten Fachausdrücken und schwer nachvollziehbaren Anleitungen herumschlagen, bevor es losgehen konnte. Meist ließ es sich nicht umgehen, sich vorab zeitaufwändig von der Oma oder der Freundin erste Grundkenntnisse beibringen zu lassen, bevor Häkelbücher sinnvoll verwendet und erste Modelle gearbeitet werden konnten. Das ist nun nicht mehr nötig!

Mit der neuen, visuellen Lernmethode dieses Buches gelingt der Einstieg einfach – ohne dass große Hürden überwunden werden müssen. Denn hier basiert der Lernprozess auf visuellem Anschauungsmaterial, auf Bildern. Diese Illustrationen unterstützen das Lernen nicht nur, sie ermöglichen eine völlig neue Herangehensweise, indem alles Wissenswerte direkt vor Augen geführt wird.

Im Grundlagenteil werden alle wichtigen Kenntnisse und Techniken anhand einer riesigen Anzahl von Abbildungen anschaulich vermittelt. Schritt für Schritt arbeiten Sie sich vor und können dabei direkt mitmachen. Sie erhalten Tipps, was Häkeleinsteigerinnen an Ausstattung benötigen, lernen Materialien und ihre Eigenschaften kennen. Von der ersten Luftmasche über Kettmaschen, feste Maschen oder Stäbchen bis hin zu Effektmaschen und der kompletten Fertigstellung einer Häkelarbeit, wird alles anschaulich erklärt. Sogar wie man nach Häkelschriften arbeitet oder mit verschiedenen Farben häkelt, wird gezeigt. Im anschließenden Modellteil kann das Gelernte dann direkt an attraktiven Projekten wie Mütze, Hüttenschuhe, Smartphonetäschchen oder Schmuckkörbchen umgesetzt werden.

Da ist das Erfolgserlebnis garantiert!

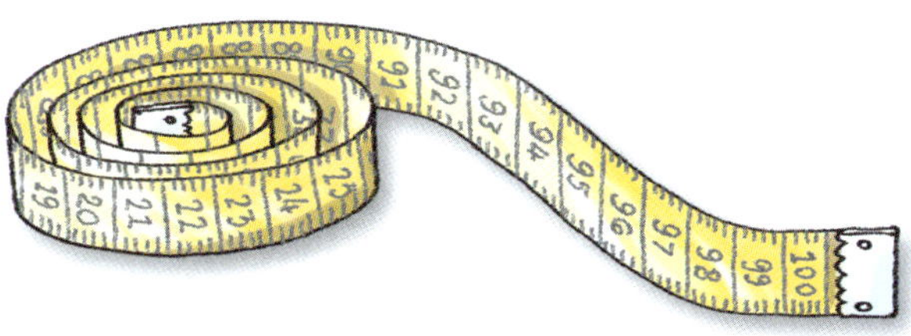

Materialkunde

Garnstärken

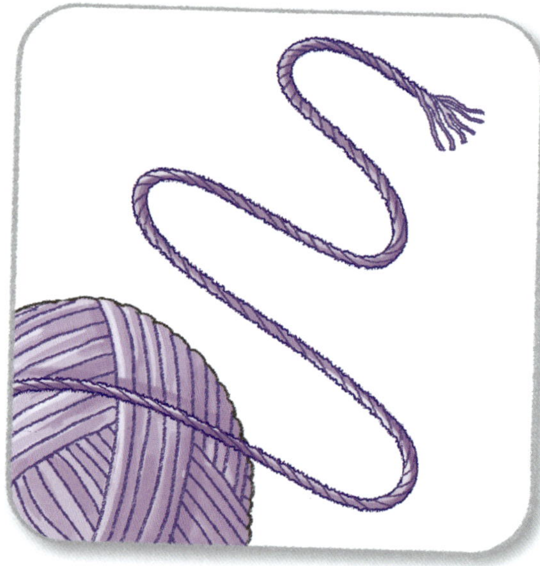

Garnarten

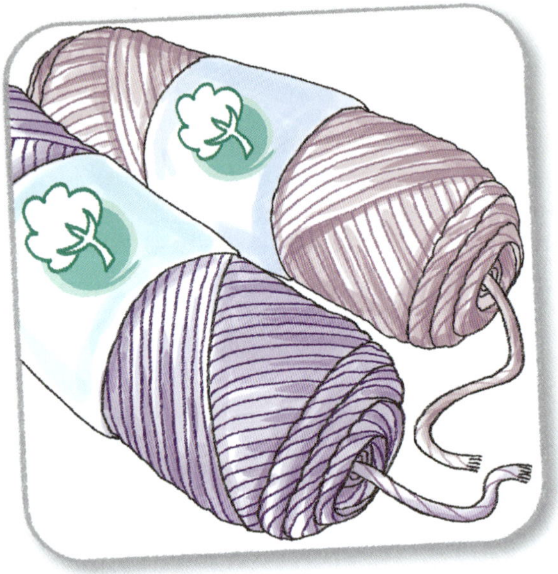

Nadelarten

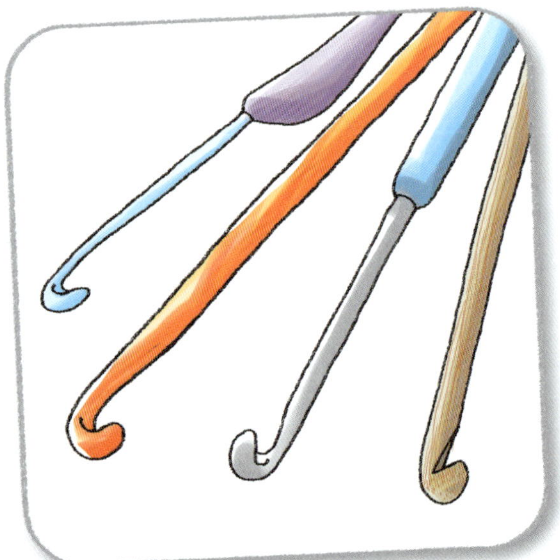

Zubehör

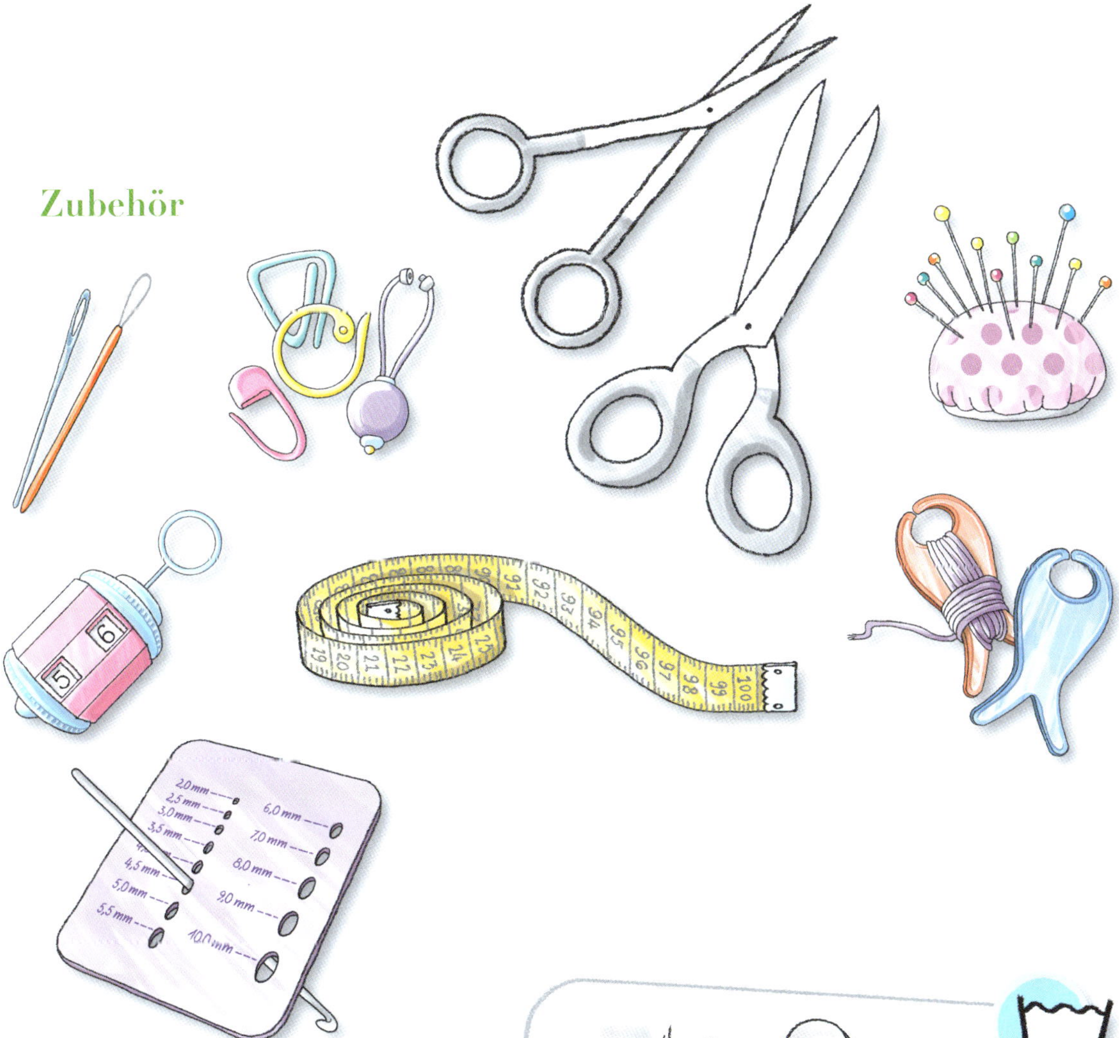

Die richtige Pflege

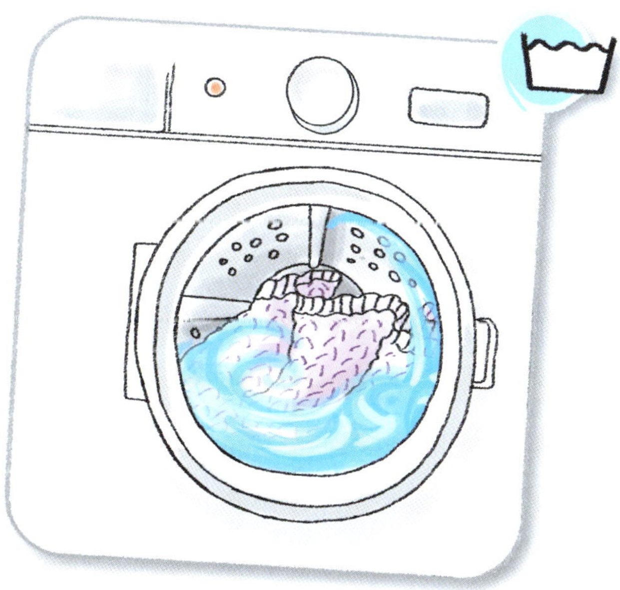

Garnarten

Wolle

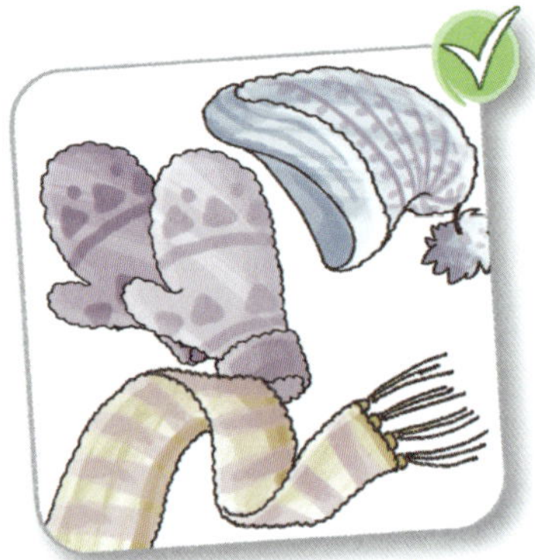

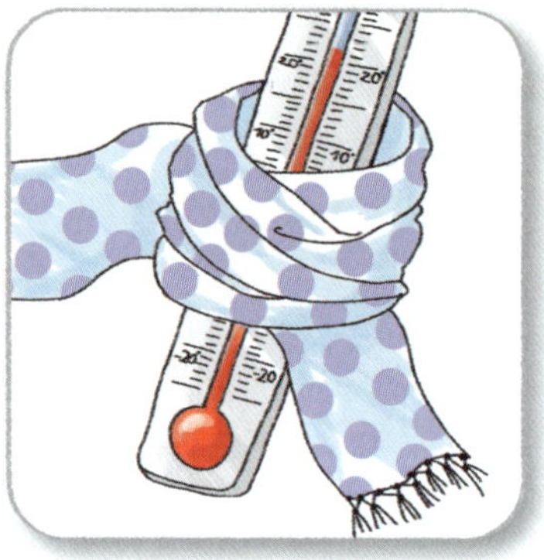

Wärmt besonders gut.

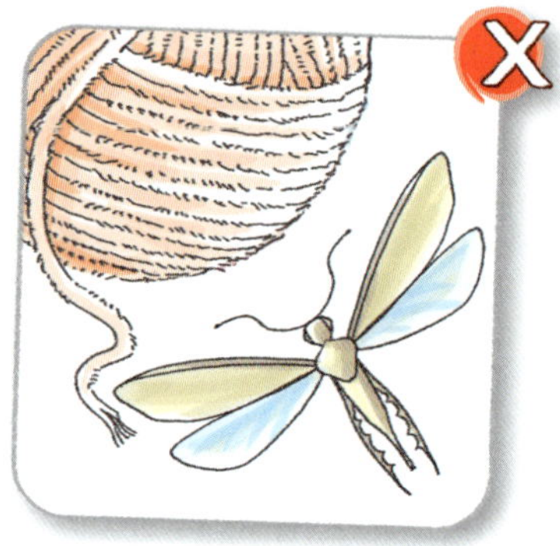

Achtung Motten!

Wolle

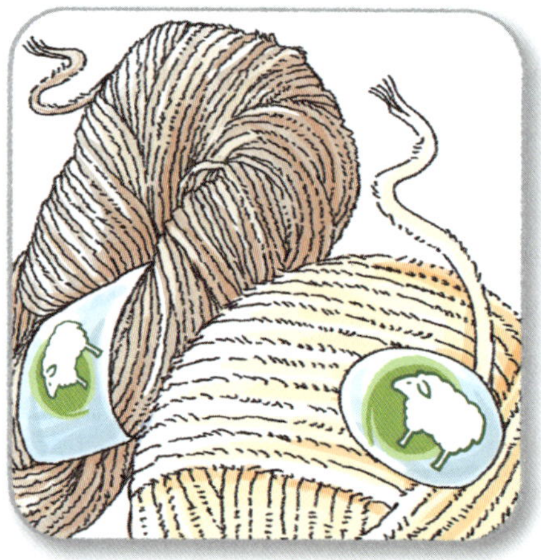

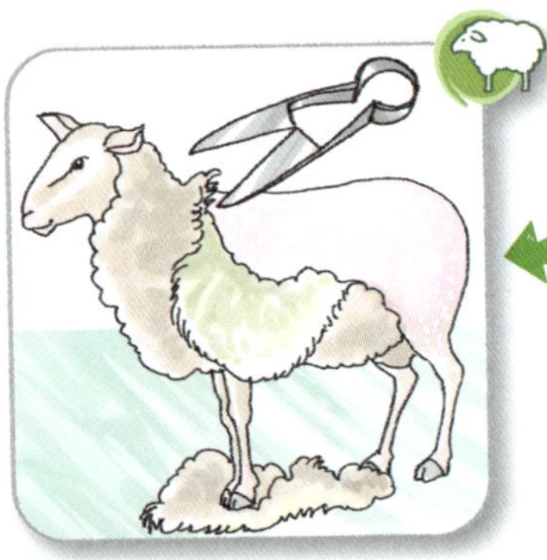

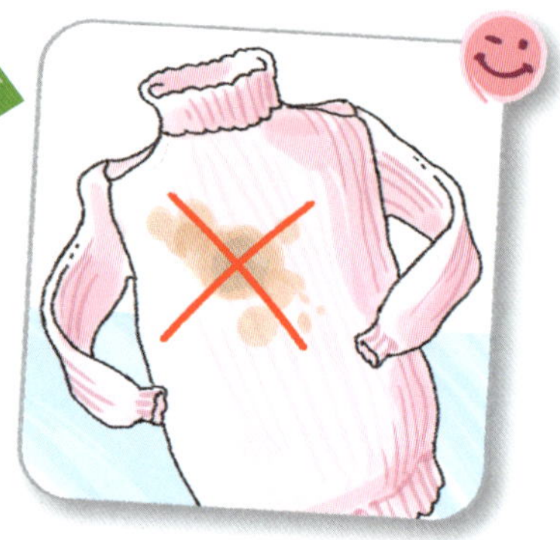

Ist schmutzabweisend.

Weitere Wollarten:

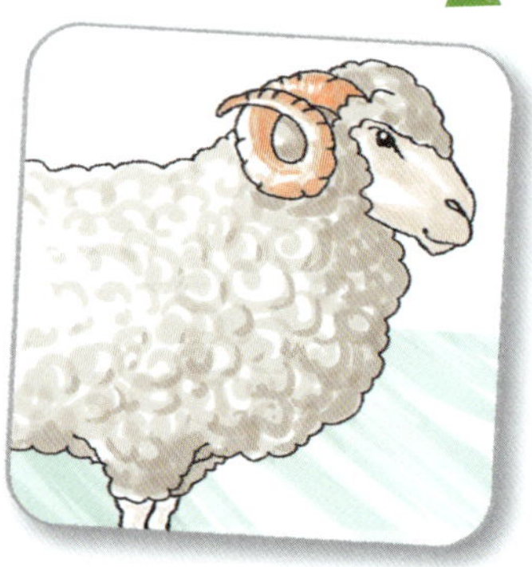

Merinowolle

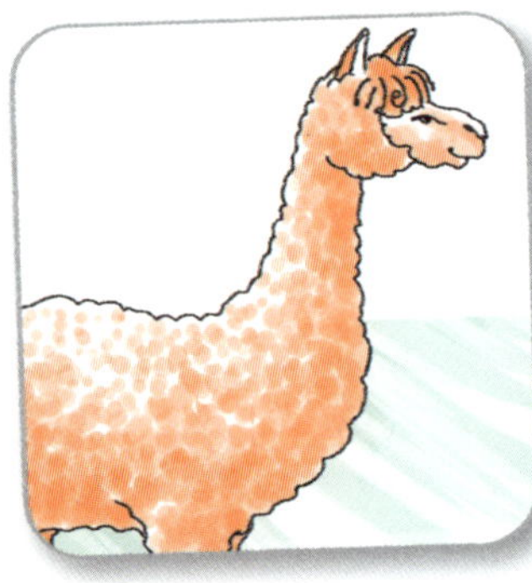

Alpaka-Garn

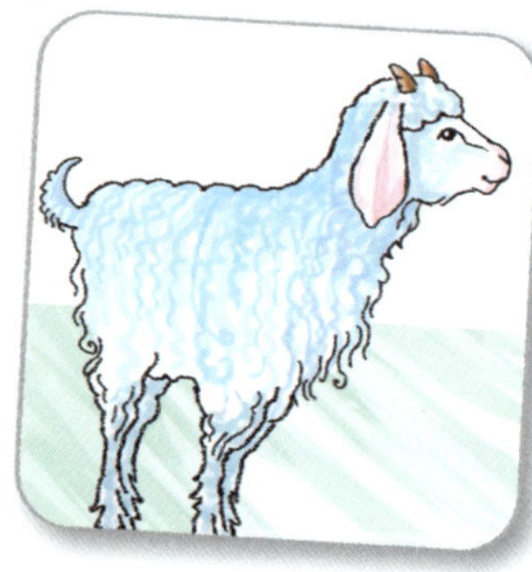

Kid Mohair

Garnarten

Baumwolle

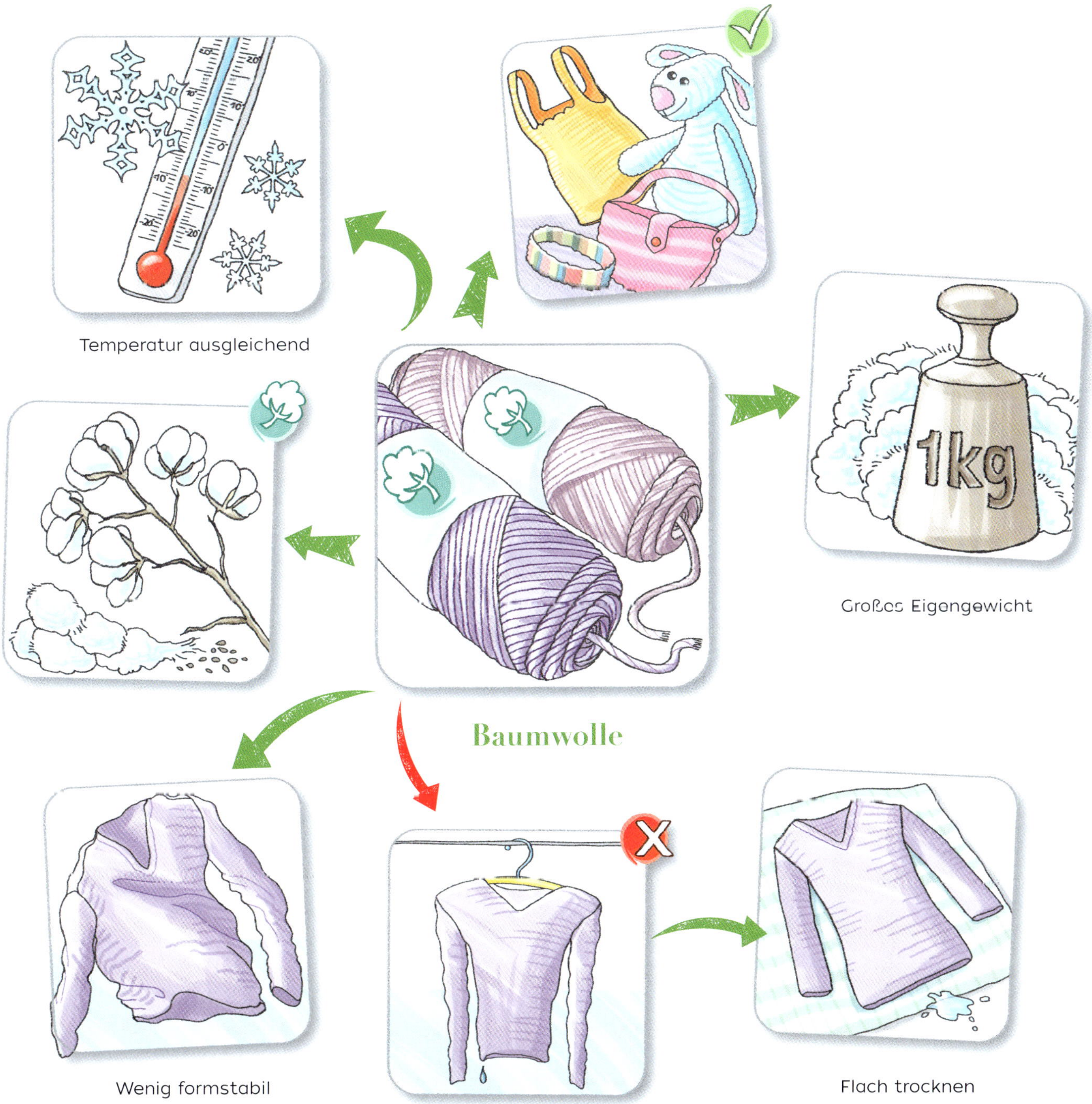

Garnarten

Mischgarn mit Wolle oder Baumwolle

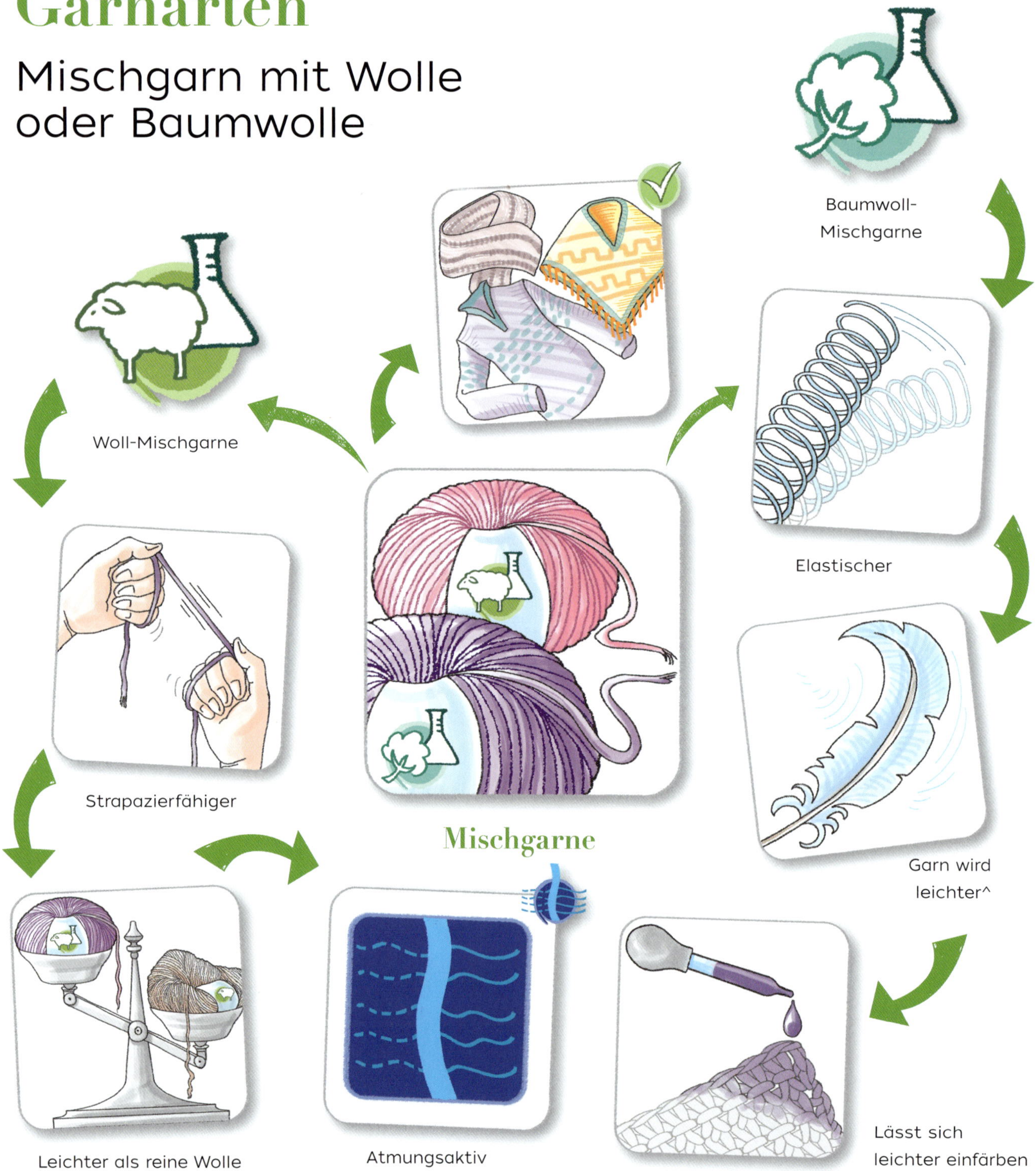

Garnarten

Synthetikgarne

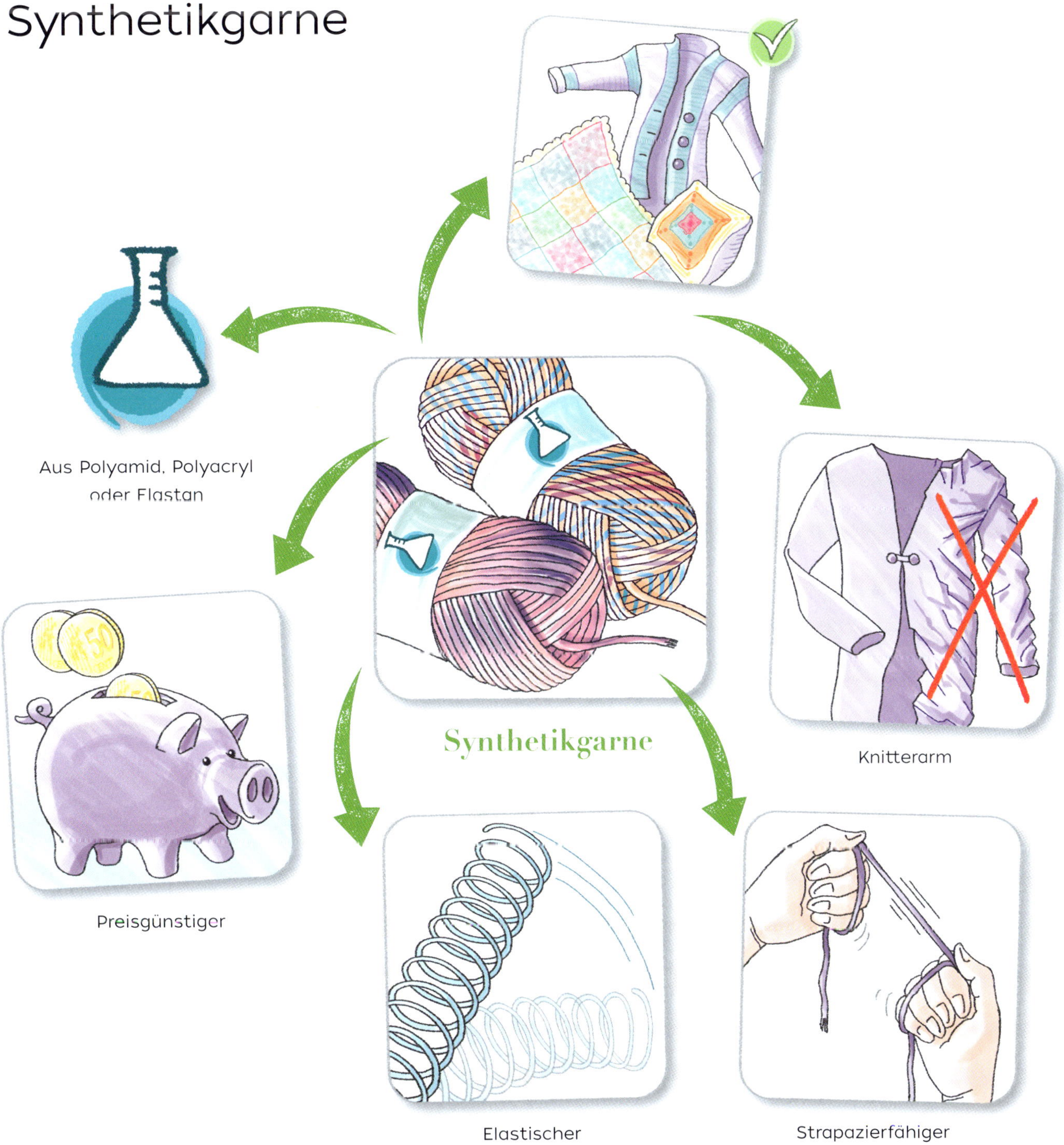

Garnarten

Effektgarne

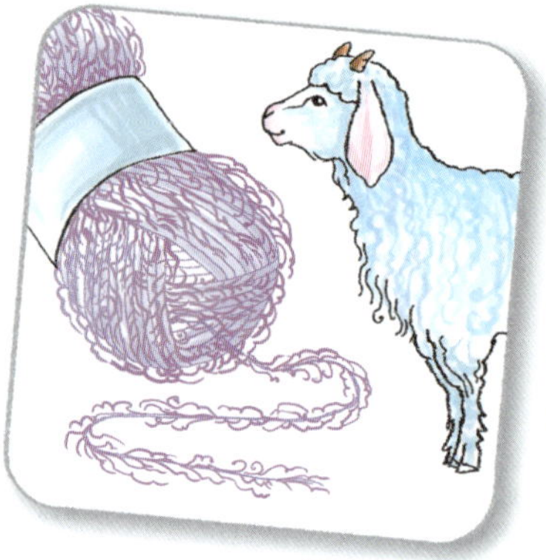

Natürliches Effektgarn = Mohair

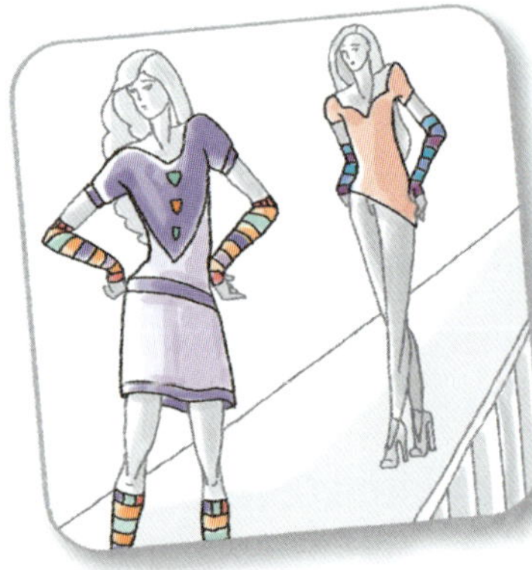

Mode- und Trend-abhängig

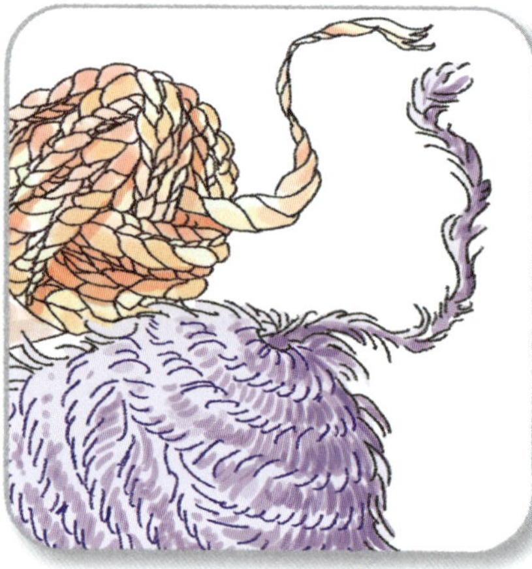

Effektgarne

Häufig Synthetik-Garne

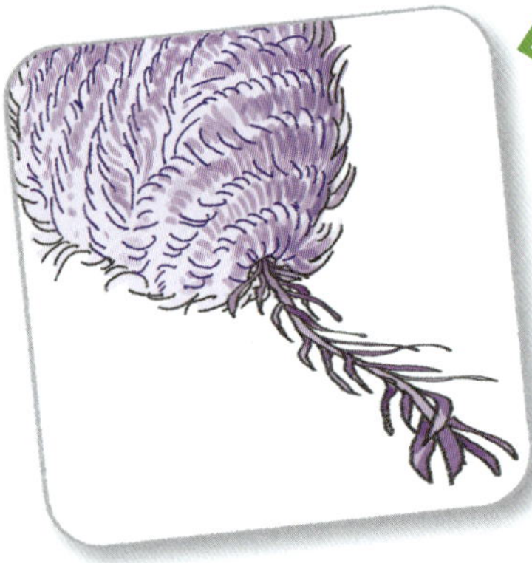

Fransengarn

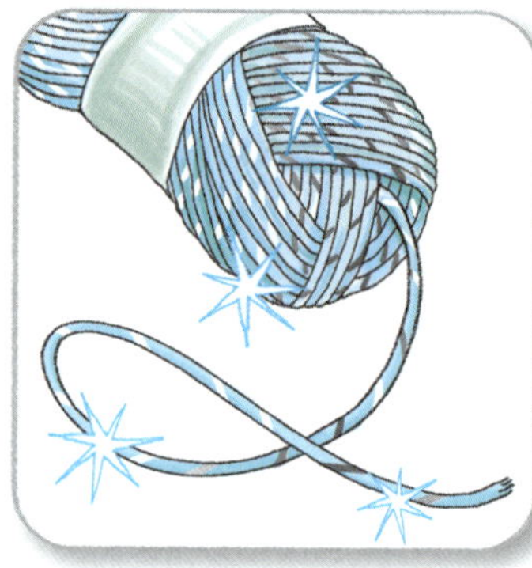

Reflektor-Garn

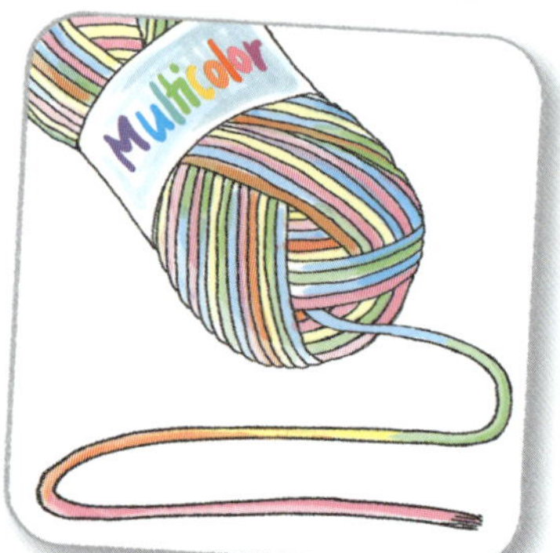

Multicolor-Garn

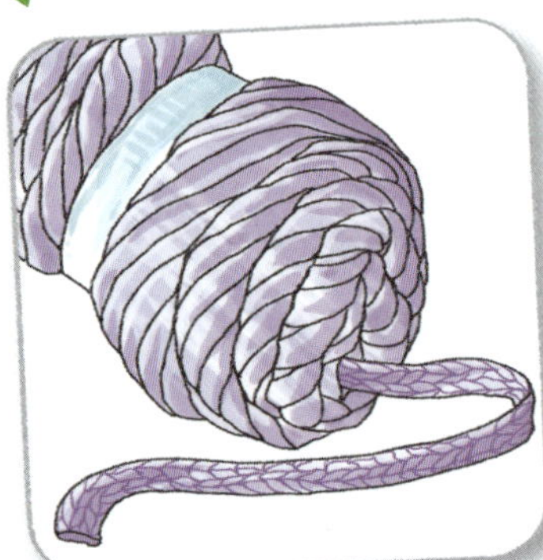

Bändchengarn

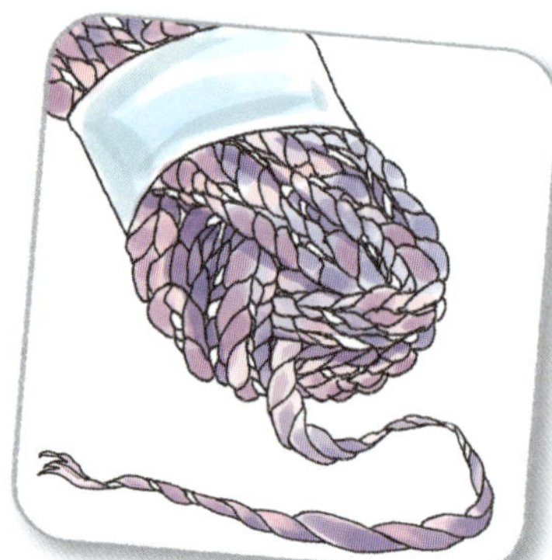

Flammengarn

Garnarten

Sockengarne, Lacegarne

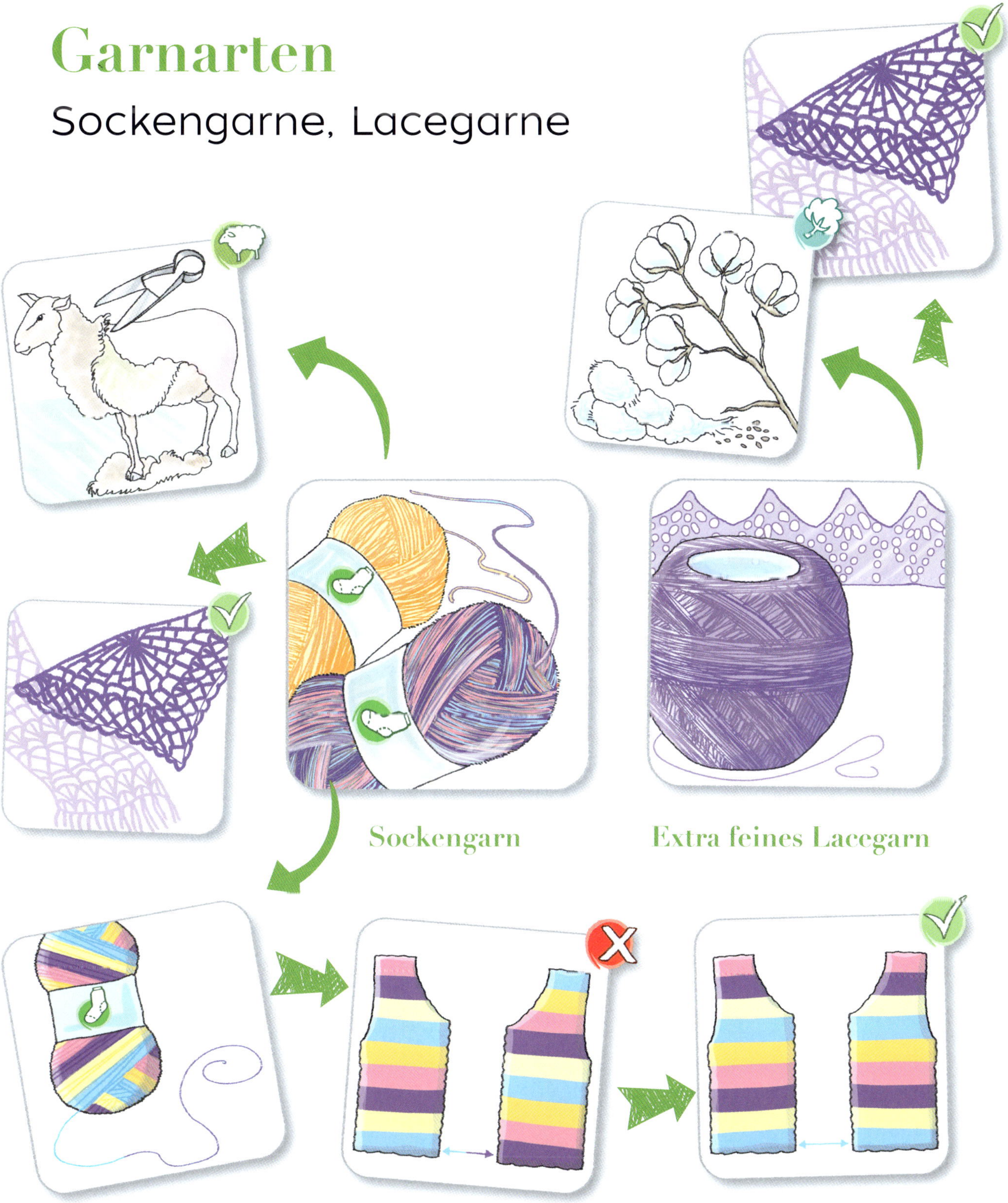

Garnarten

Garnstärken

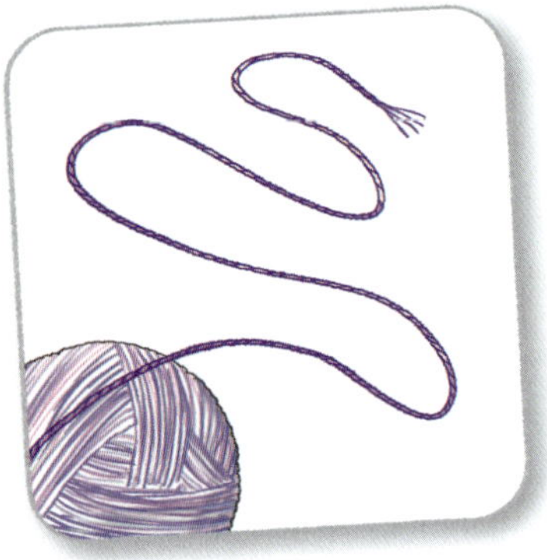

Dünnes Garn

Mittelstarkes Garn

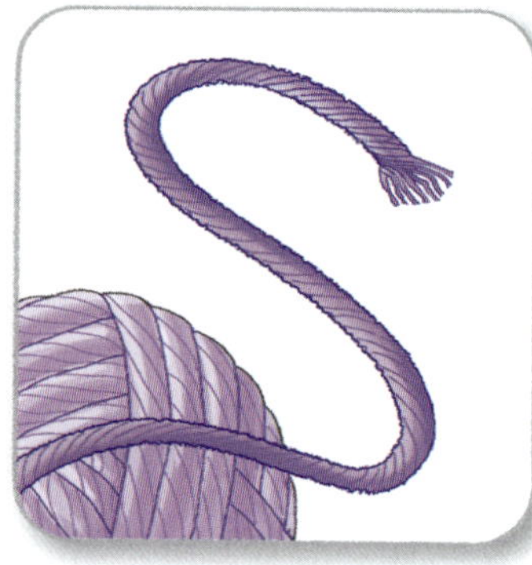

Dickes Garn

Garn gibt es in unterschiedlichen Stärken.

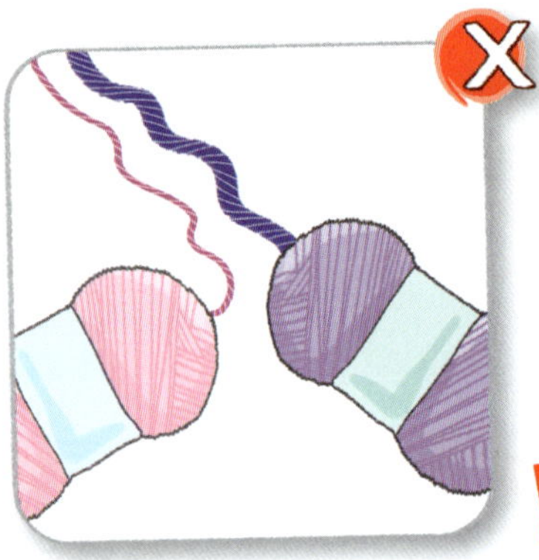

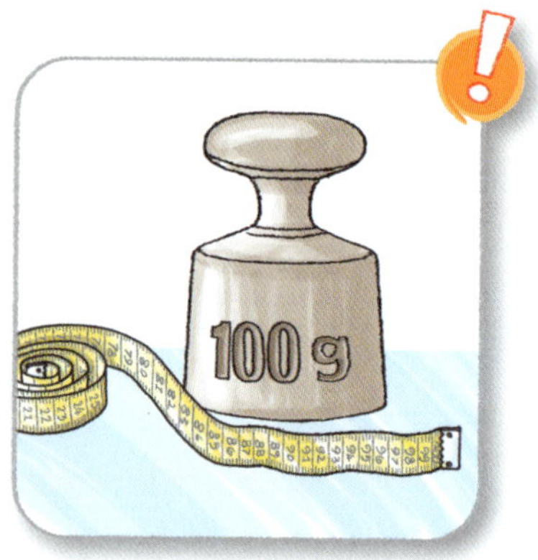

Lauflänge = Gewicht pro Meter

Garne nur mit gleicher Garnstärke ersetzen

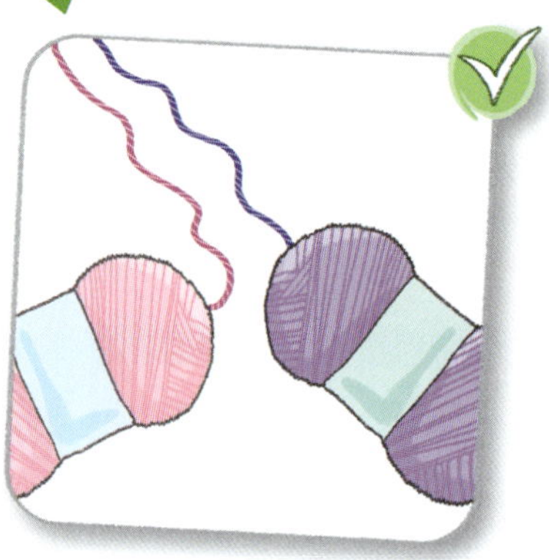

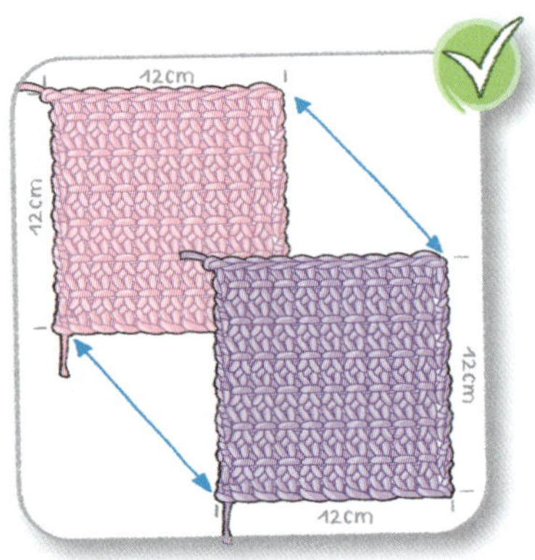

Achtung! Maschenprobe muss übereinstimmen

Garnarten

Knäuelarten

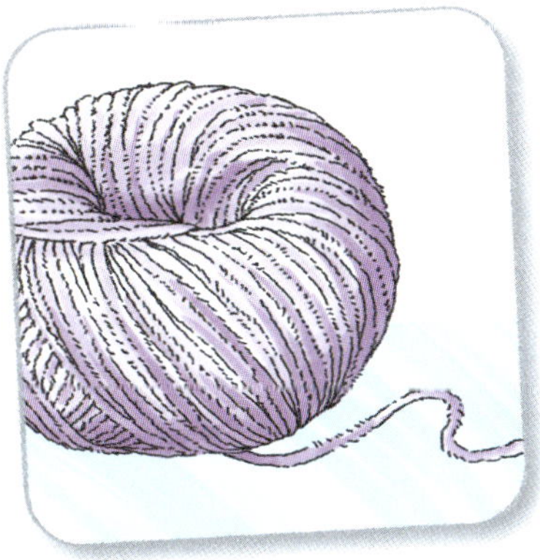

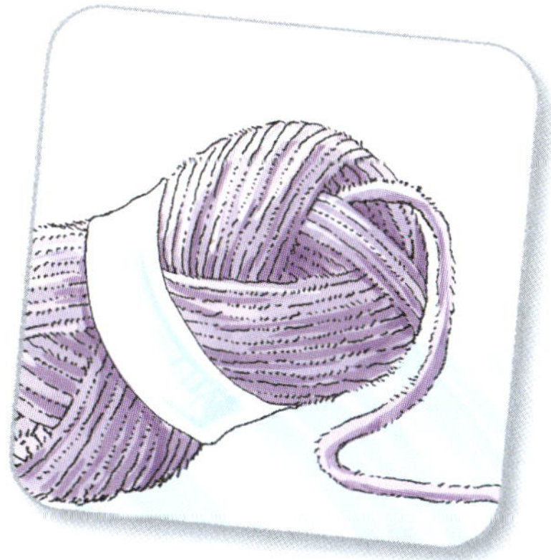

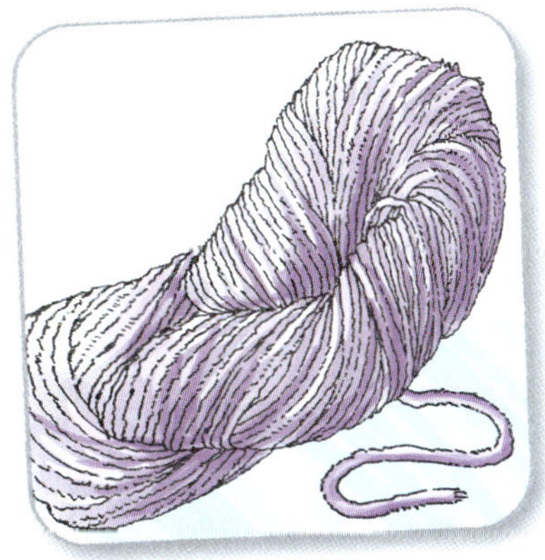

Wollstrang erst zum Knäuel wickeln

Es gibt unterschiedliche Knäuelwicklungen.

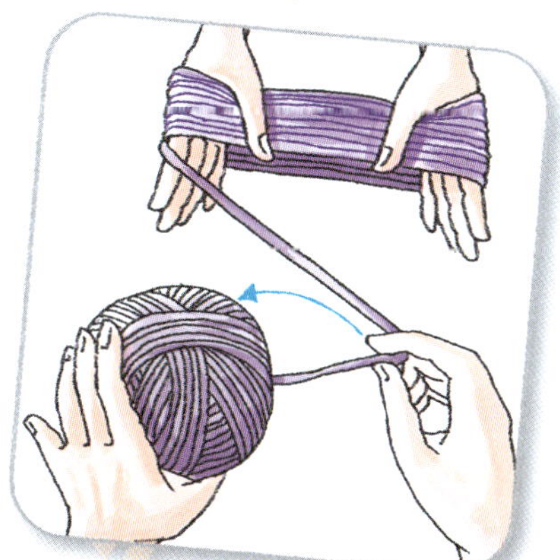

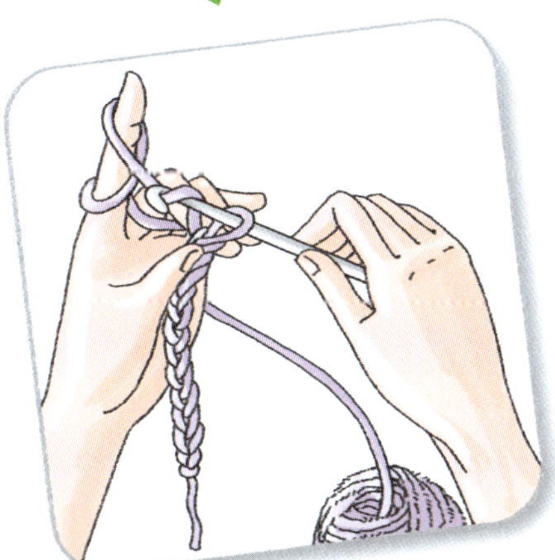

Nadelarten

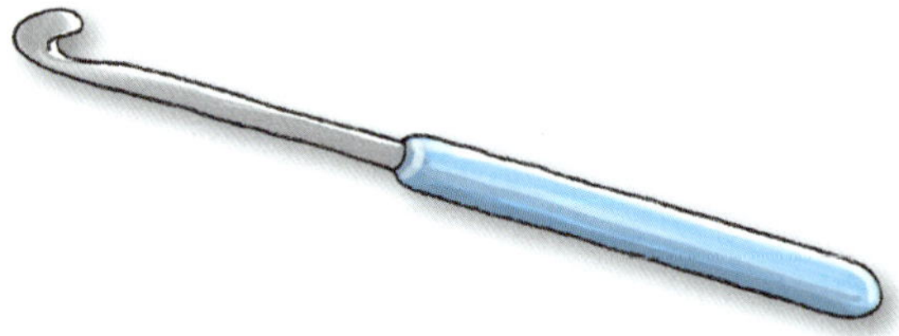

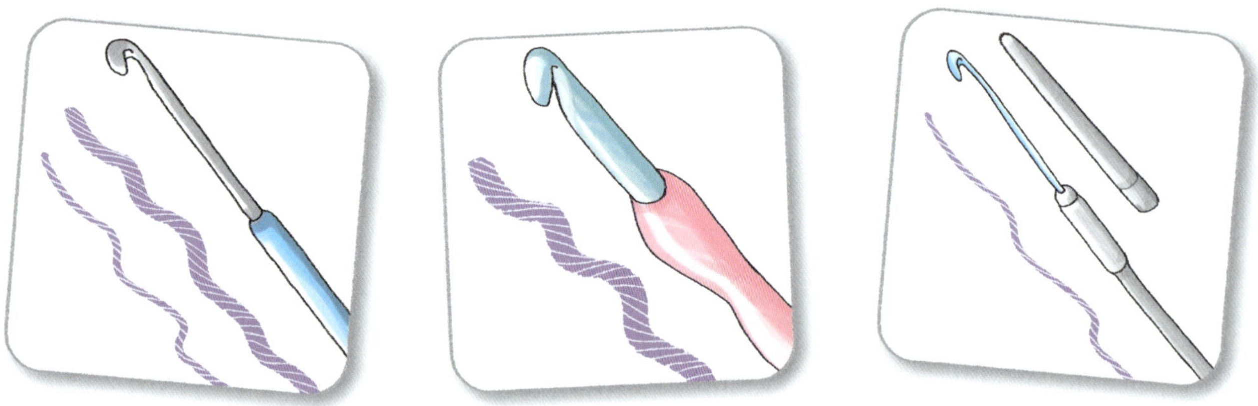

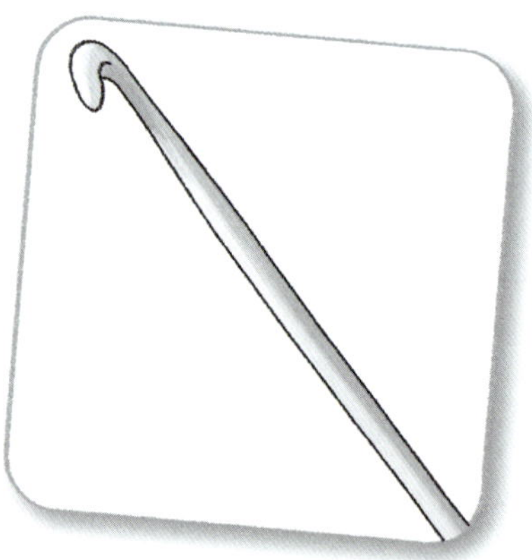

Aluminium

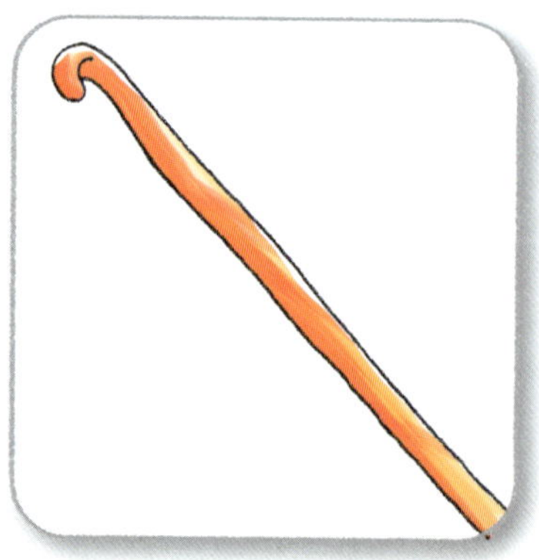

Kunststoff

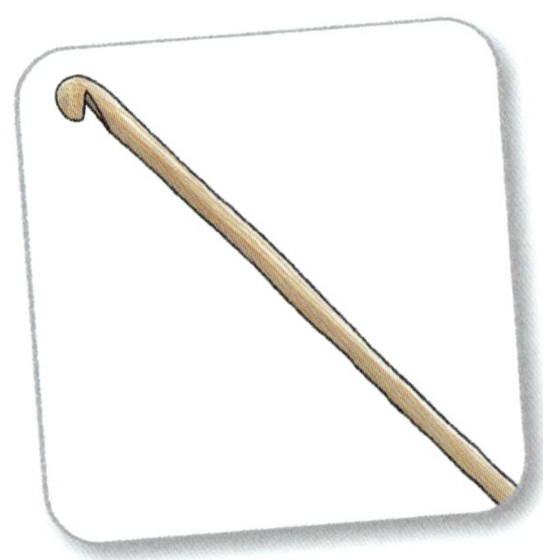

Bambus

Nadeltester

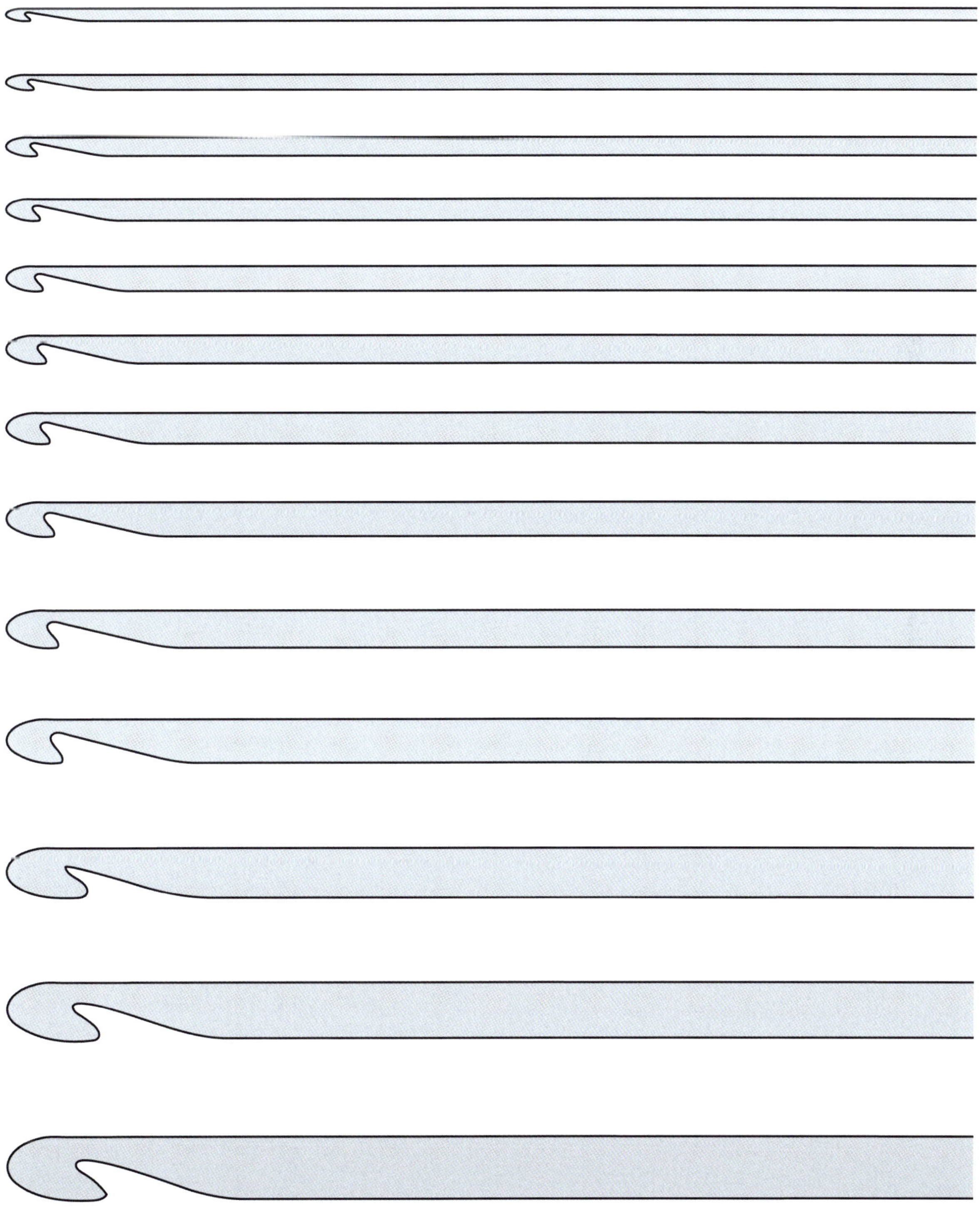

2,0

2,5

3,0

3,5

4,0

4,5

5,0

5,5

6,0

7,0

8,0

9,0

10,0

Zubehör

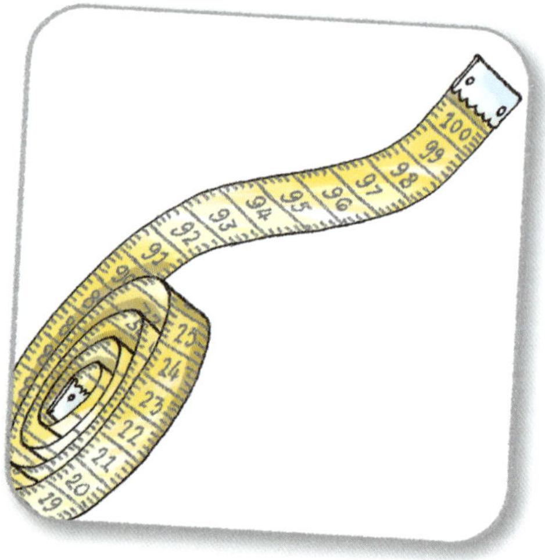

Maßband

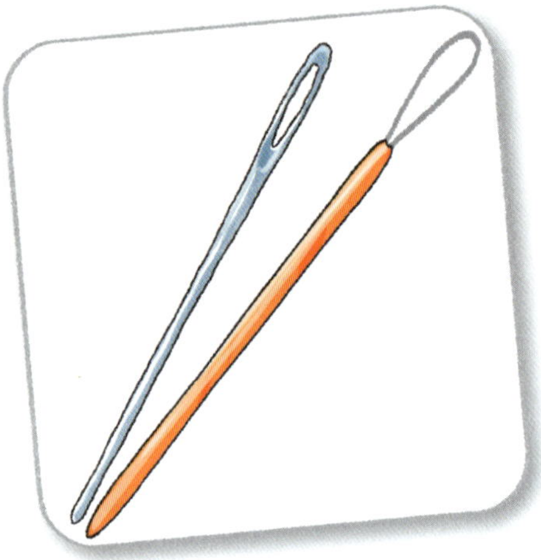

Stick- und Wollnadel

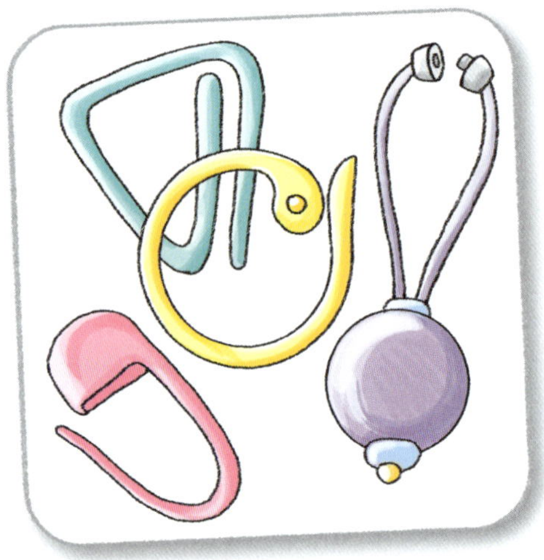

Maschenmarkierer

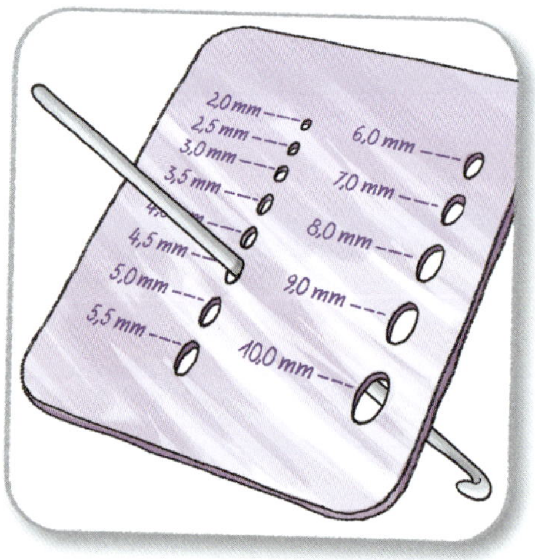

Nadeltester

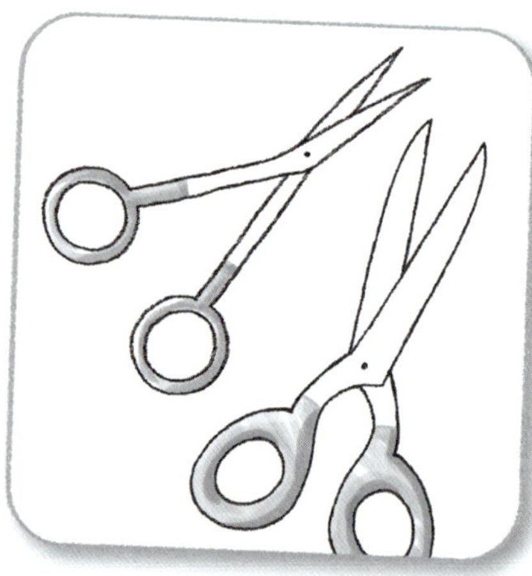

Schere

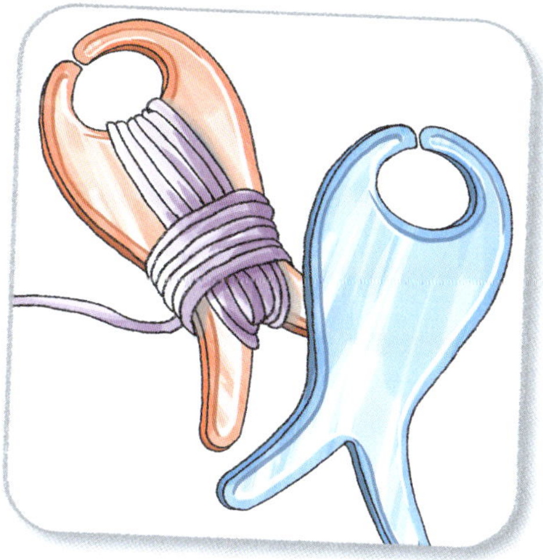

Garnspulen

für Häkeln mit mehreren Farben

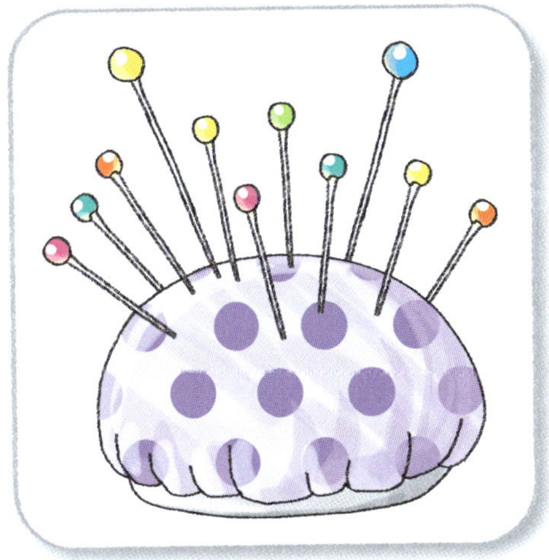

Stecknadeln

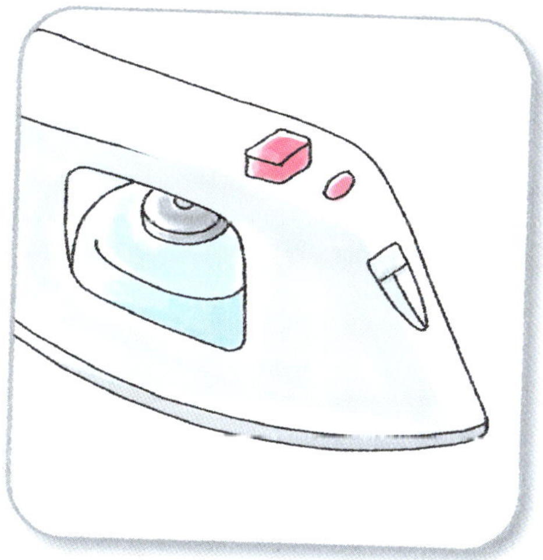

Bügeleisen

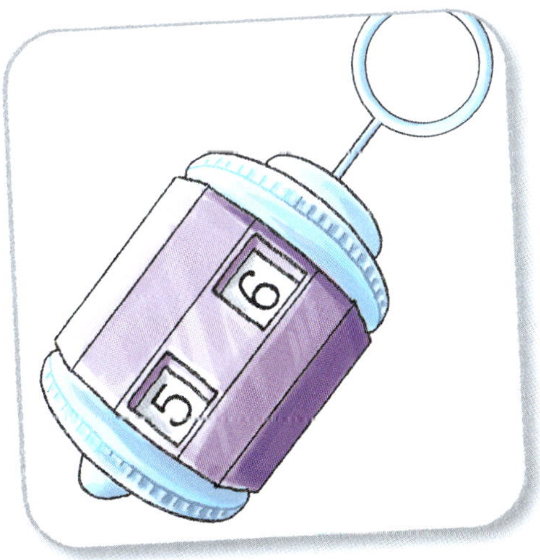

Reihenzähler

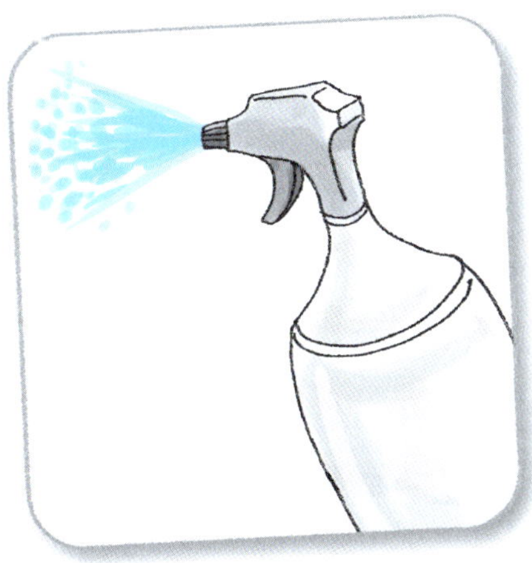

Sprühflasche

Die richtige Pflege

Wichtige Pflegehinweise:

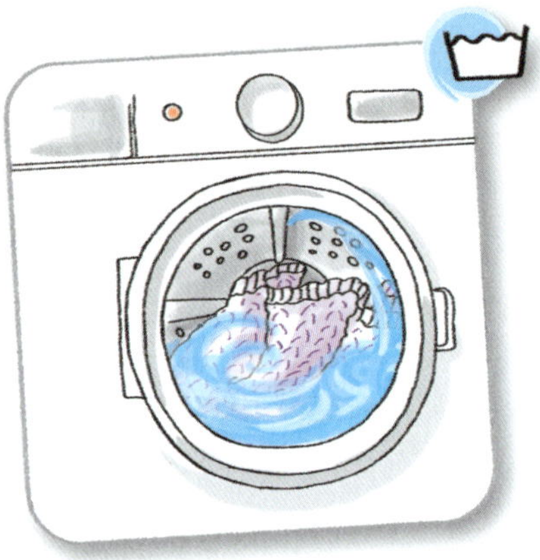

Waschen in der Maschine

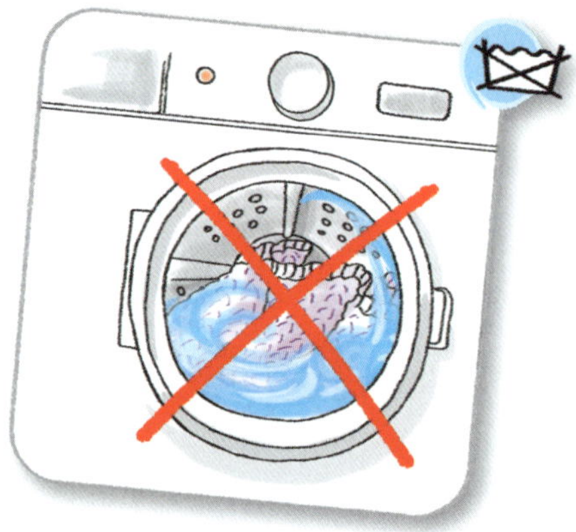

Nicht waschen

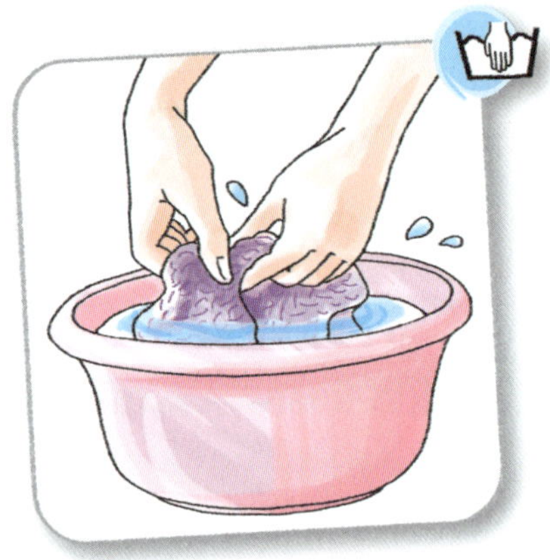

Handwäsche

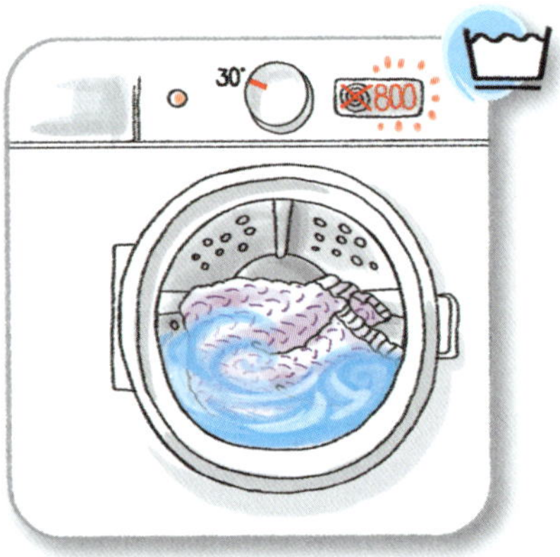

Feinwäsche

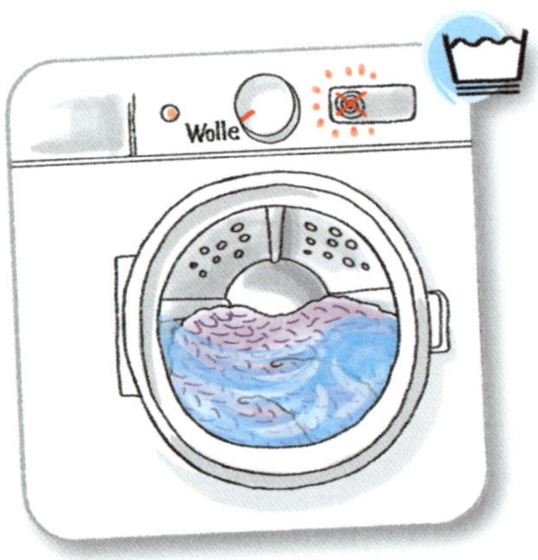

Schonwaschgang, Wollwaschgang

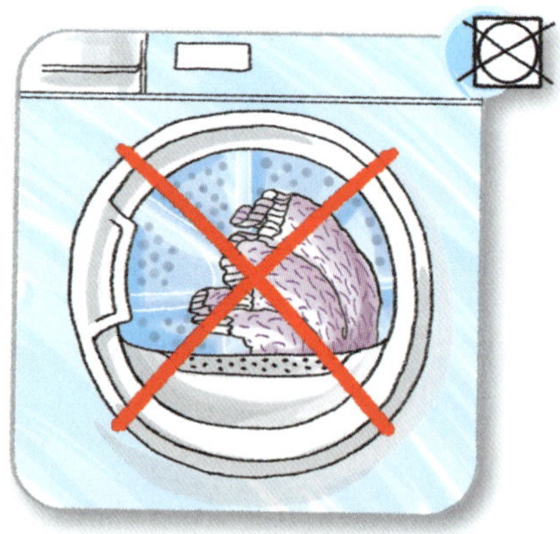

Nicht im Wäschetrockner trocknen

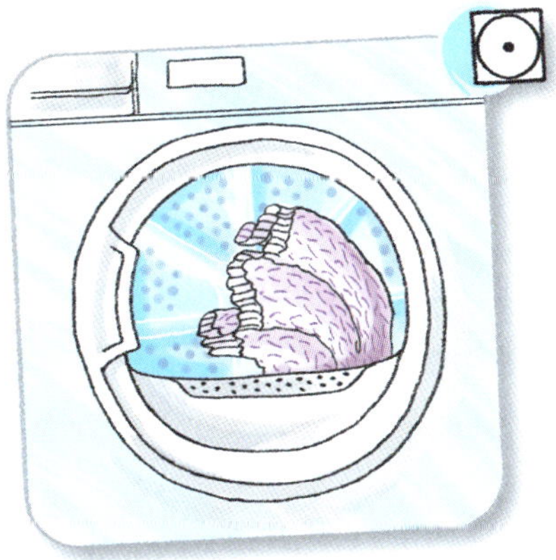

Trocknen im Wäschetrockner

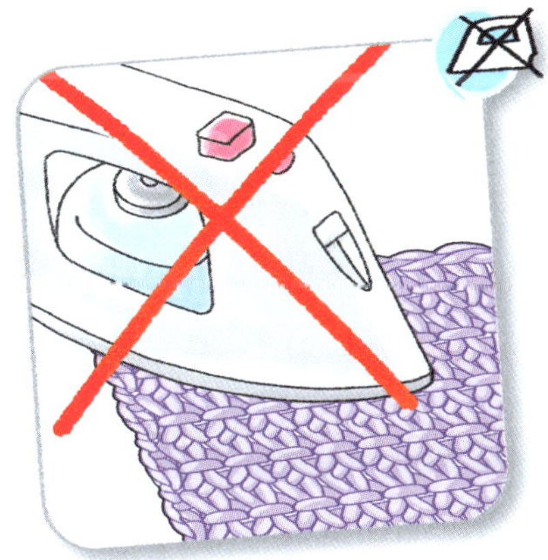

Nicht bügeln

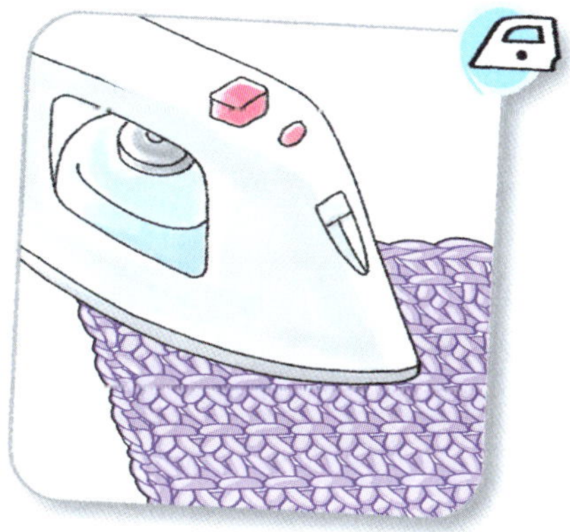

Bügeln

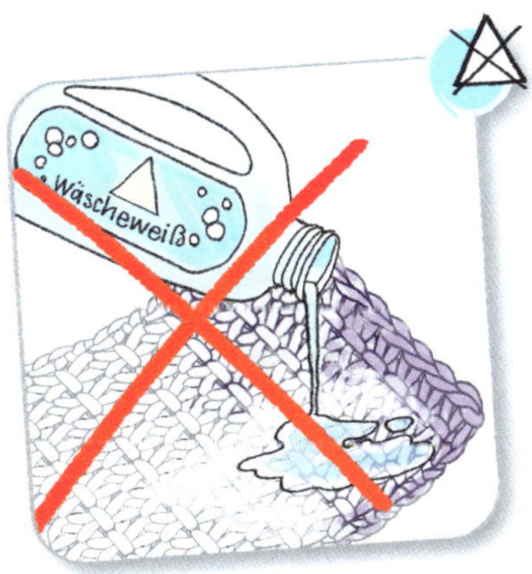

Nicht bleichen

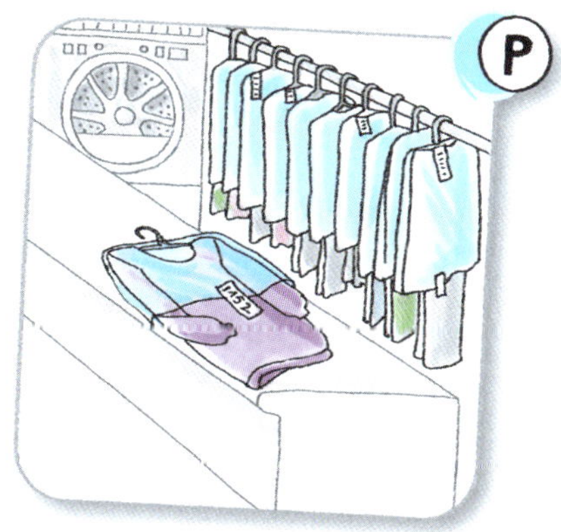

Professionelle Textilreinigung, Schonverfahren.

Vorbereitung

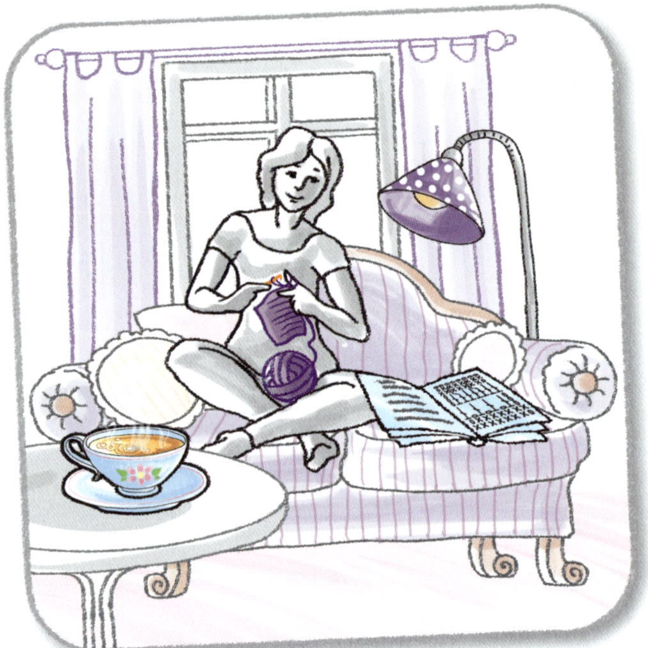

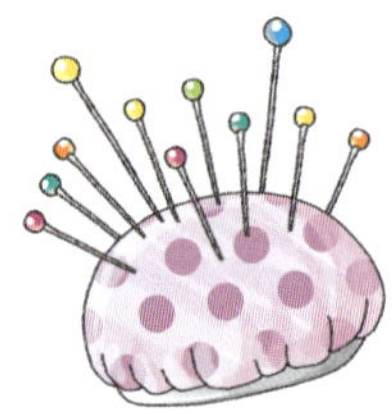

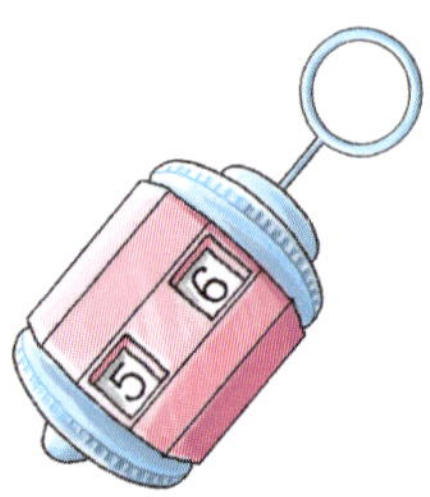

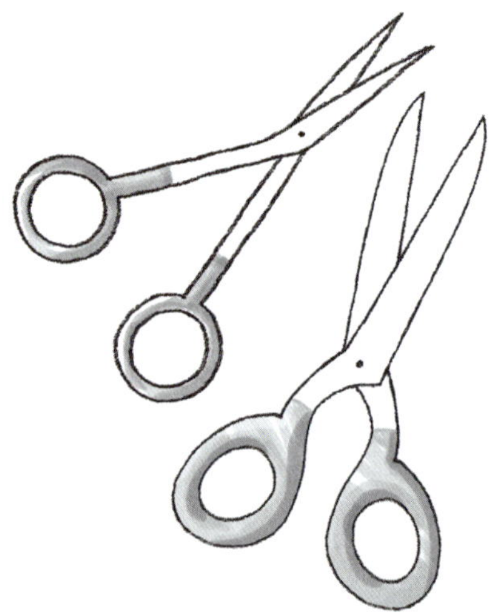

Hinweise für Rechts- und Linkshänder

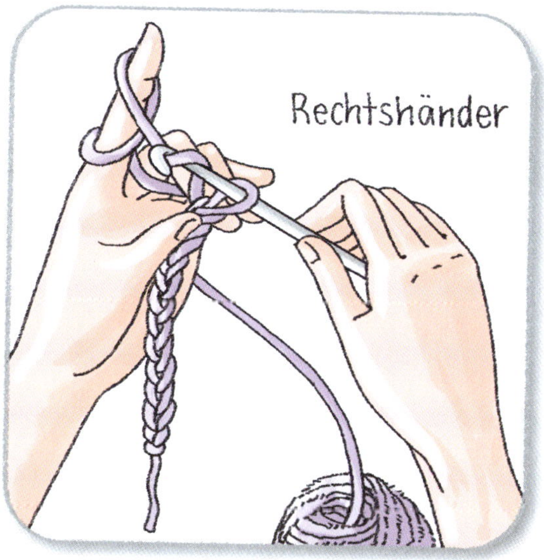

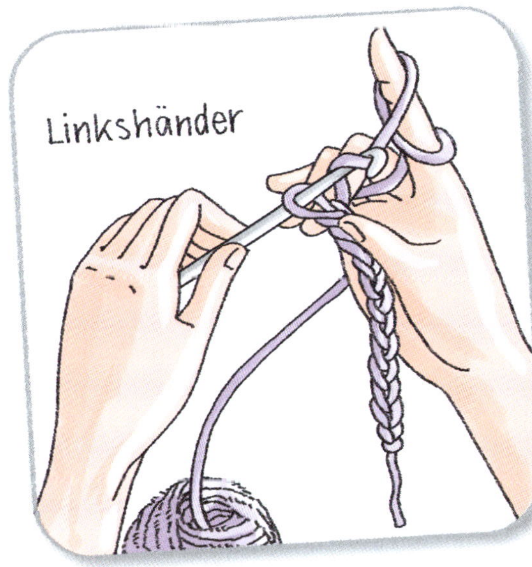

Banderole lesen

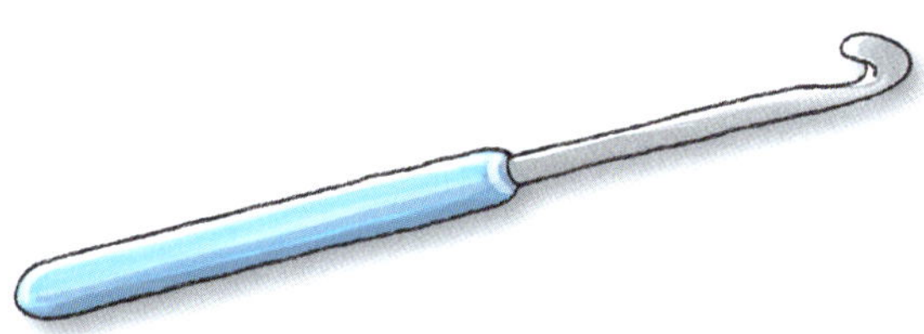

Vorbereitung

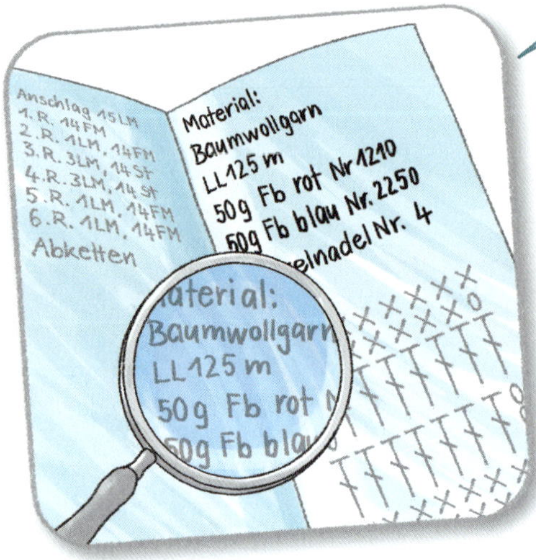

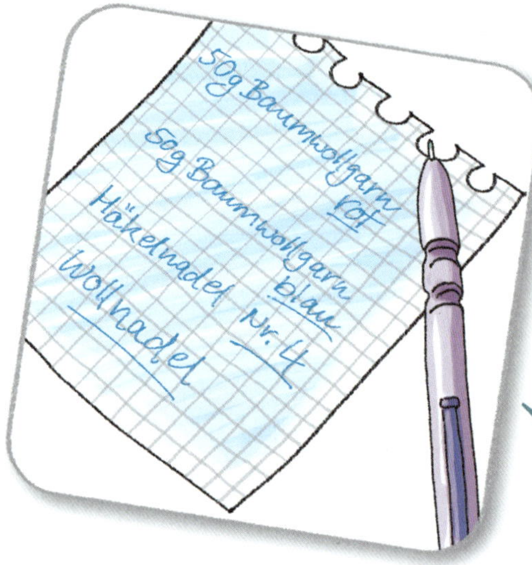

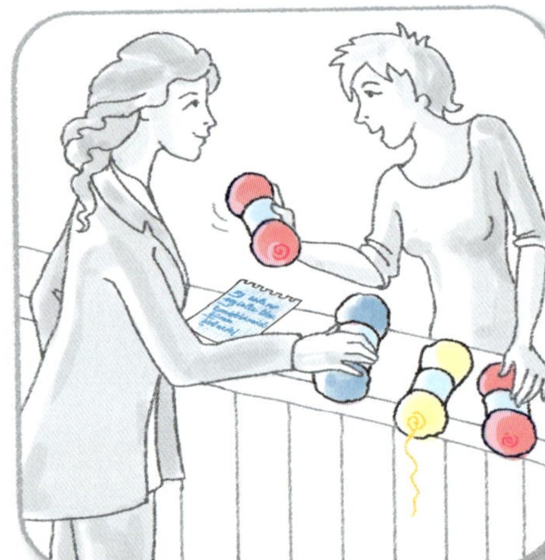

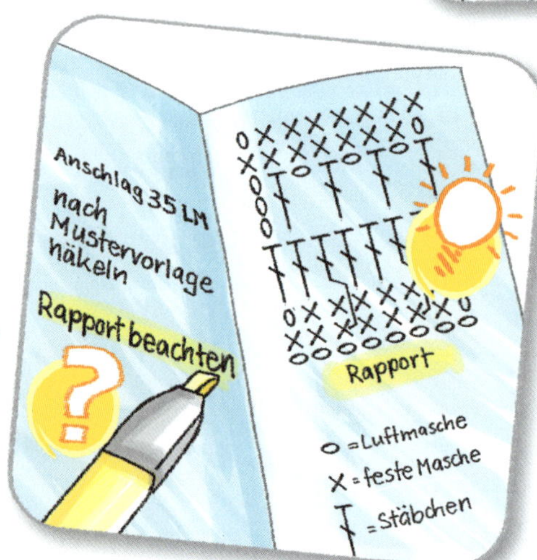

Kritische Stellen markieren und klären

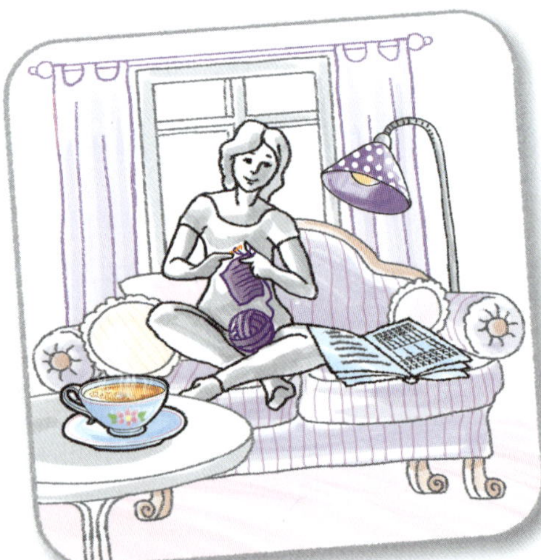

Hinweise für Rechtshänder

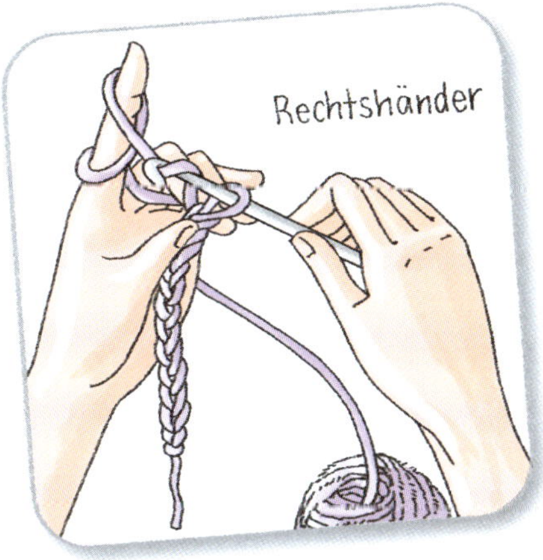

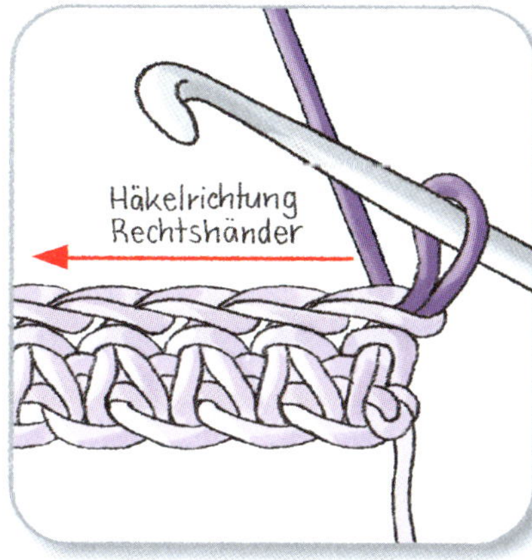

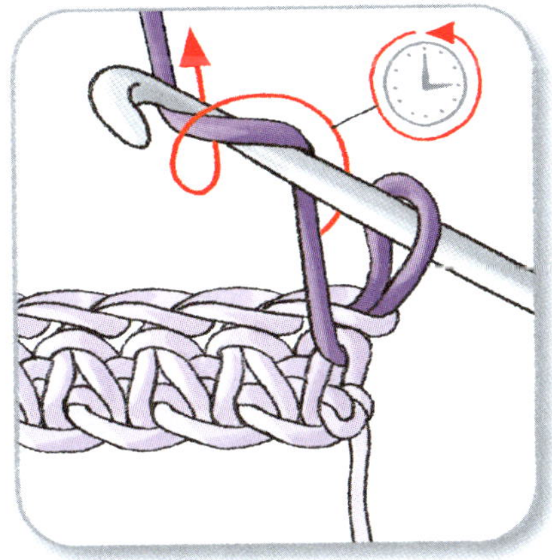

Hinweise für Linkshänder

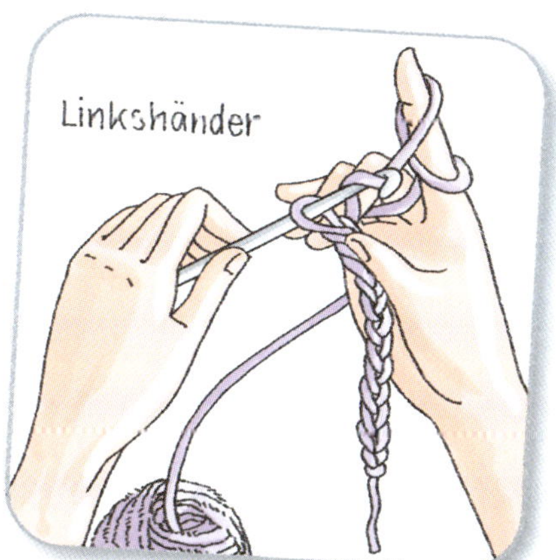

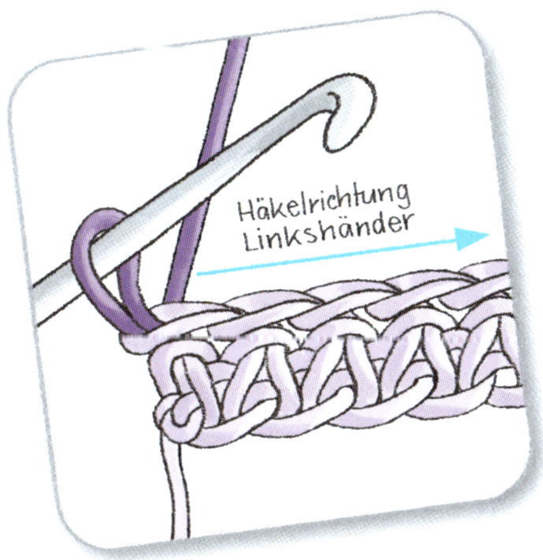

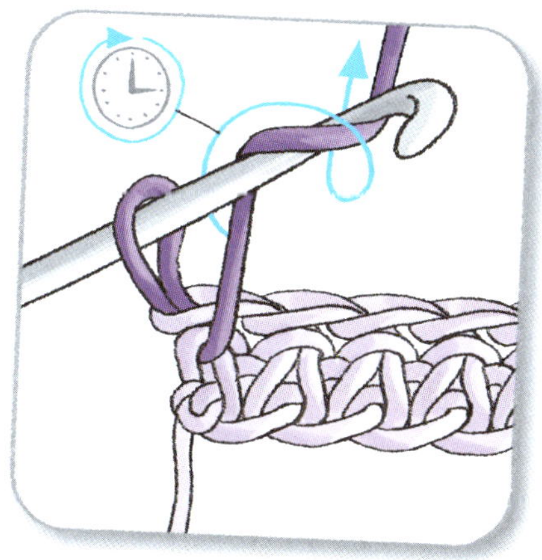

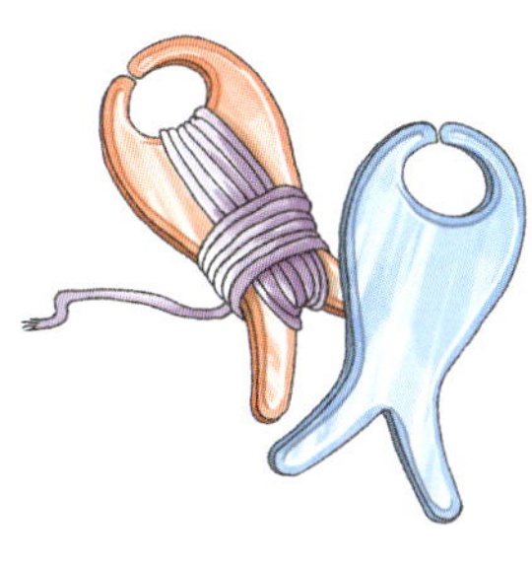

Banderole lesen

Farbpartienummer

Pflegehinweise

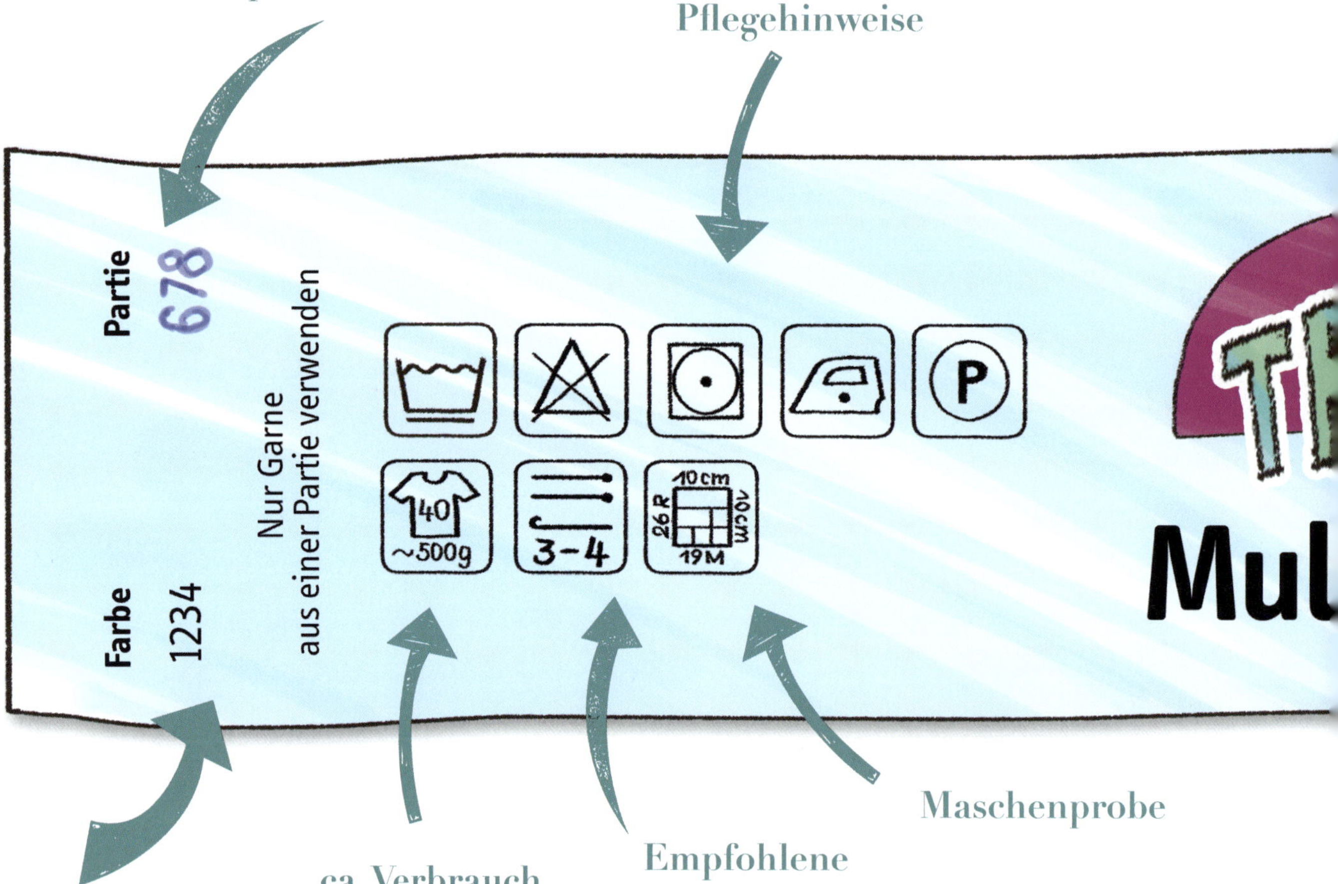

Maschenprobe

Empfohlene
Nadelstärke

ca. Verbrauch
für einen
Pullover

Farbnummer

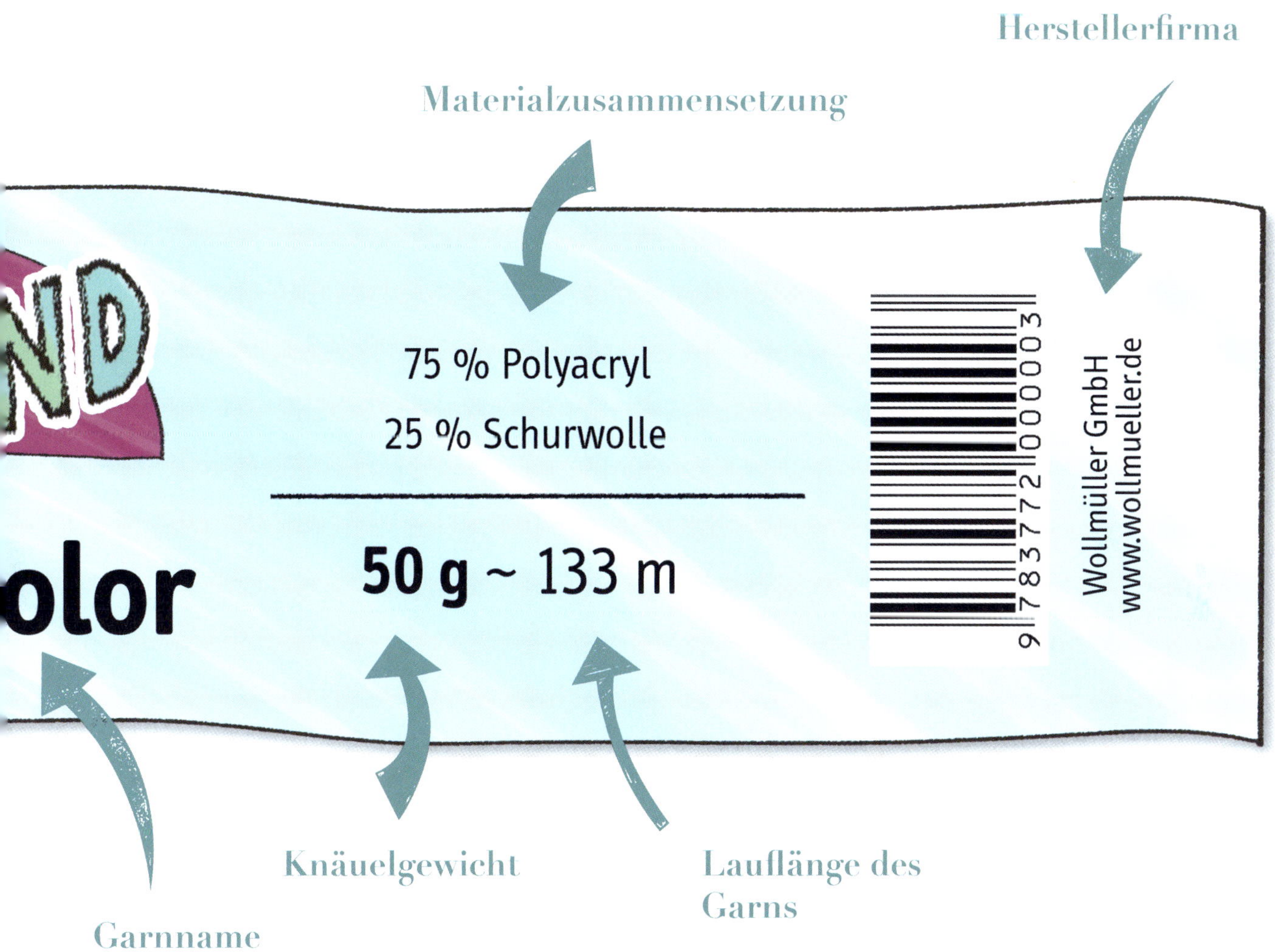
Herstellerfirma
Materialzusammensetzung
75 % Polyacryl
25 % Schurwolle
olor
50 g ~ 133 m
Wollmüller GmbH
www.wollmueller.de
Garnname
Knäuelgewicht
Lauflänge des Garns

Häkeln lernen

Anfangsschlinge und Handhaltung

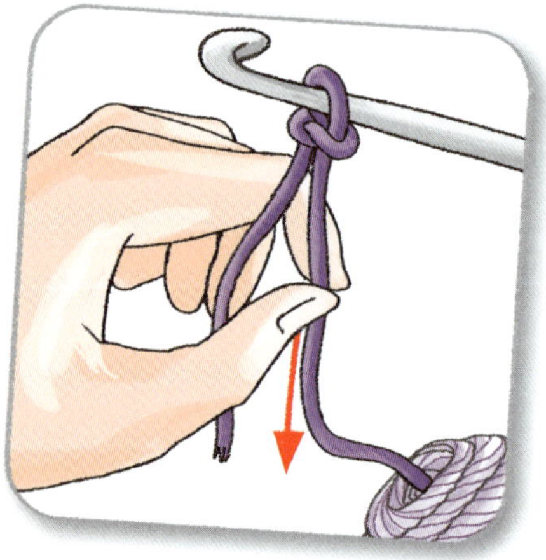

Grundmaschen

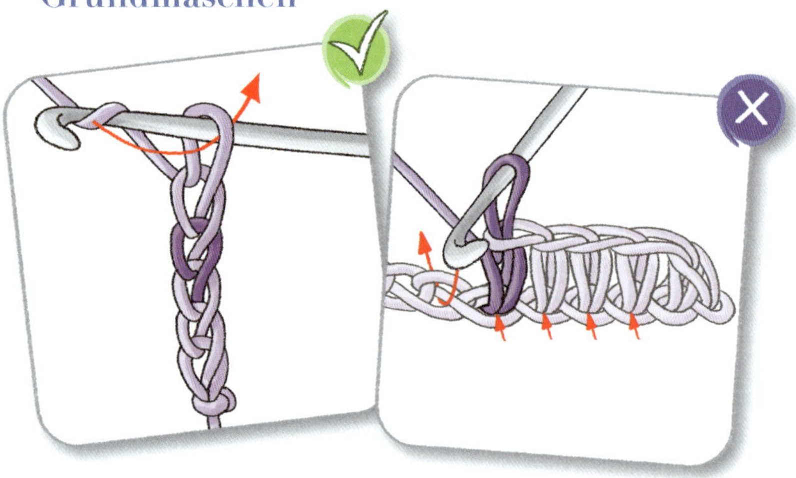

Besondere Maschen

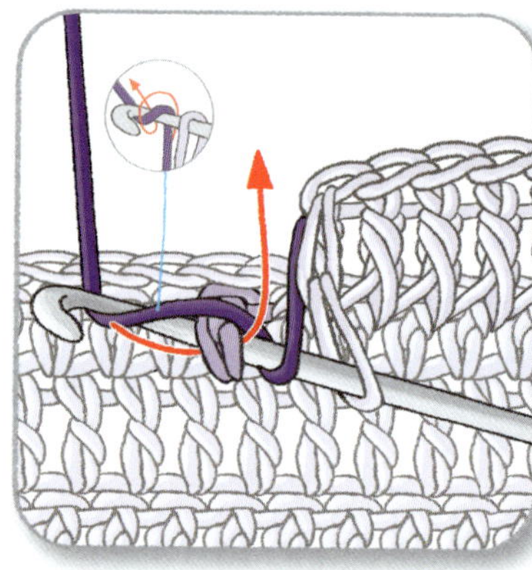

Zu- und Abnehmen

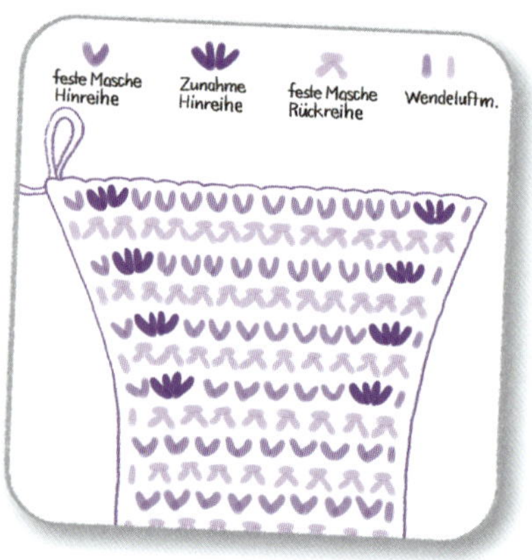

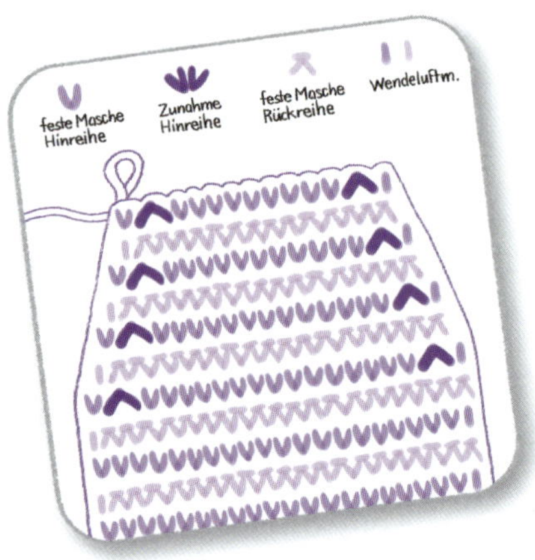

Häkeln in Runden

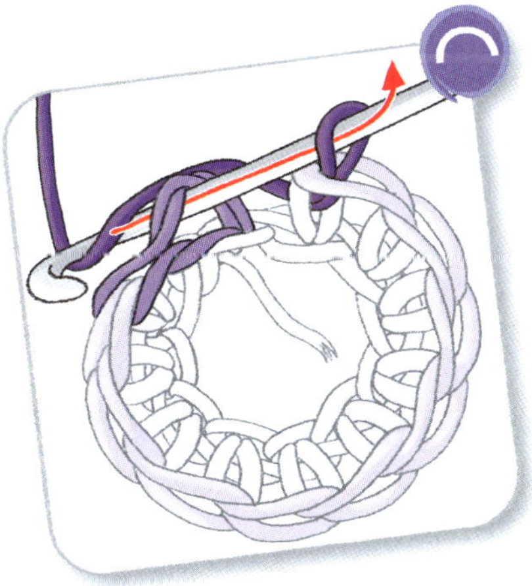

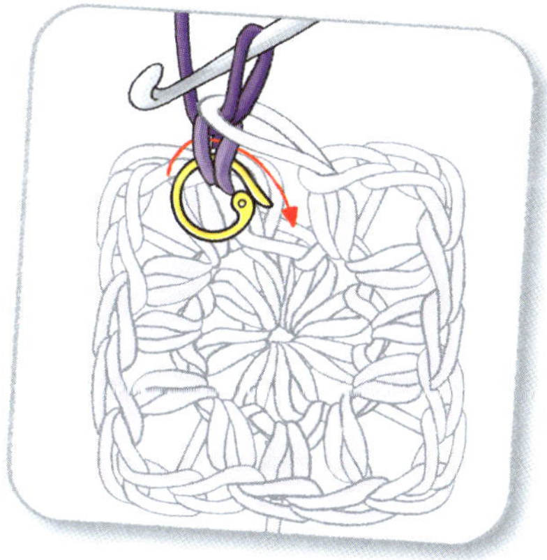

Arbeit fertigstellen

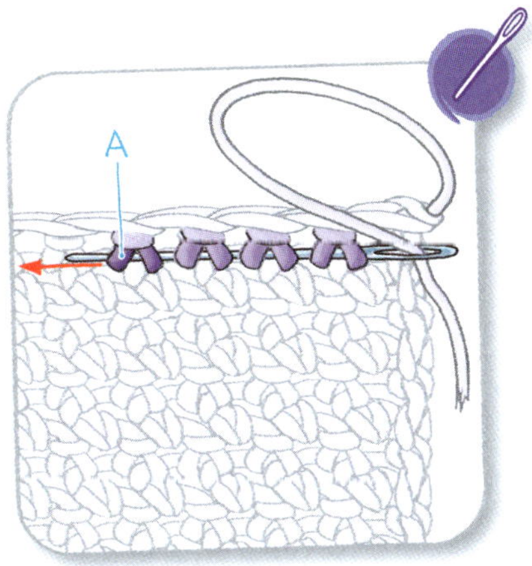

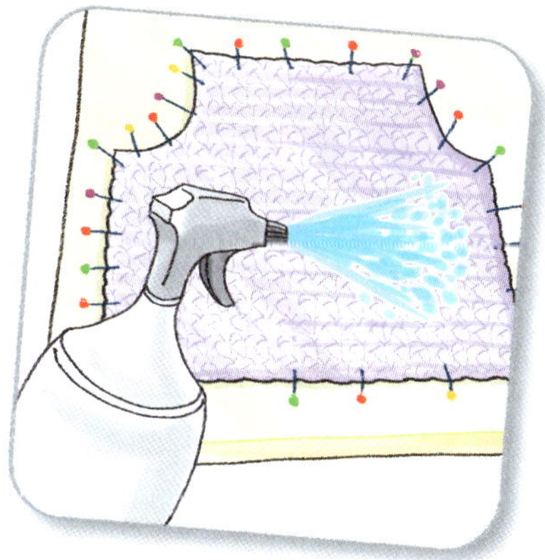

Spezialwissen

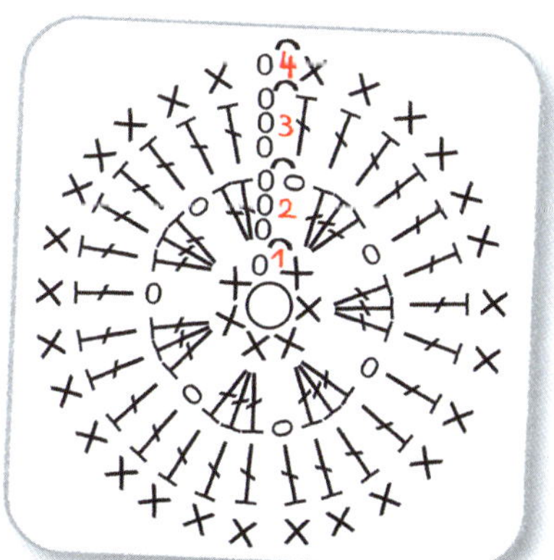

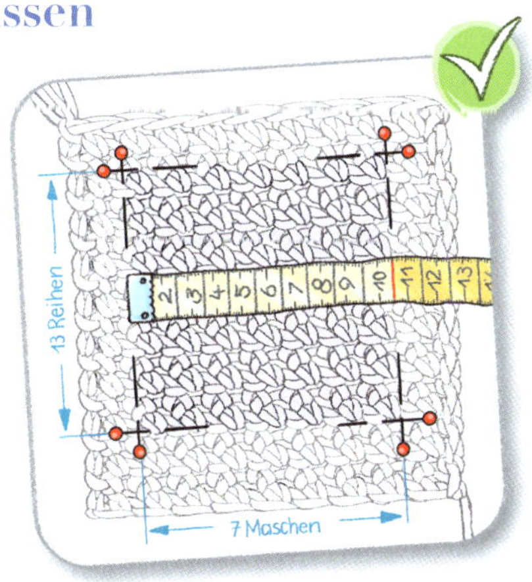

Anfangsschlinge

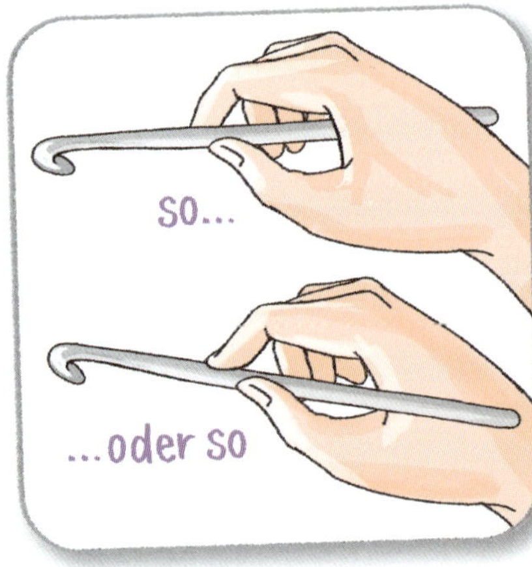

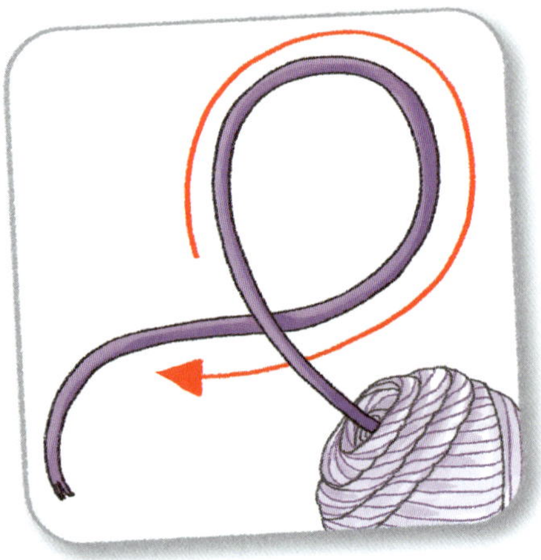

Schritt 1

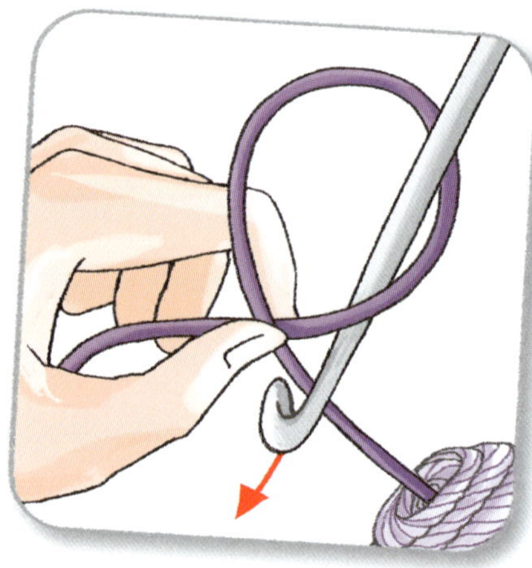

Schritt 2

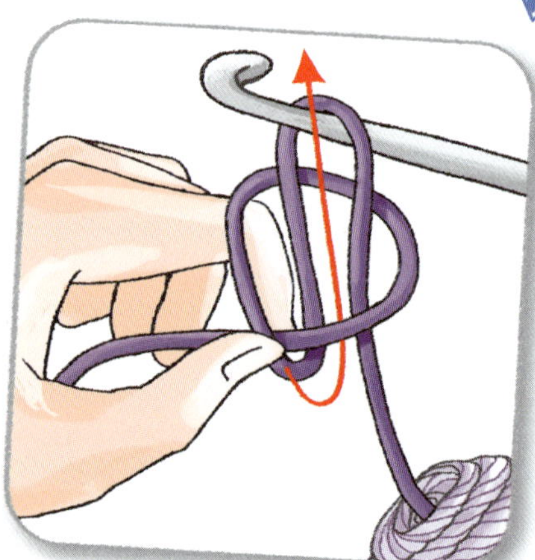

Schritt 3

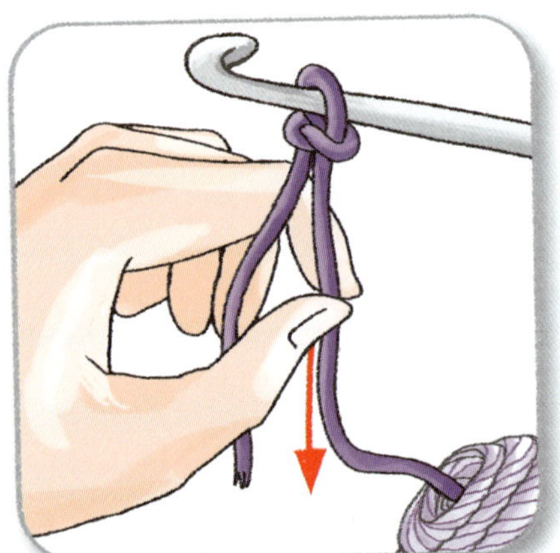

Schritt 4

Faden- und Handhaltung

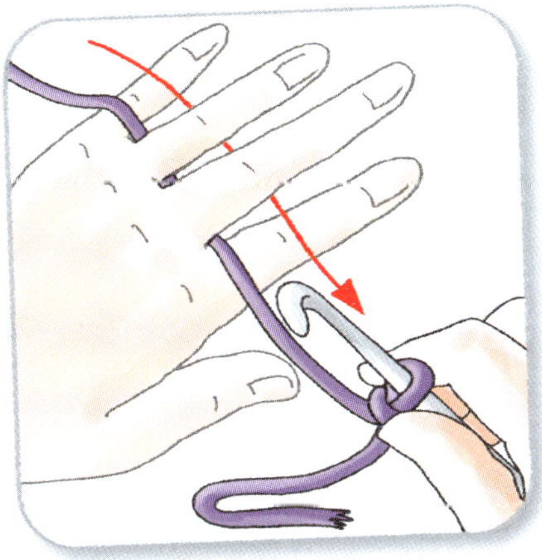

Schritt 1

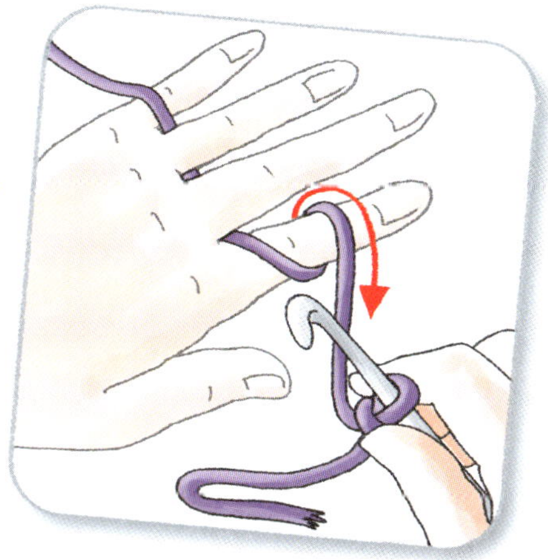

Schritt 2

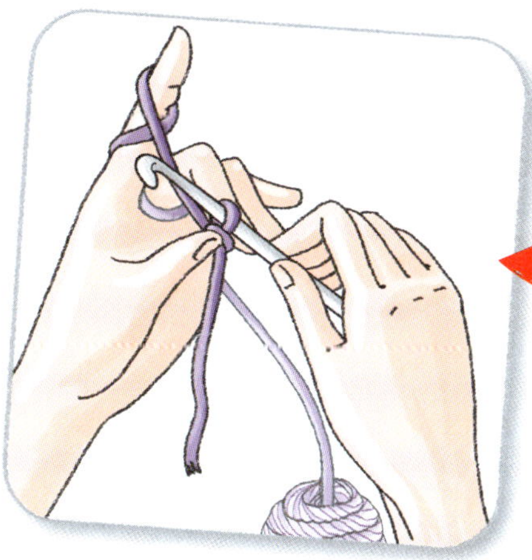

Schritt 3

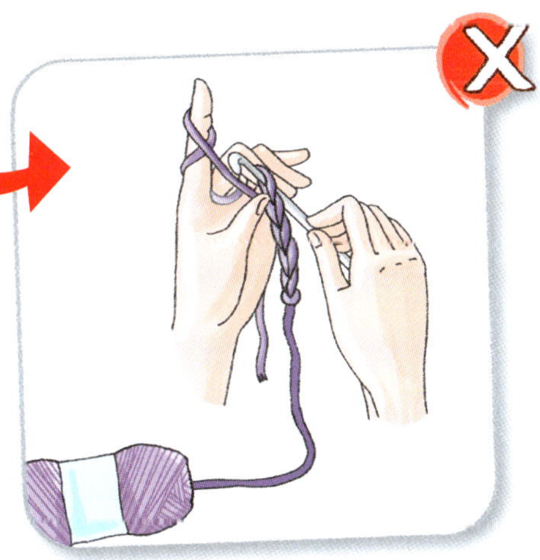

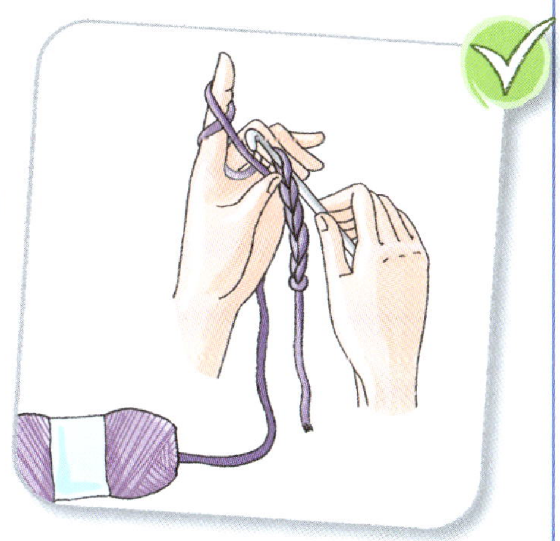

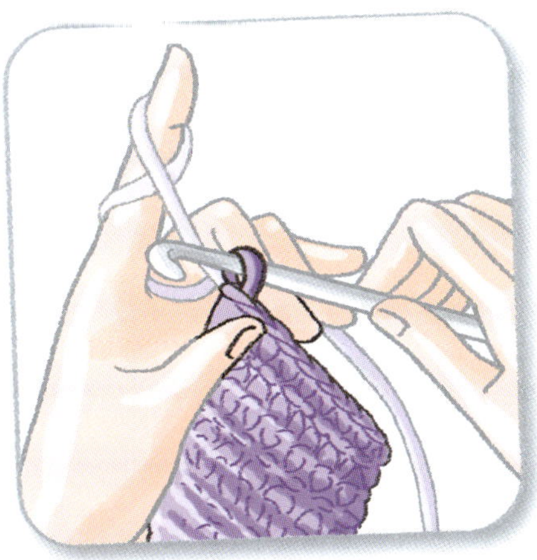

Schritt 4

Grundmaschen

Luftmaschen

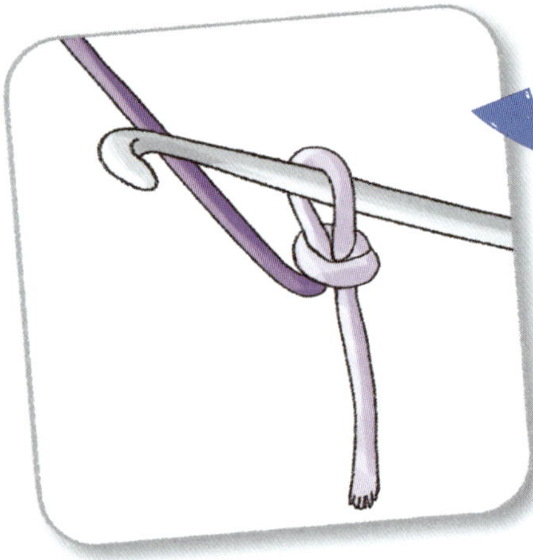

Schritt 1

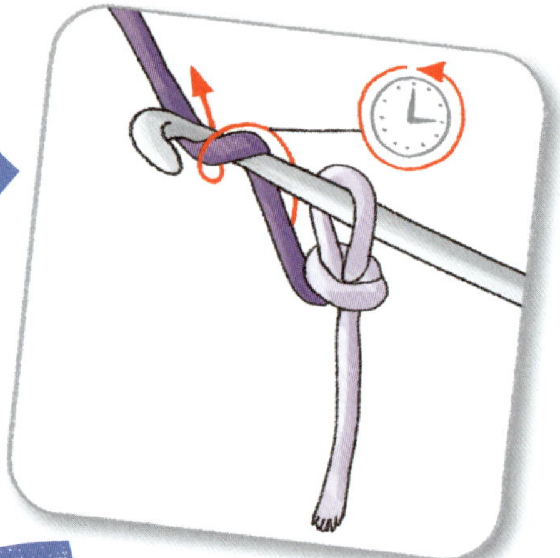

Schritt 2

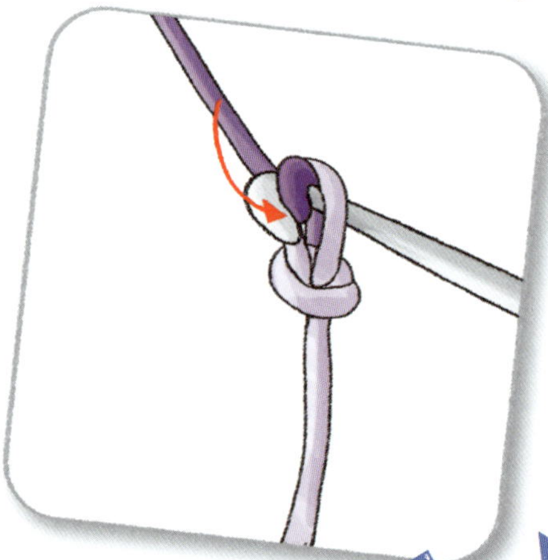

Schritt 3

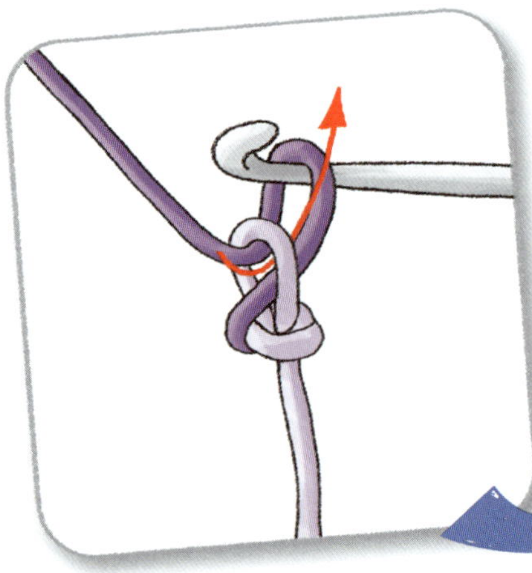

Schritt 4

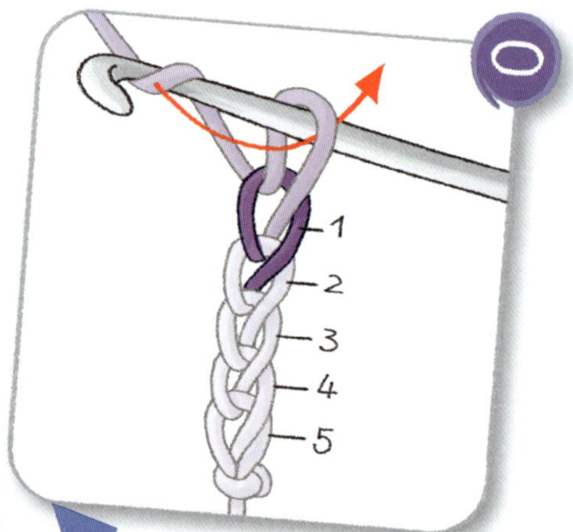

Schritt 5

Fehlerkorrektur

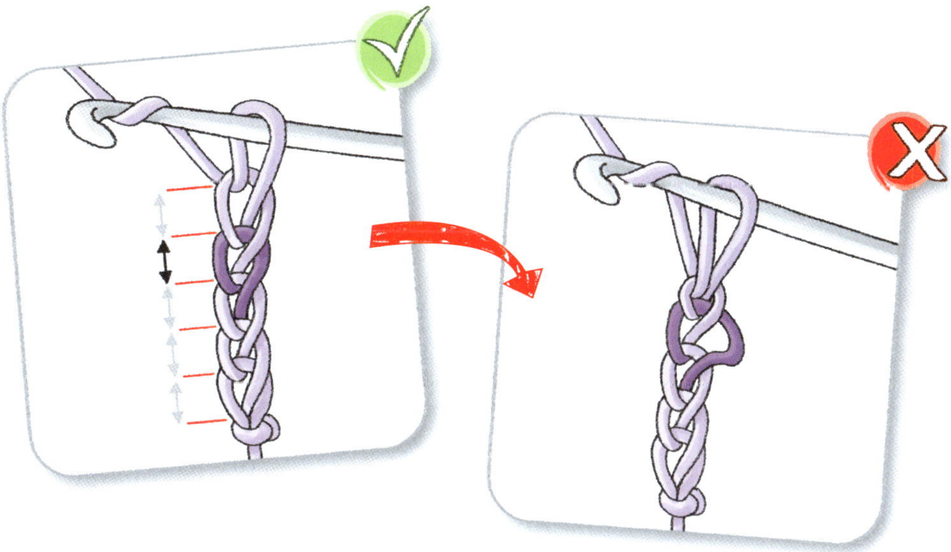

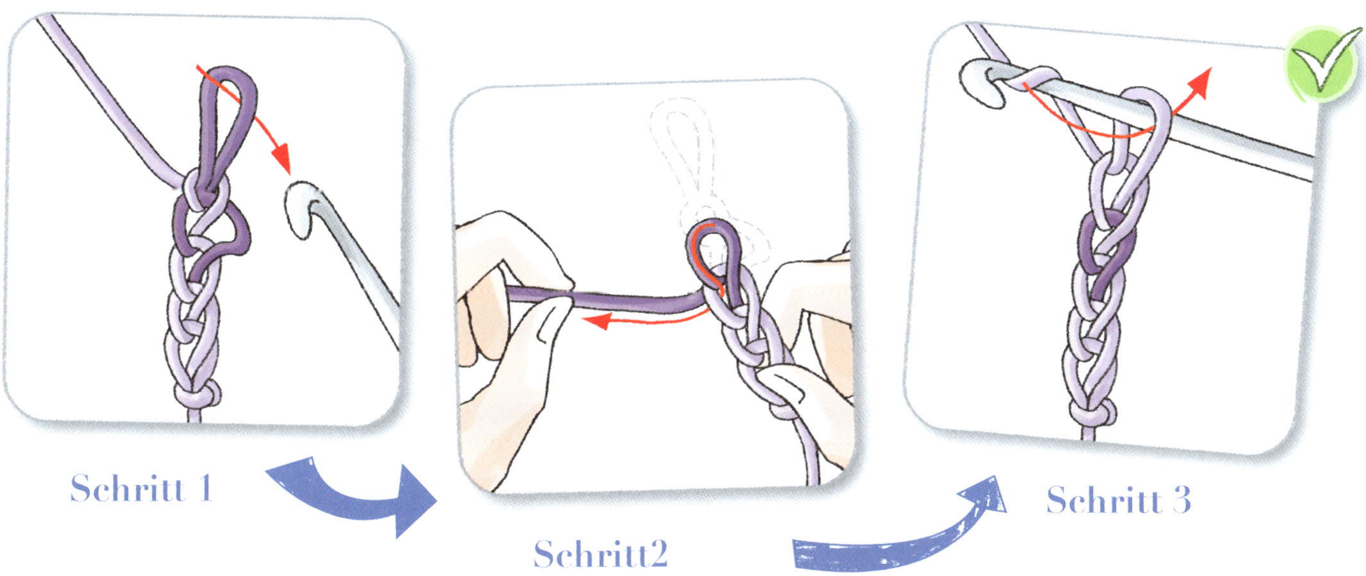

Schritt 1

Schritt2

Schritt 3

Grundmaschen

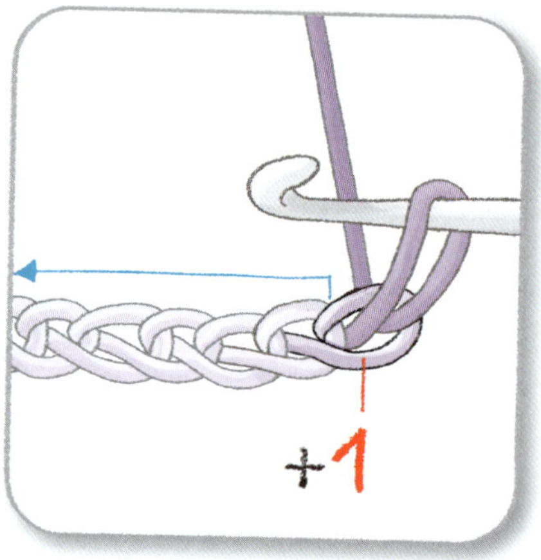

Schritt 1

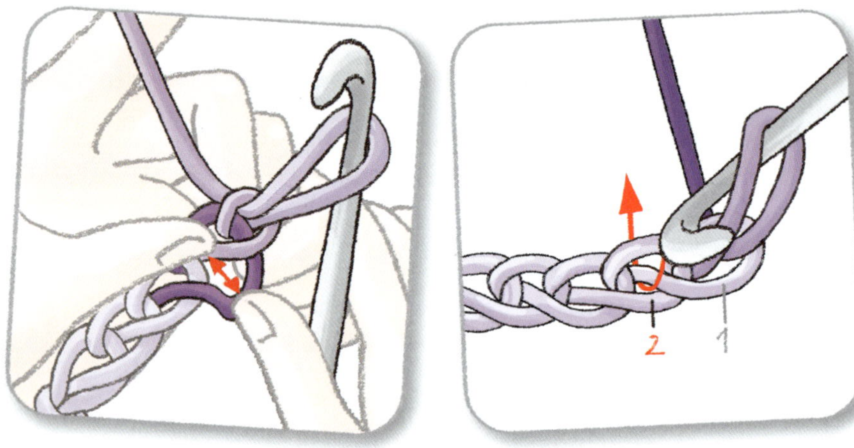

Schritt 2

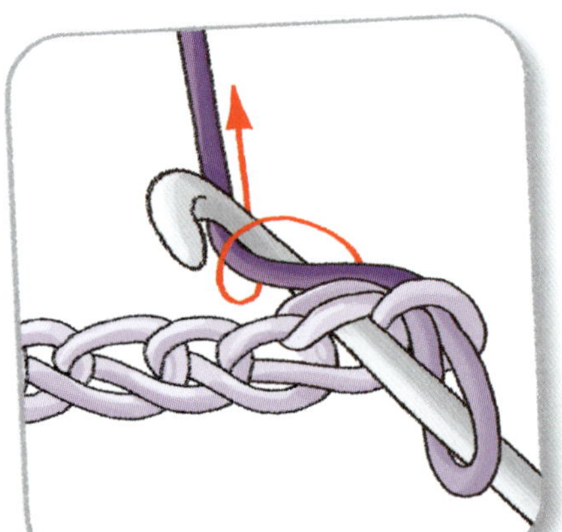

Schritt 3

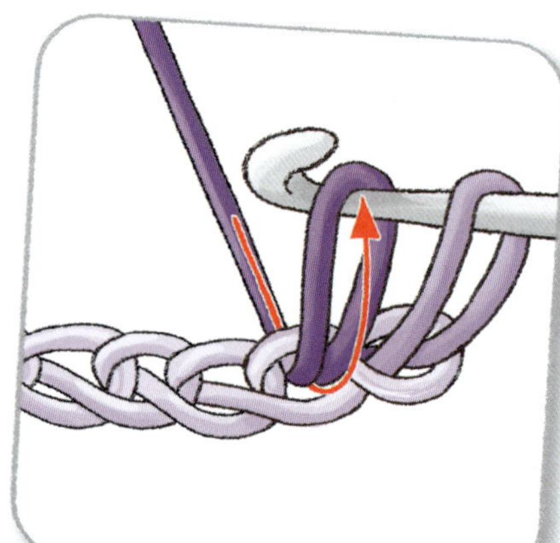

Schritt 4

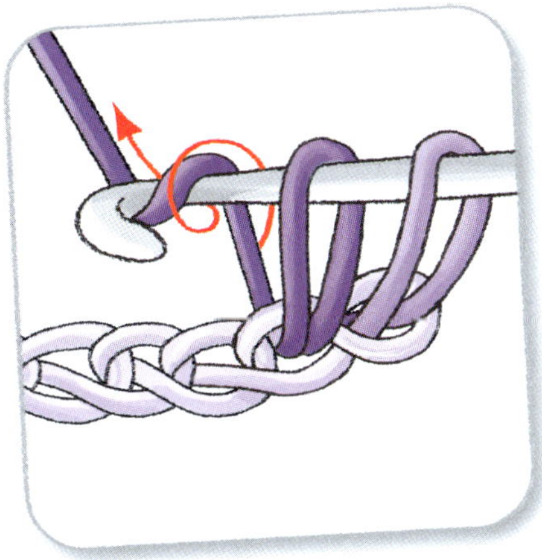

Schritt 5

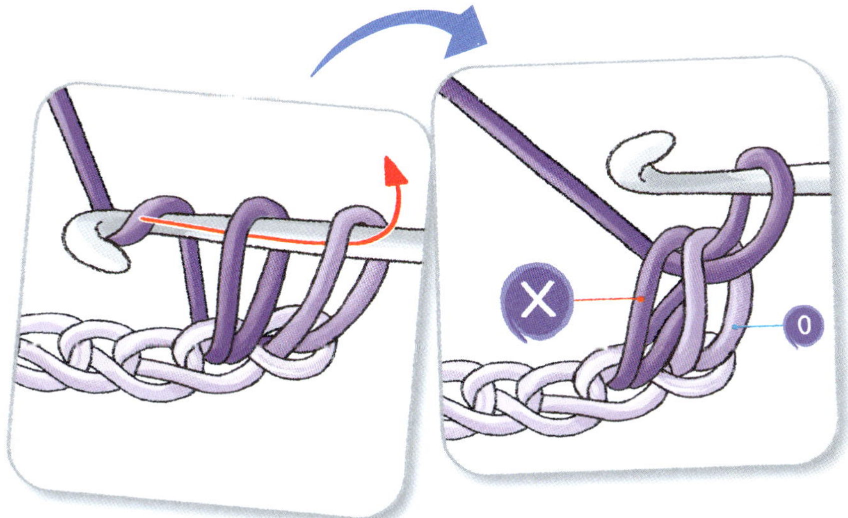

Schritt 6

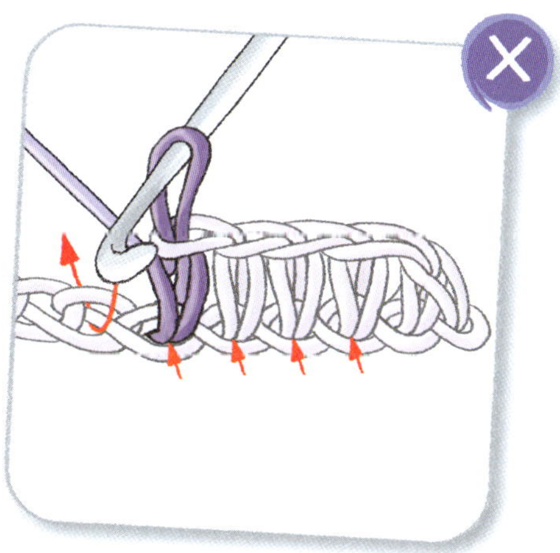

Schritt 7

Schritt 2-6 wiederholen

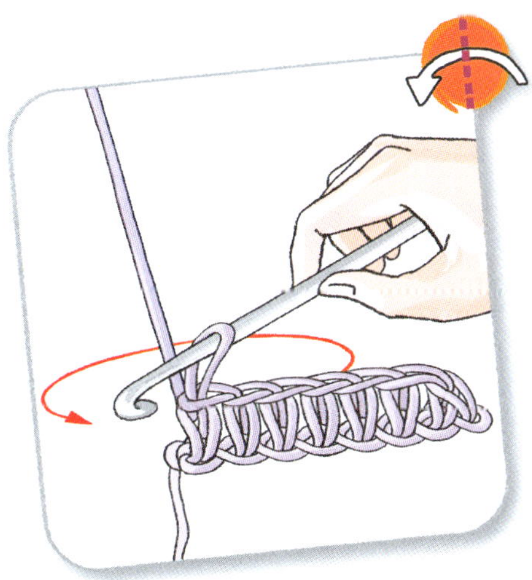

Schritt 8

Grundmaschen

Feste Maschen

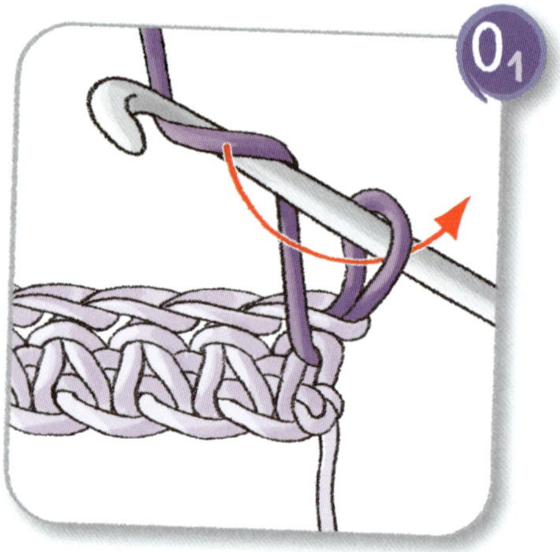

Schritt 9

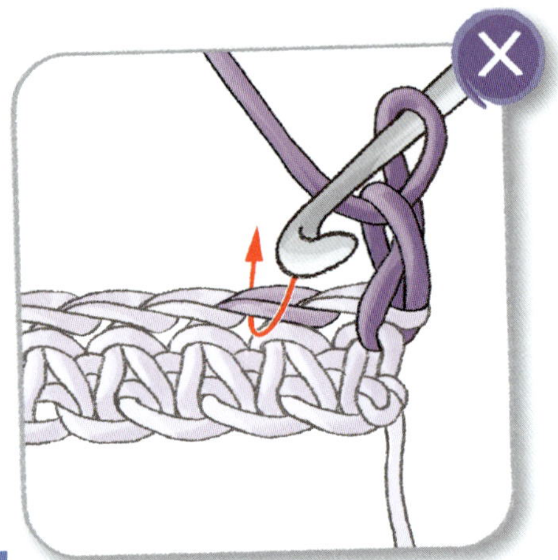

Schritt 10

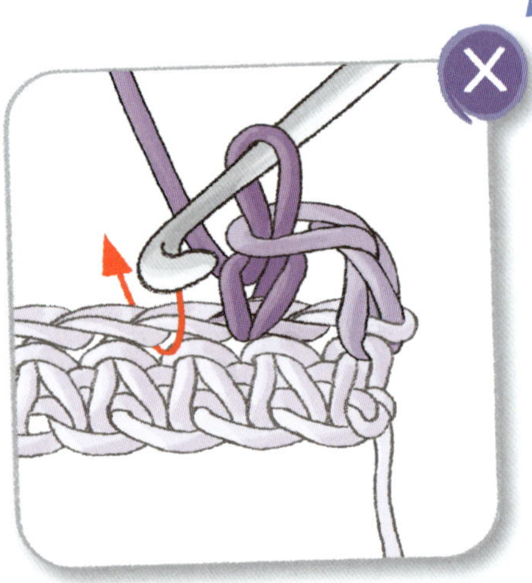

Schritt 11

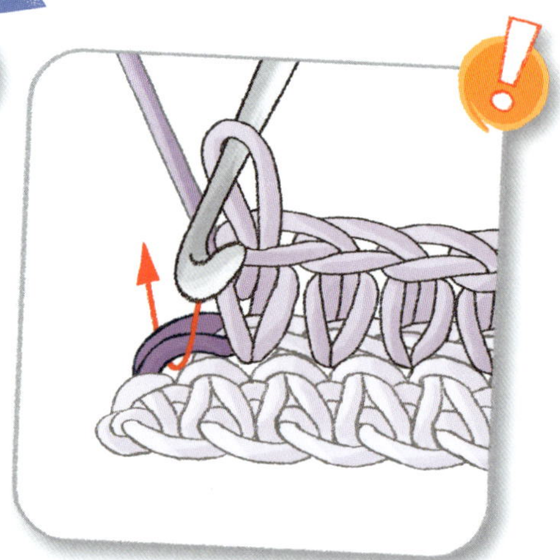

Schritt 12

Luftmasche
auch behäkeln

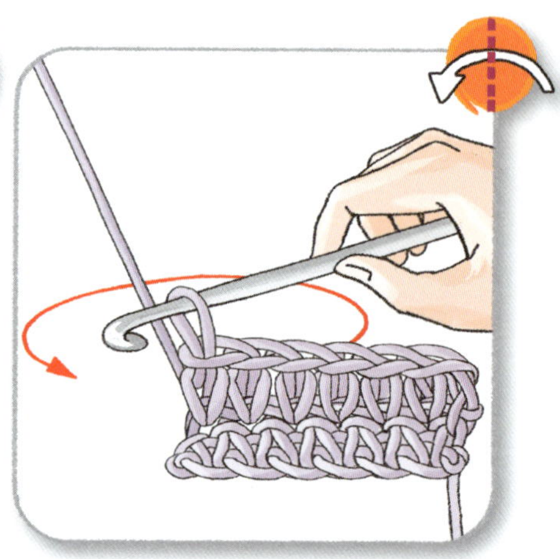

Schritt 13

Arbeit sichern

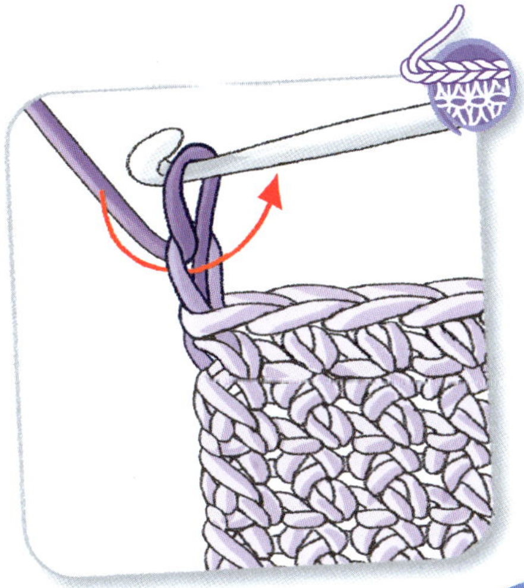

Schritt 14

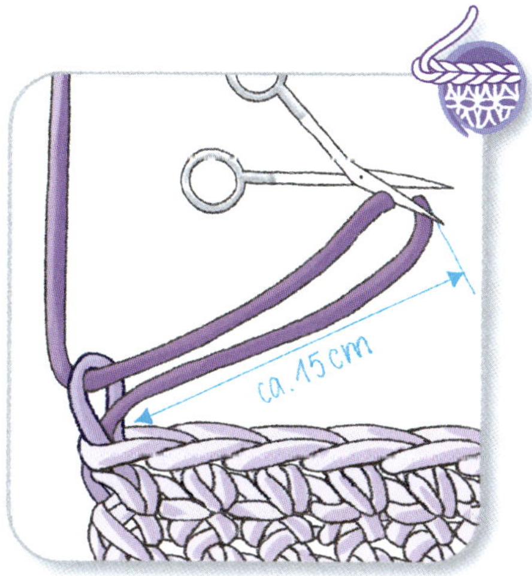

Schritt 15

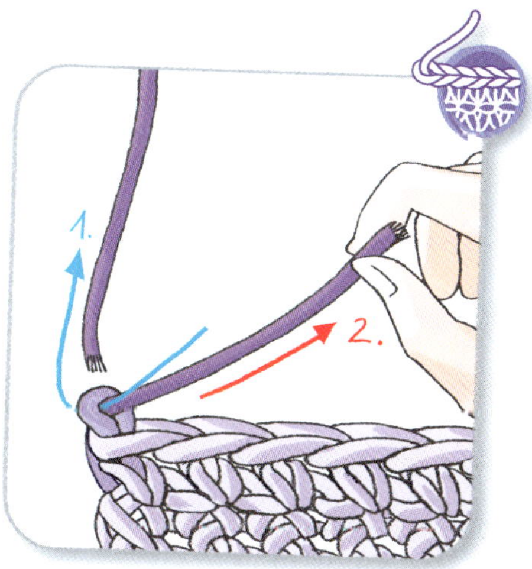

Schritt 16

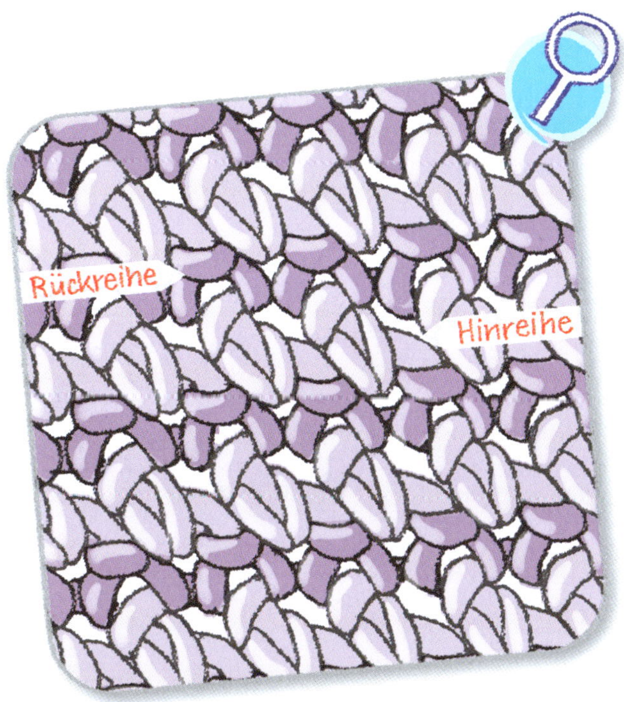

Feste Maschen in Hin- und Rückreihen

Grundmaschen

Halbe Stäbchen

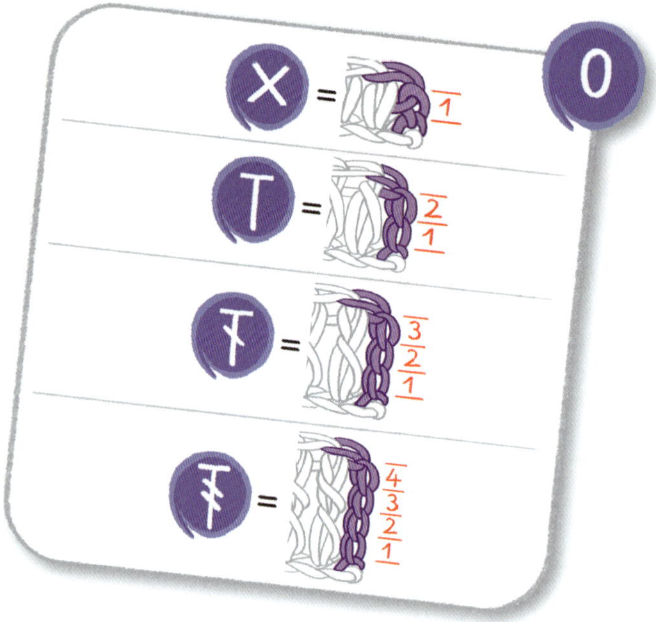

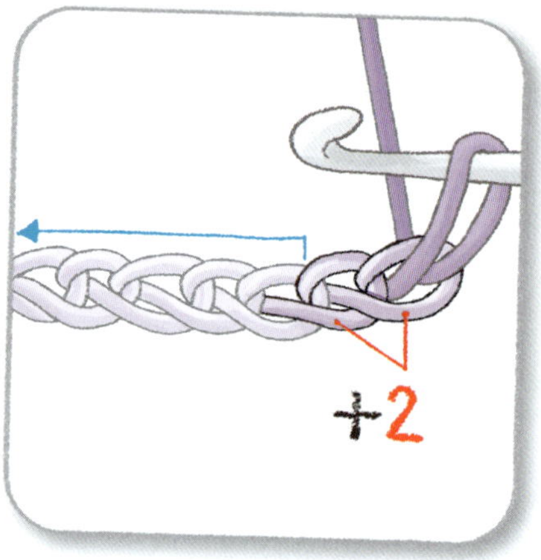

Schritt 1

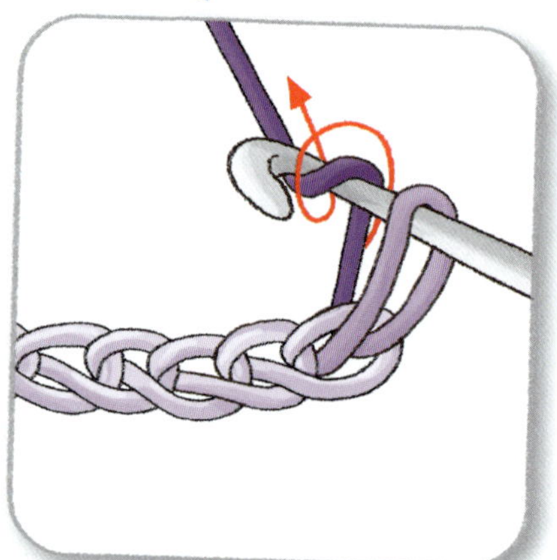

Schritt 2

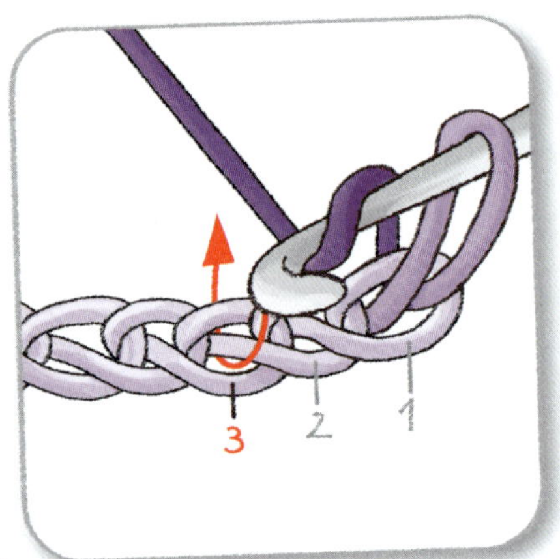

Schritt 3

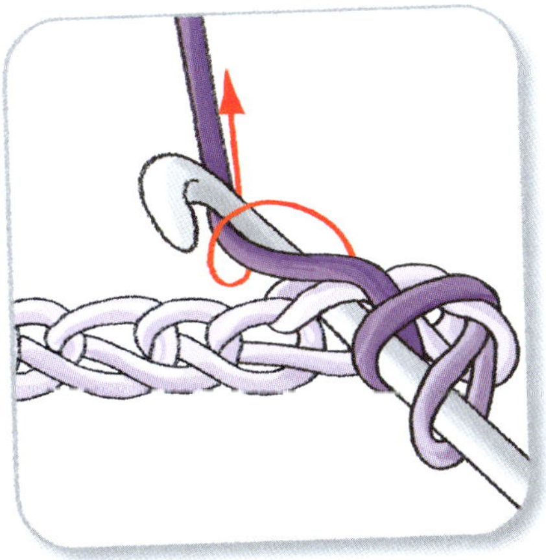

Schritt 4

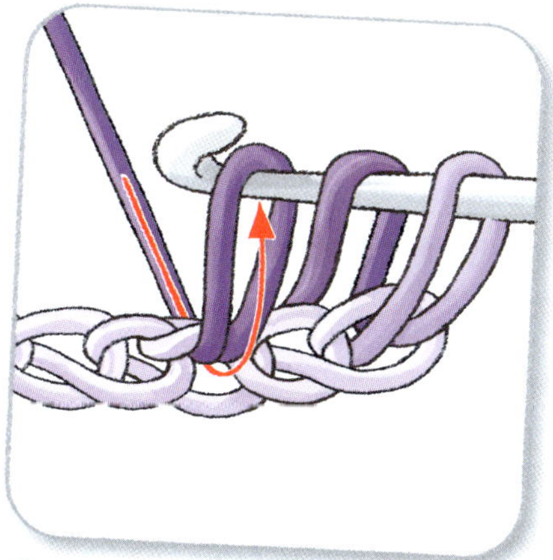

Schritt 5

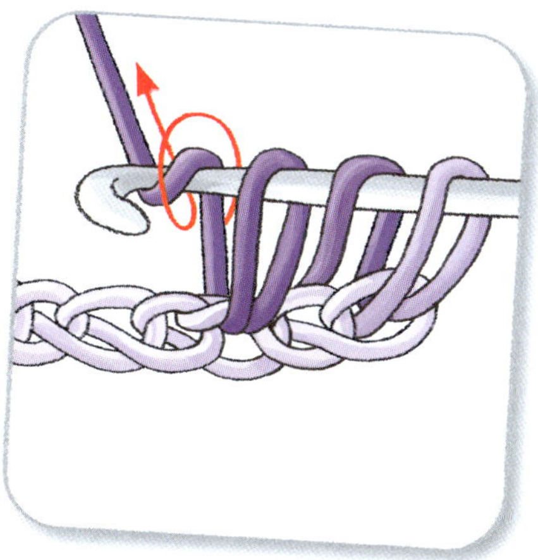

Schritt 6

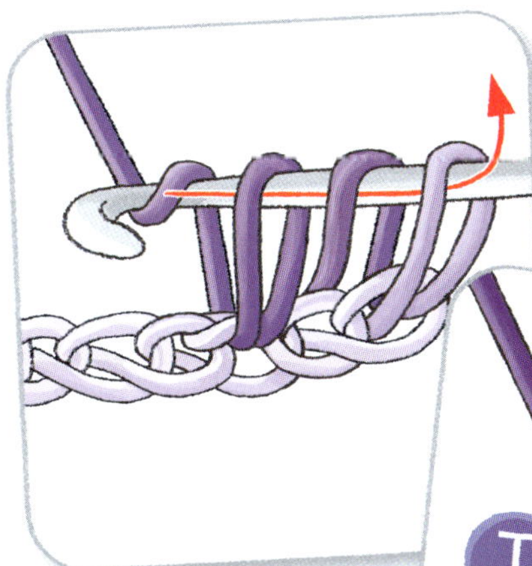

Schritt 7

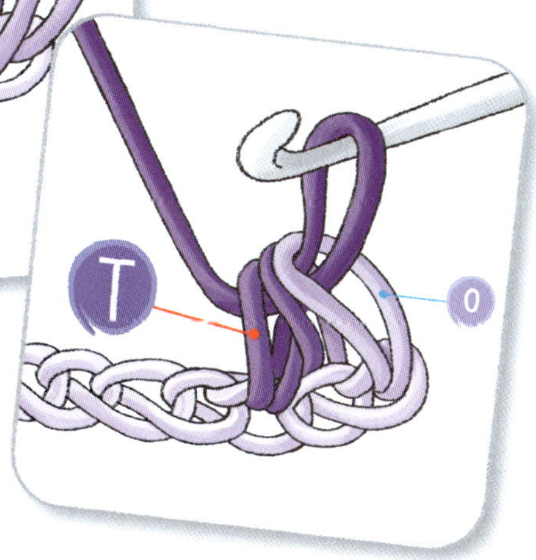

Grundmaschen

Halbe Stäbchen

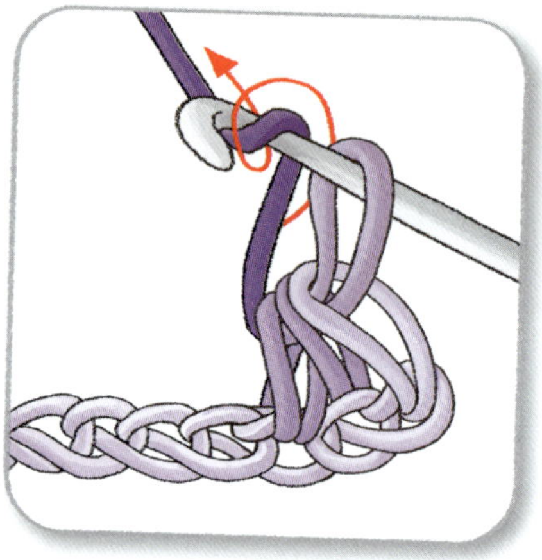

Schritt 8

Für jedes neue halbe
Stäbchen 1 Umschlag

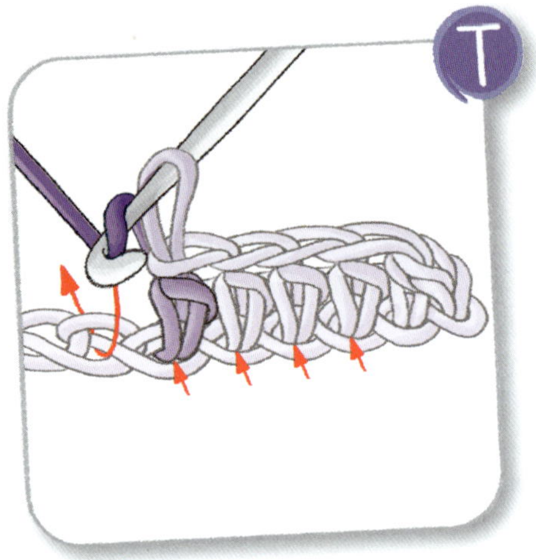

Schritt 9

Schritt 3-8 wiederholen

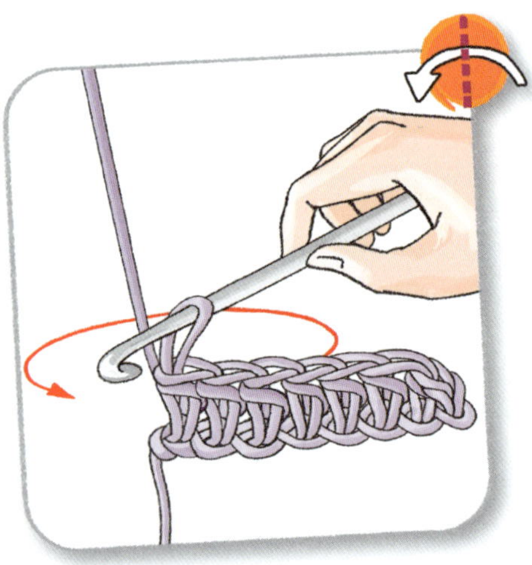

Schritt 10

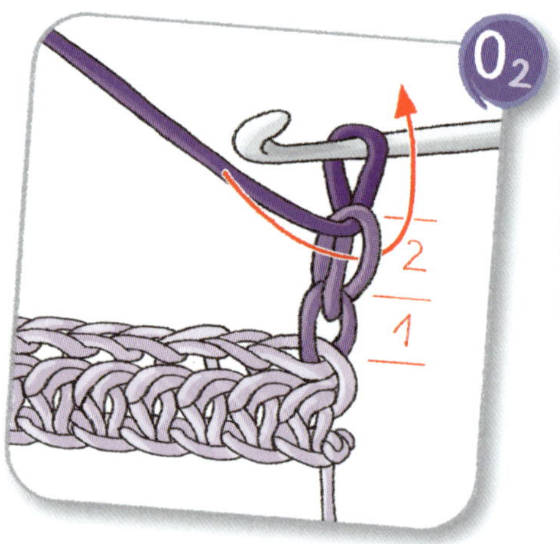

Schritt 11

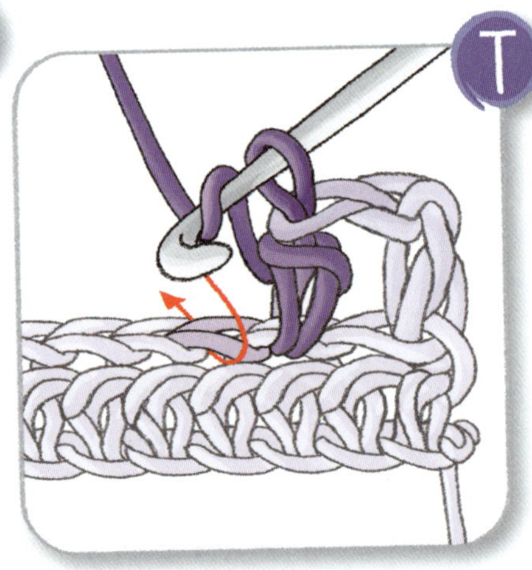

Schritt 12

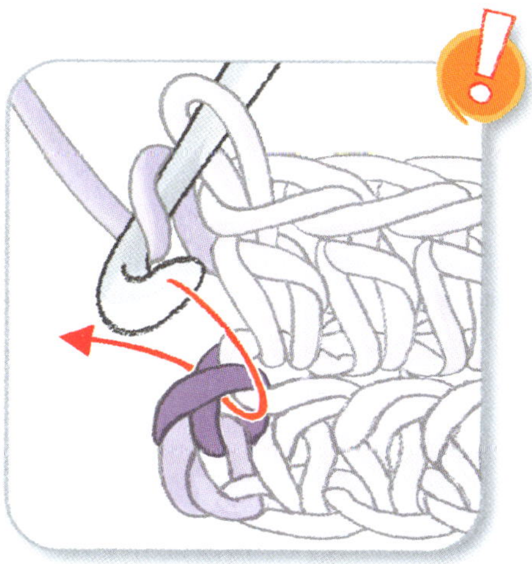

Schritt 13

Oberste Luftmasche auch behäkeln

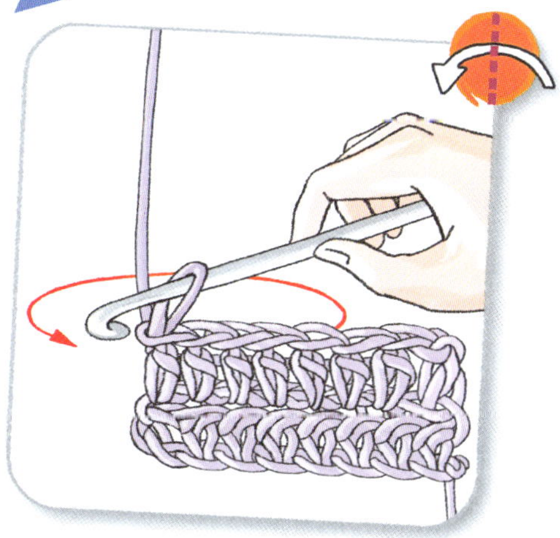

Schritt 14

Schritt 11-13 wiederholen

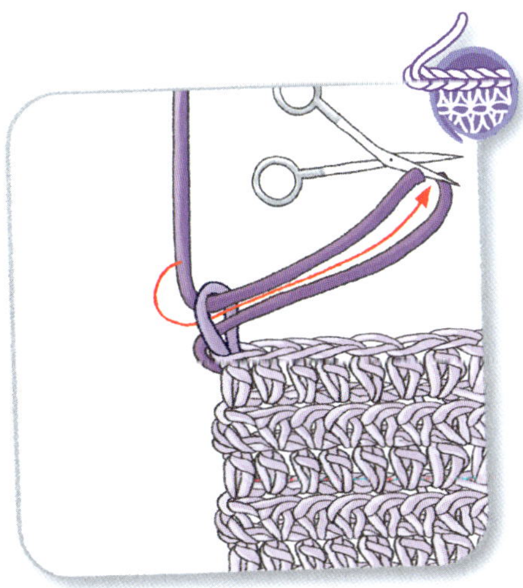

Schritt 15

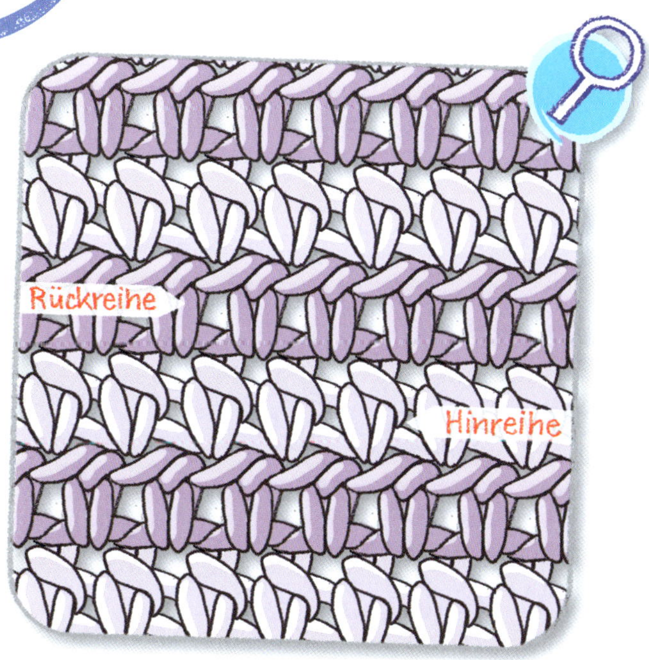

Halbe Stäbchen in Hin- und Rückreihen

Grundmaschen

Stäbchen

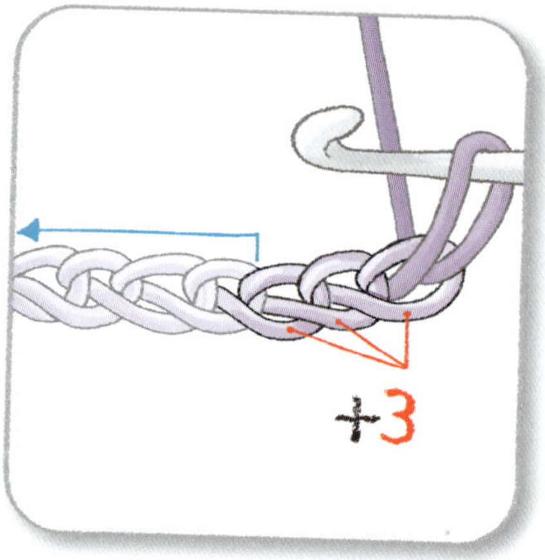

Schritt 1

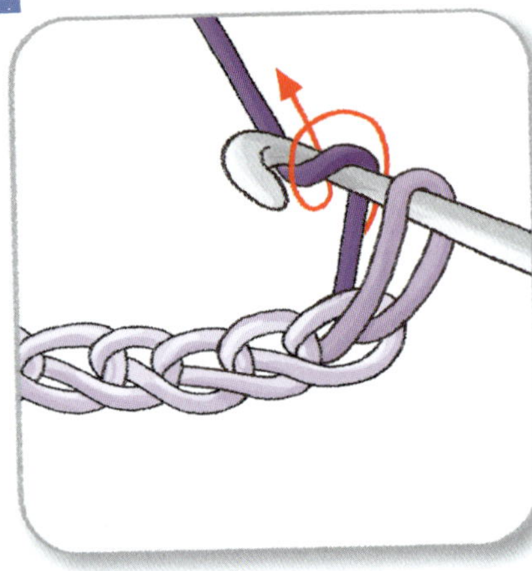

Schritt 2

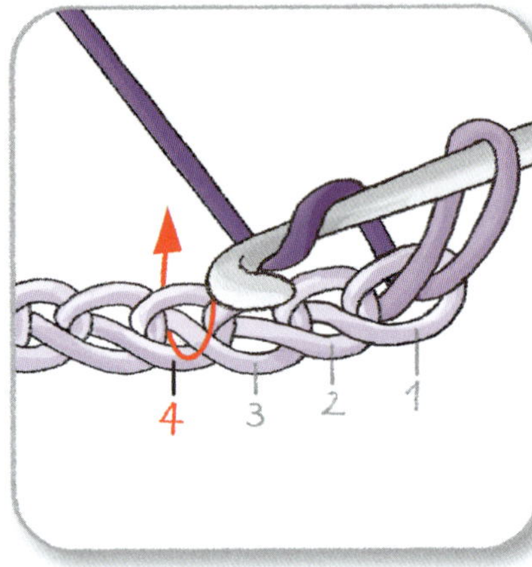

Schritt 3

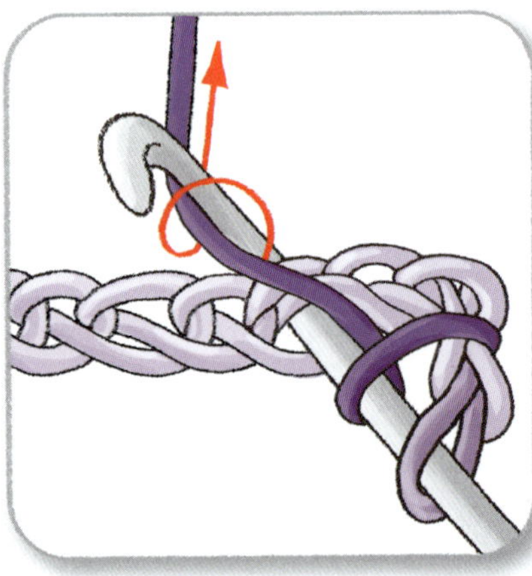

Schritt 4

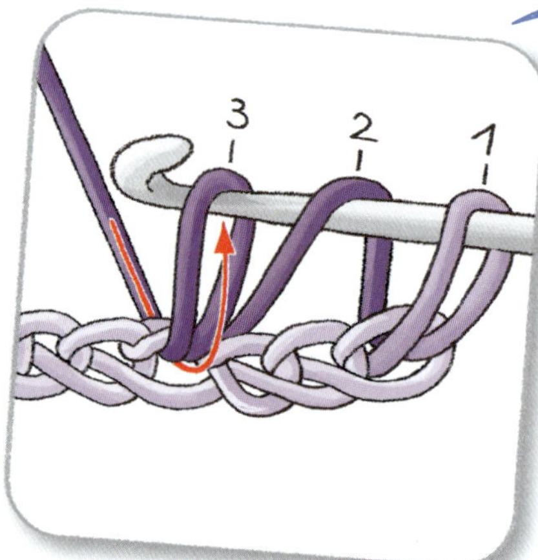

Schritt 5

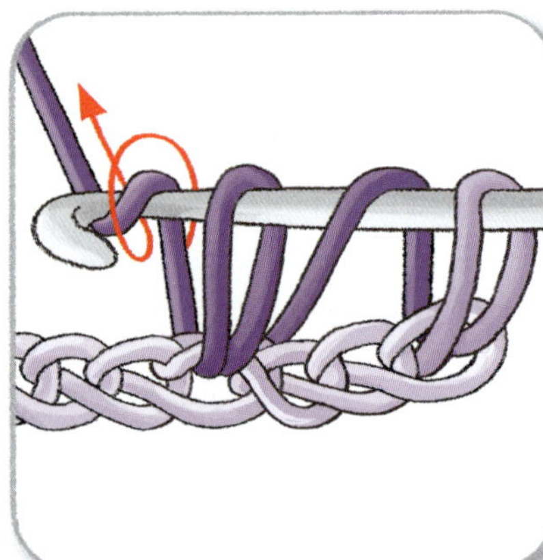

Schritt 6

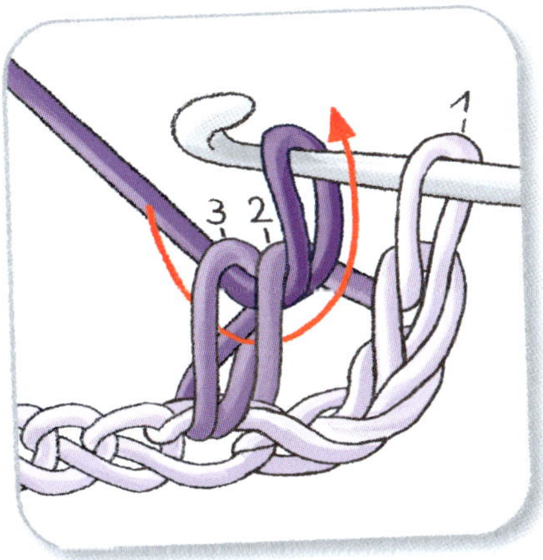

Schritt 7

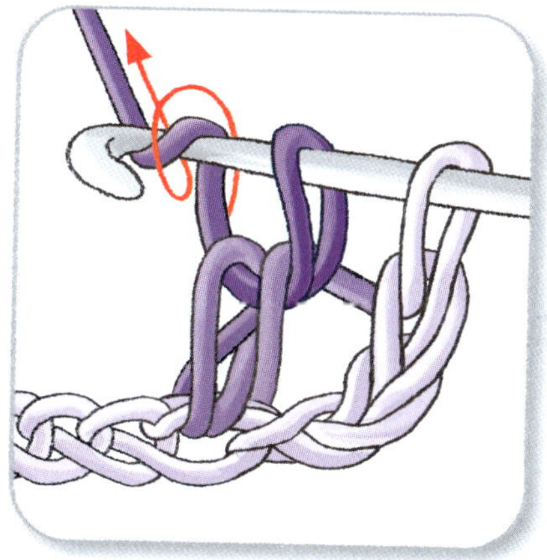

Schritt 8

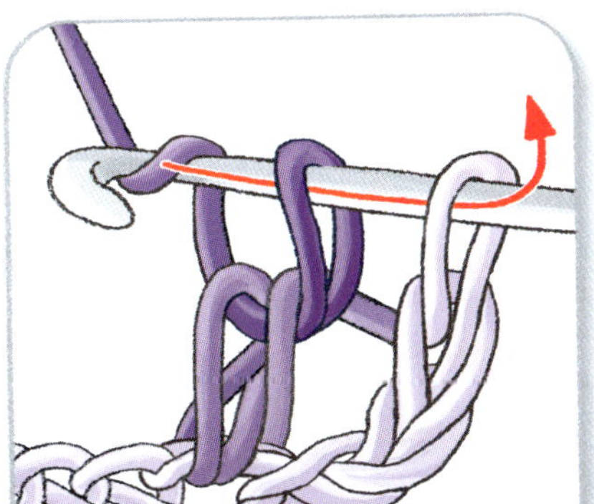

Schritt 9

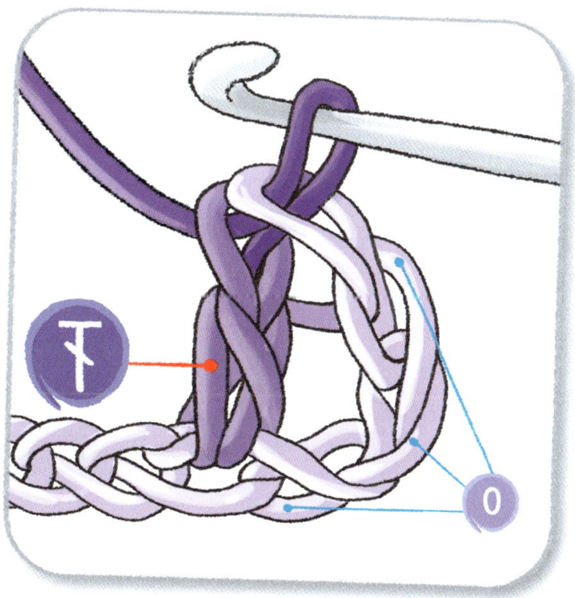

Grundmaschen

Stäbchen

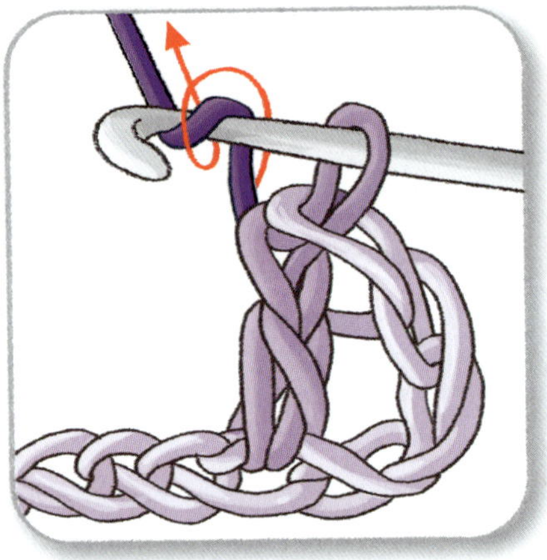

Schritt 10

Für jedes neue Stäbchen
1 Umschlag

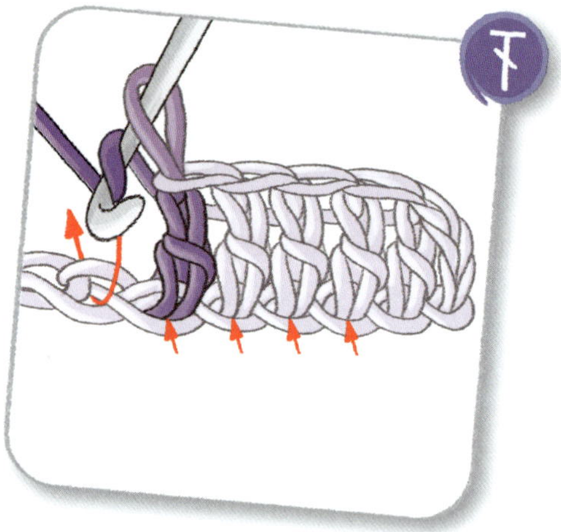

Schritt 11

Schritt 4-10 wiederholen

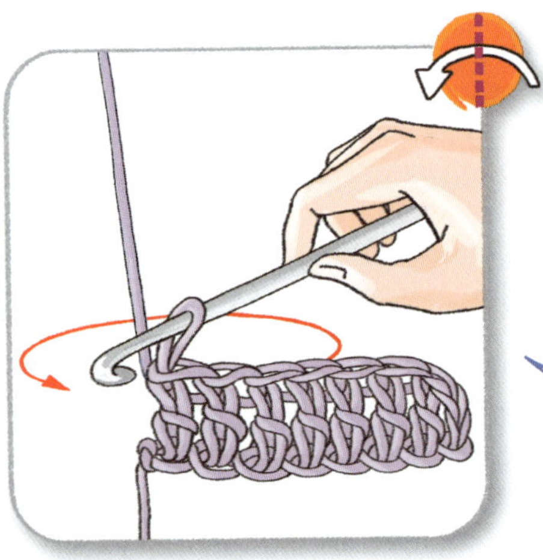

Schritt 12

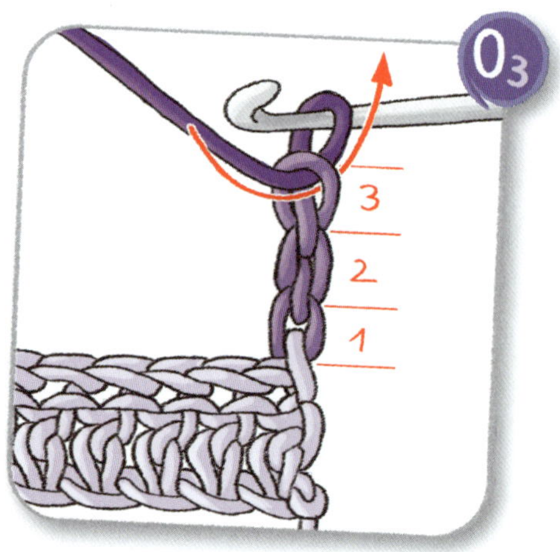

Schritt 13

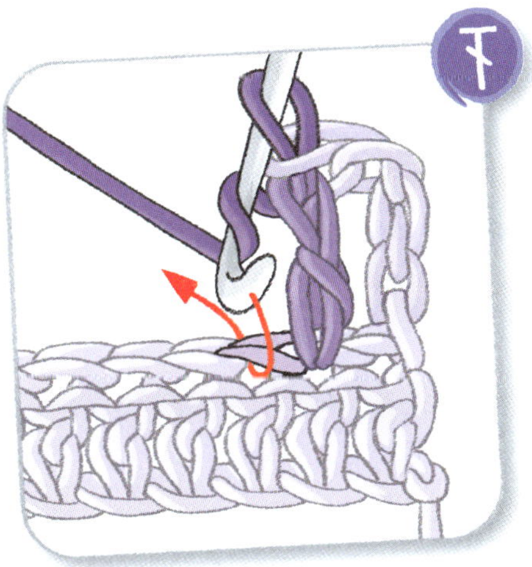

Schritt 14

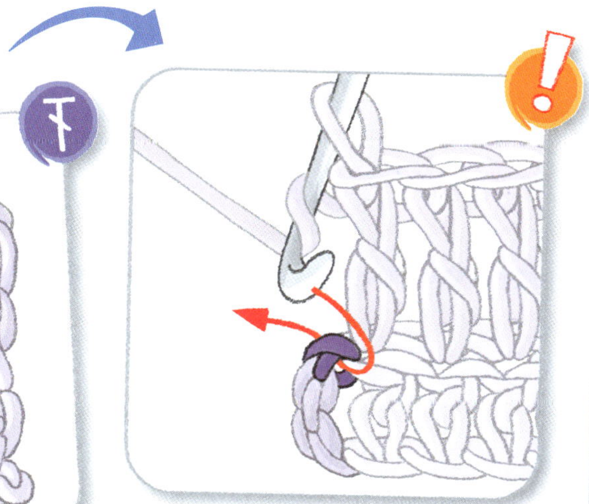

Schritt 15

Oberste Luftmasche auch behäkeln

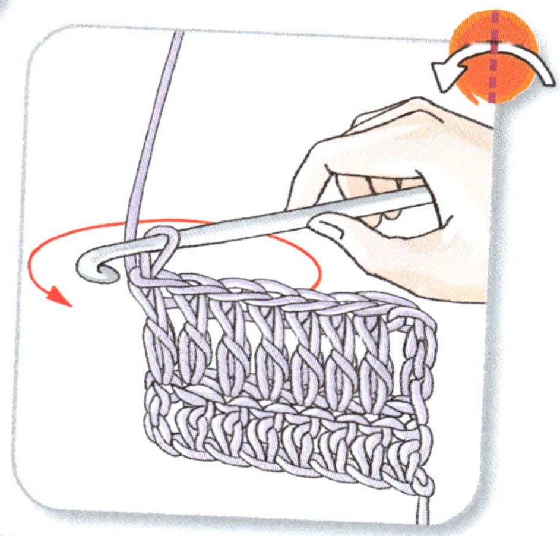

Schritt 16

Schritt 13-16 wiederholen

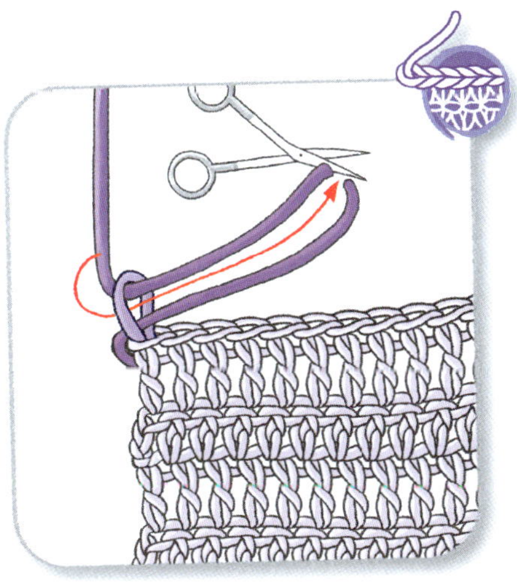

Schritt 17

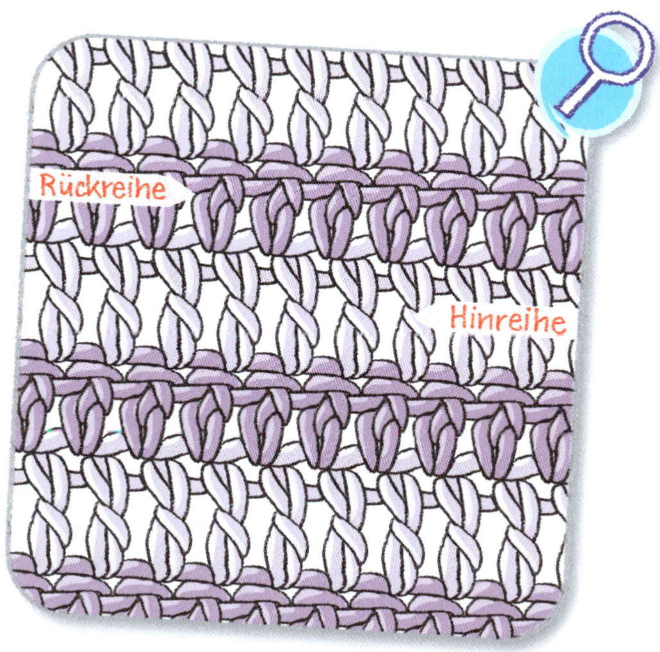

Stäbchen in Hin- und Rückreihen

Grundmaschen

Doppelstäbchen

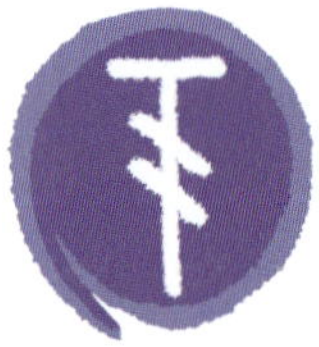

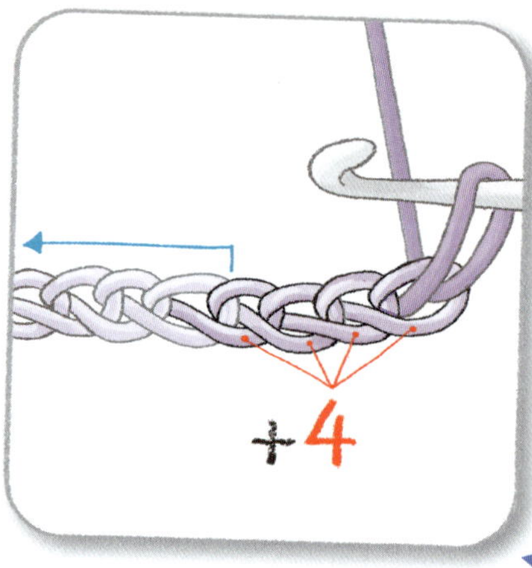

Schritt 1

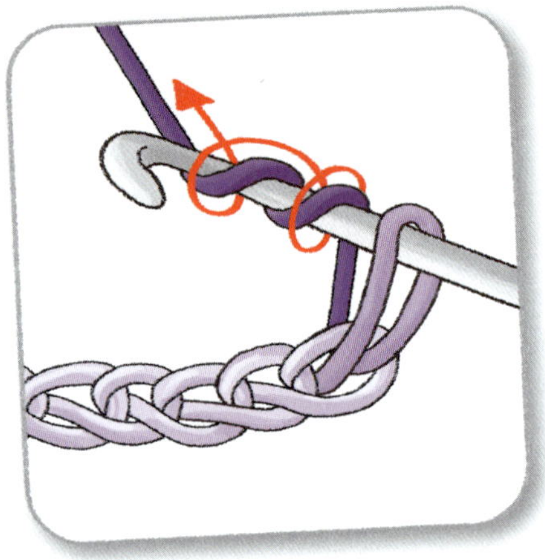

Schritt 2

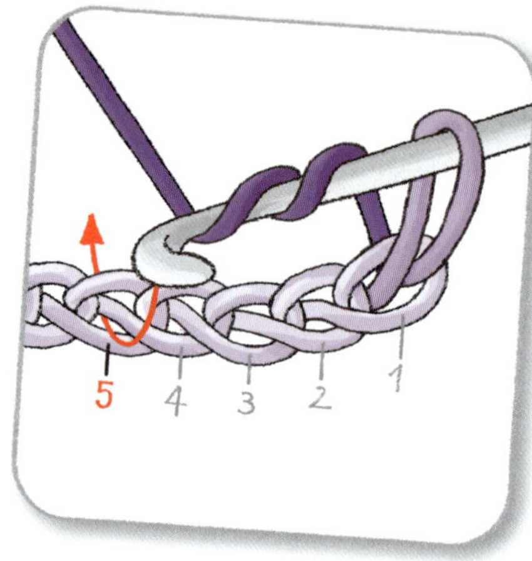

Schritt 3

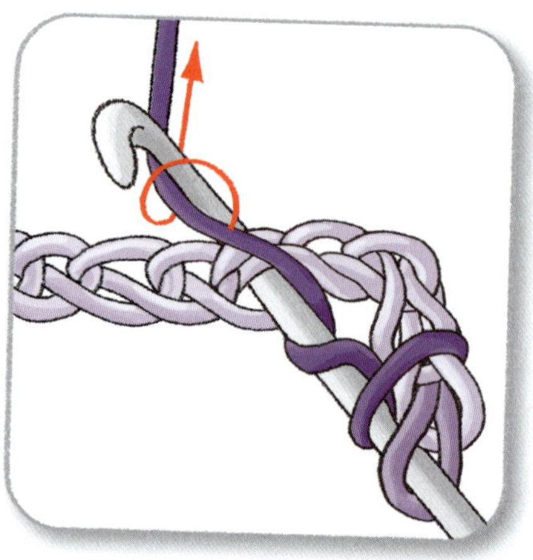

Schritt 4

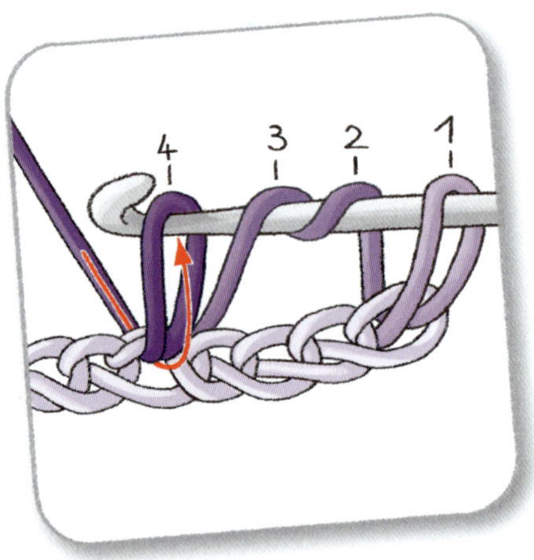

Schritt 5

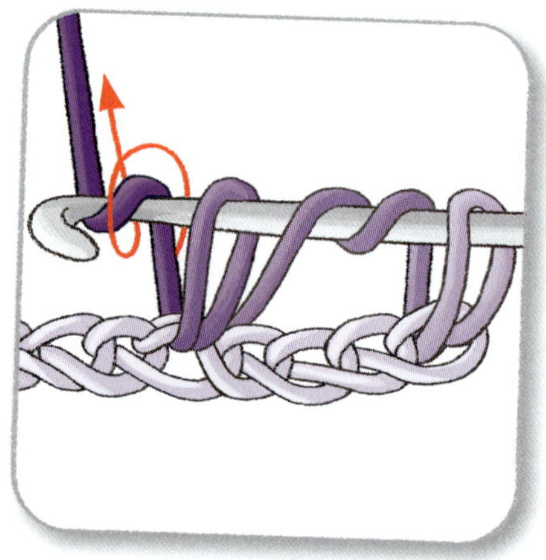

Schritt 6

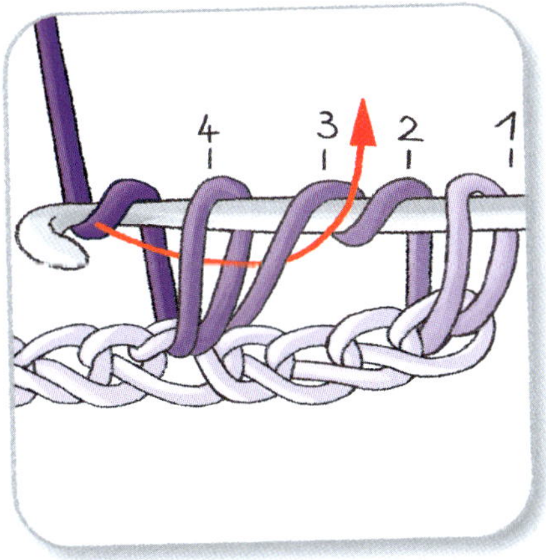

Schritt 7

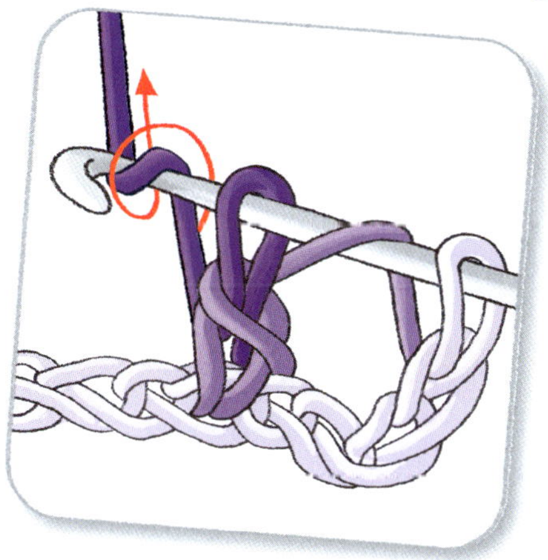

Schritt 8

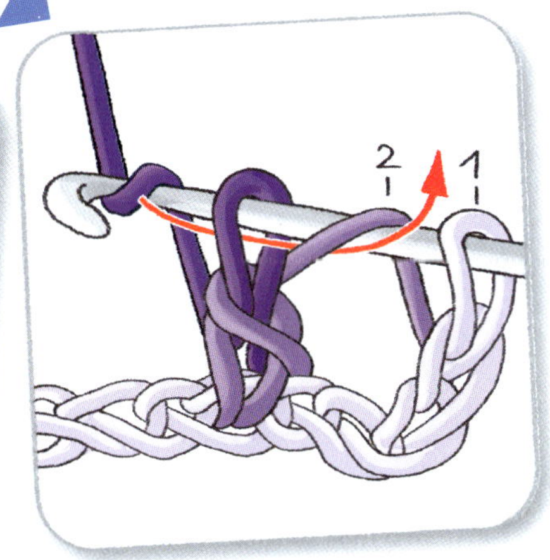

Schritt 9

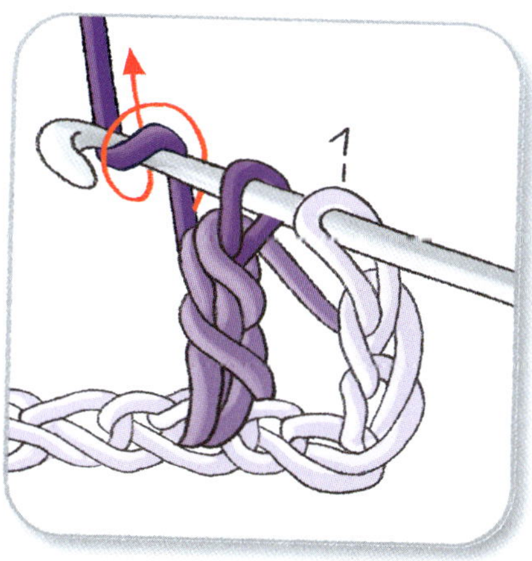

Schritt 10

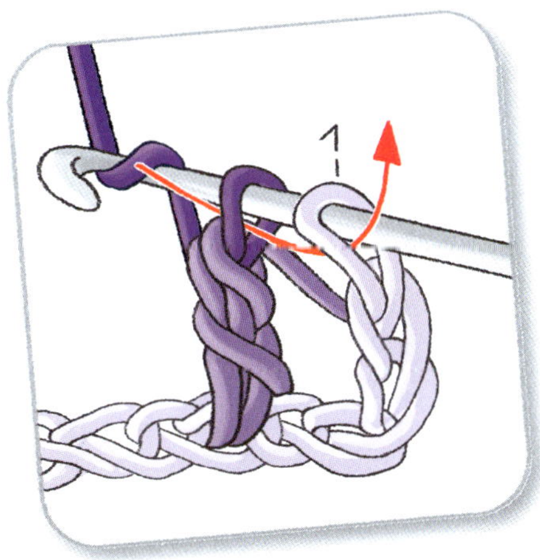

Schritt 11

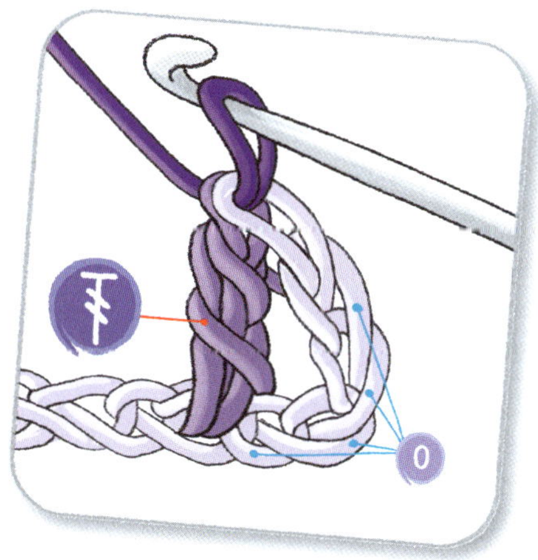

Grundmaschen

Doppelstäbchen

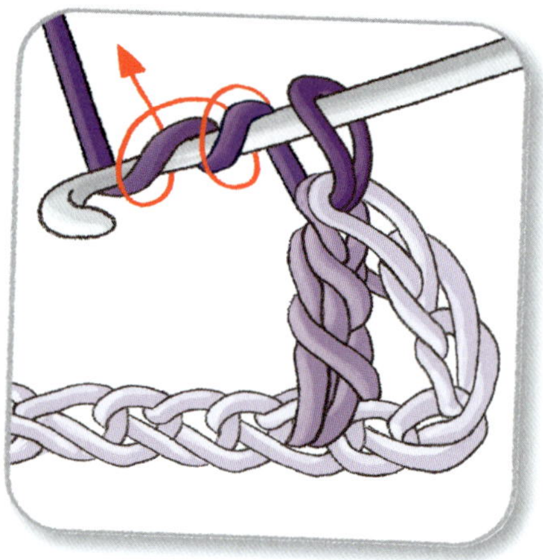

Schritt 12

Für jedes neue Doppelstäbchen 1 Doppelumschlag

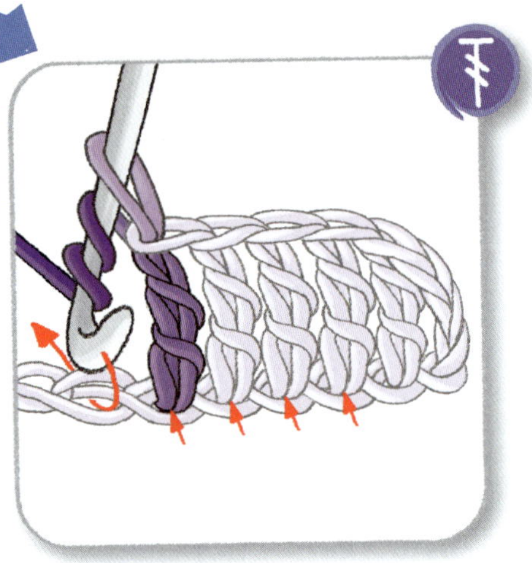

Schritt 13

Schritt 4-12 wiederholen

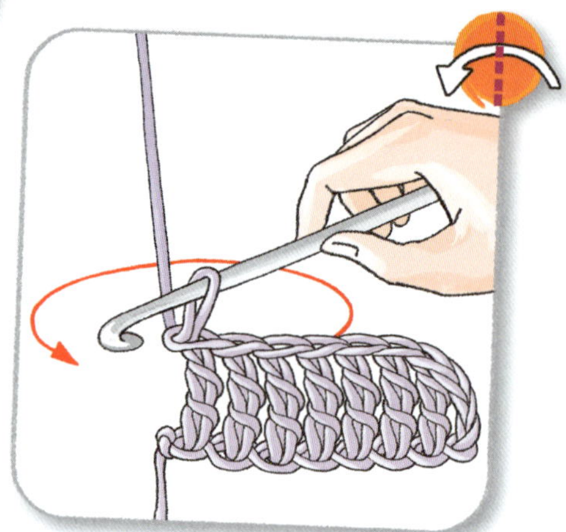

Schritt 14

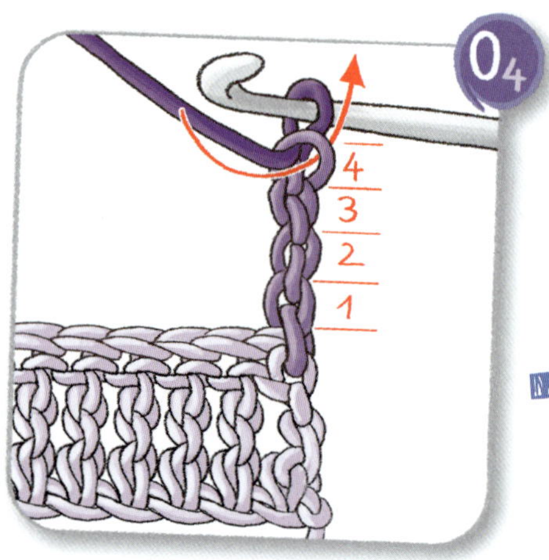

Schritt 15

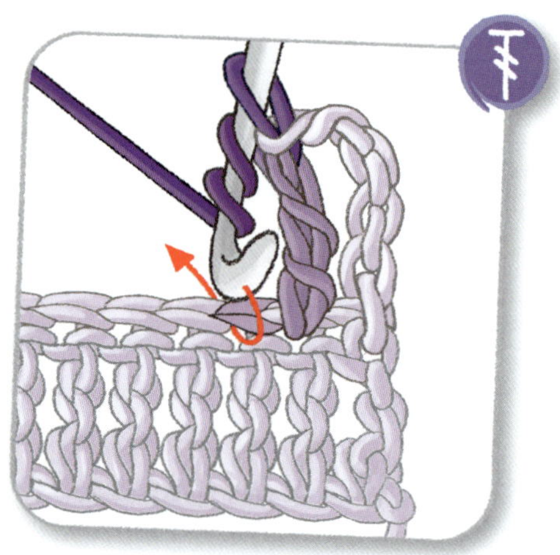

Schritt 16

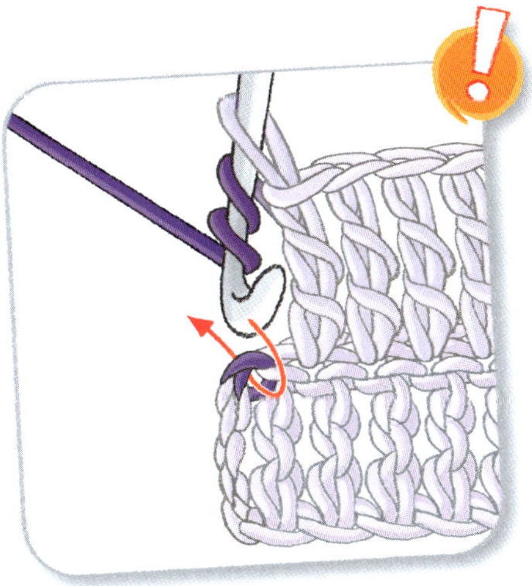

Schritt 17

Oberste Luftmasche auch behäkeln

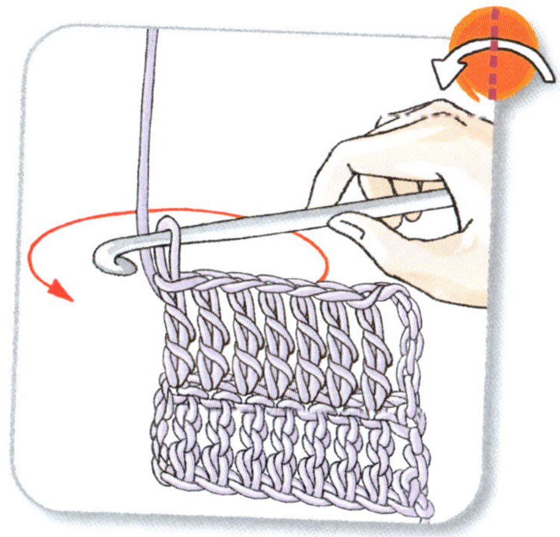

Schritt 18

Schritt 15-18 wiederholen

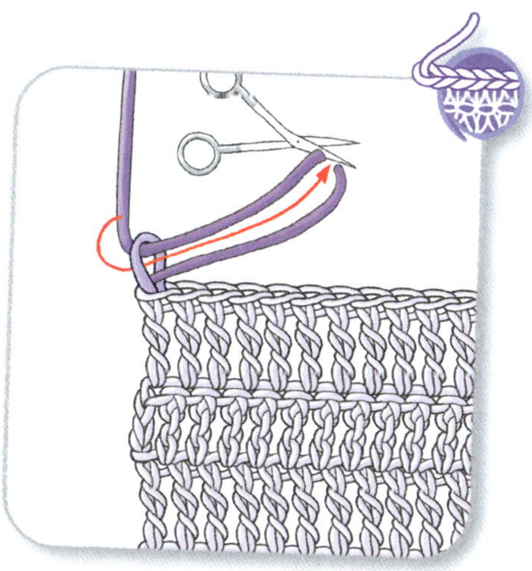

Schritt 19

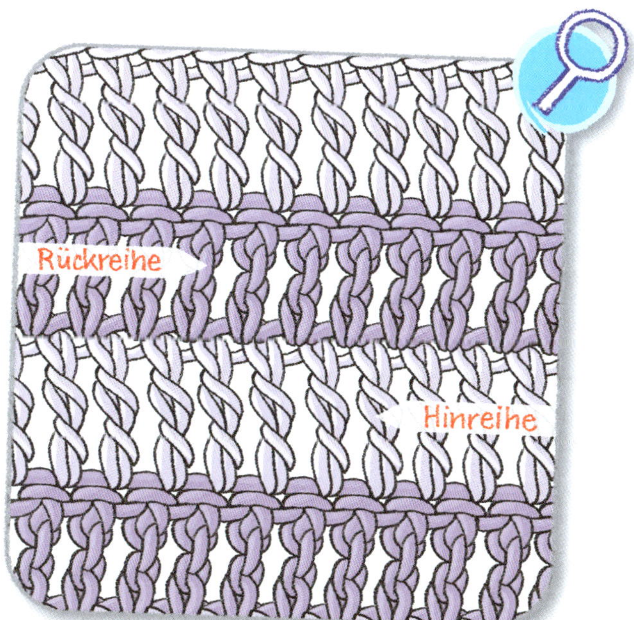

Doppelstäbchen
in Hin- und Rückreihen

Grundmaschen

Kettmaschen

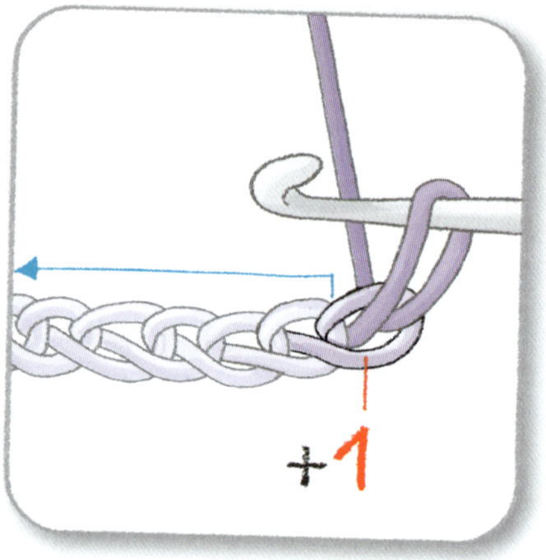

Schritt 1

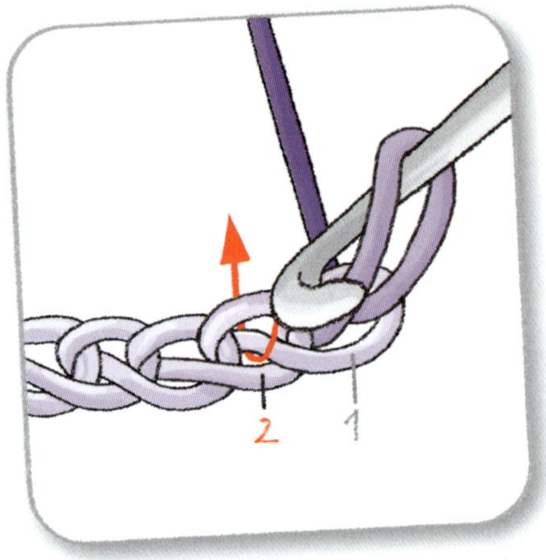

Schritt 2

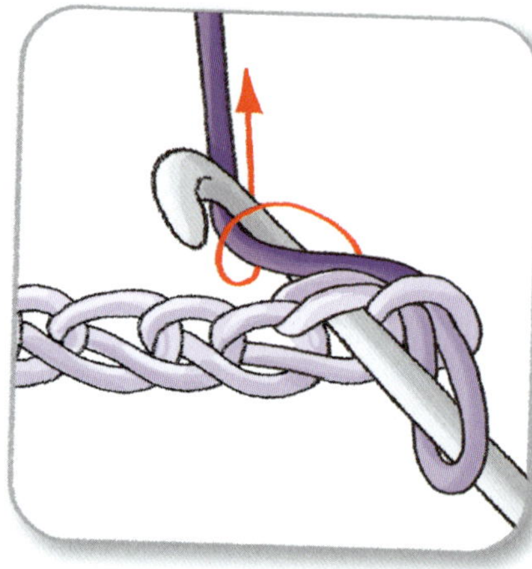

Schritt 3

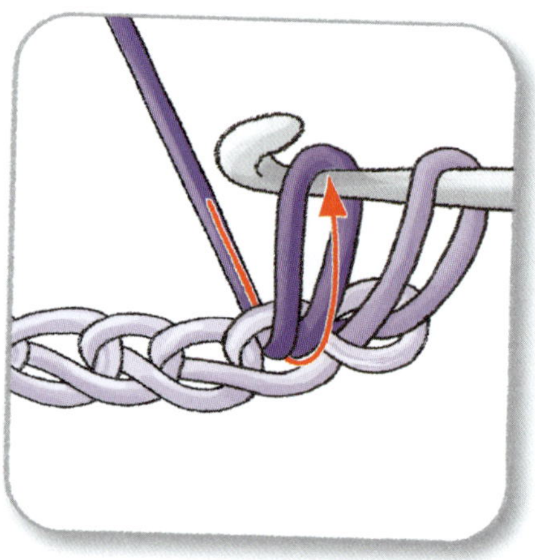

Schritt 4

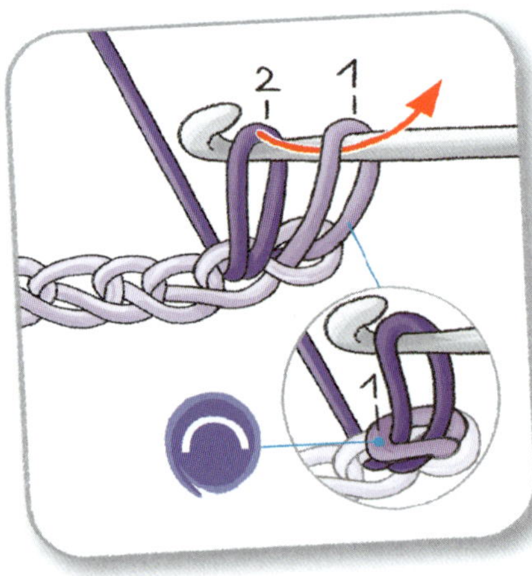

Schritt 5

2. Schlinge durch
1. Schlinge ziehen

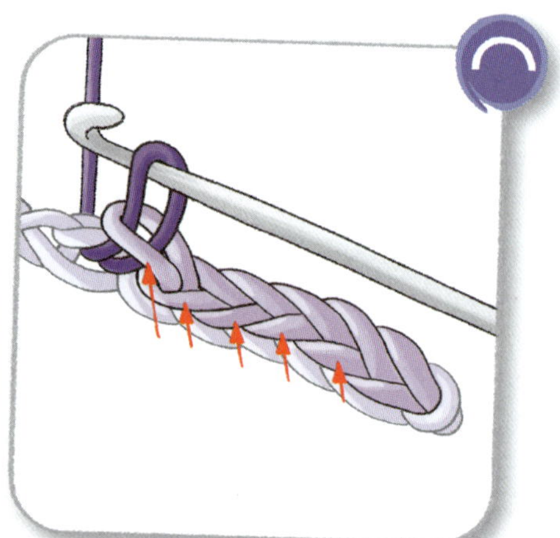

Schritt 6

Schritt 2-5 wiederholen

Tiefer gestochene Stäbchen

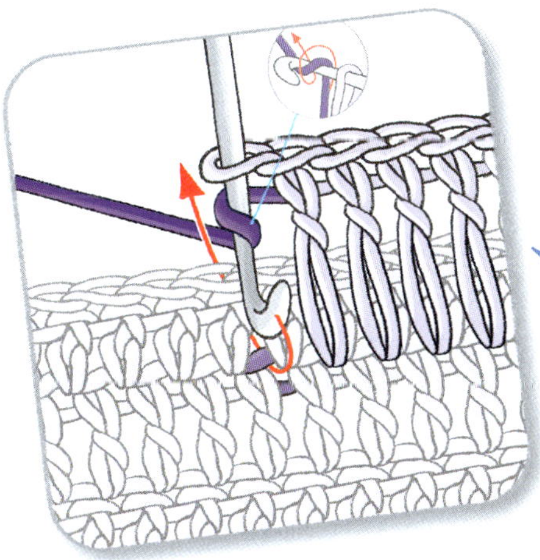

Schritt 1

Eine Reihe tiefer einstechen

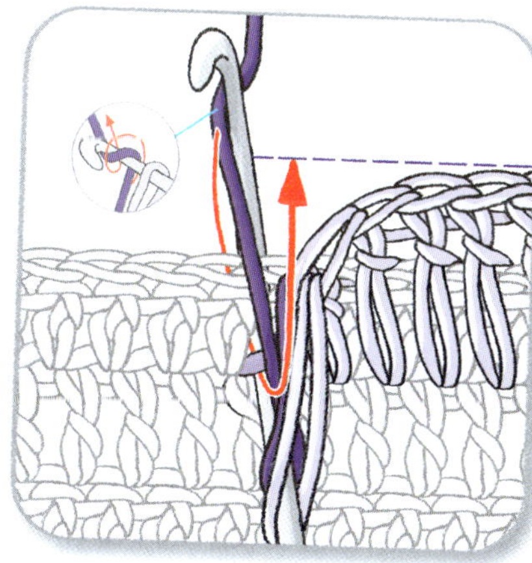

Schritt 2

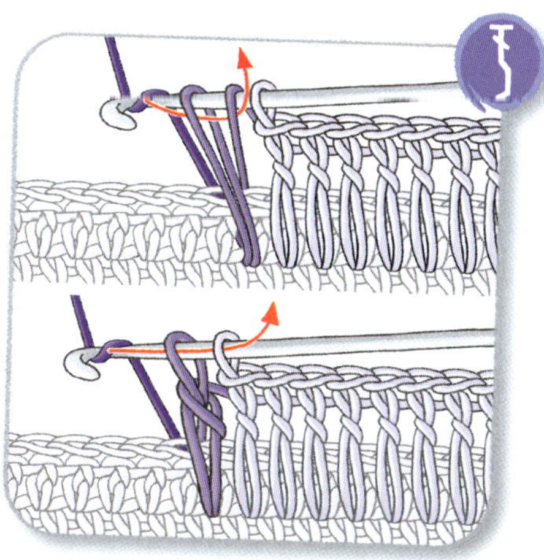

Schritt 3

Stäbchen normal fertig häkeln

Maschenvariationen

Muscheln

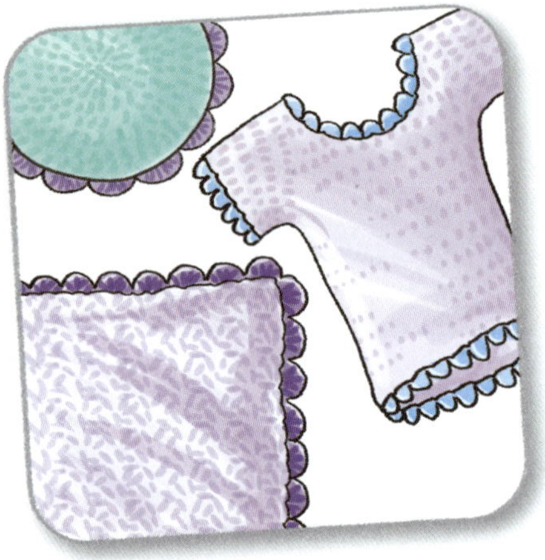

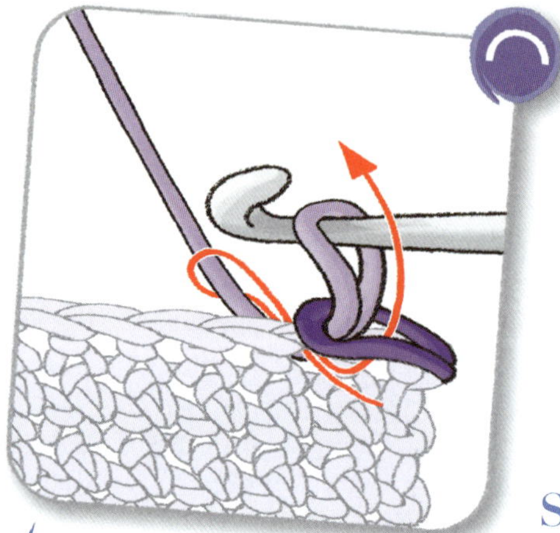

Schritt 1

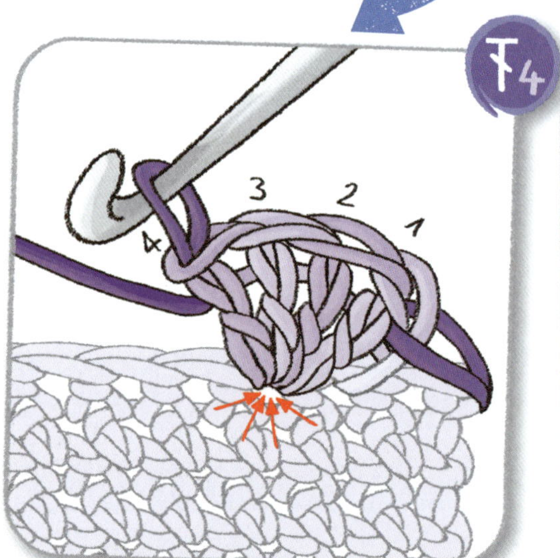

Schritt 2

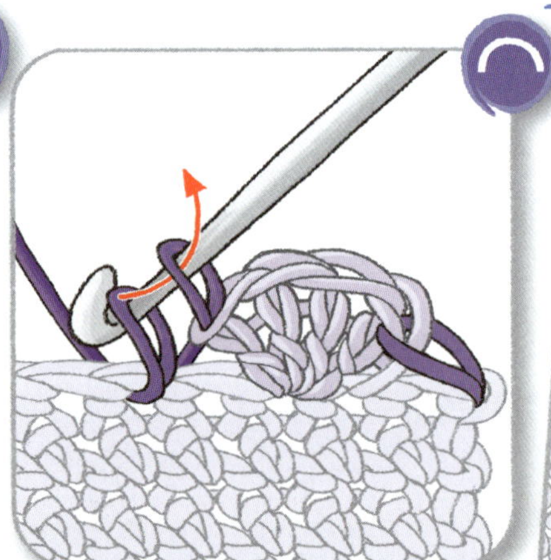

Schritt 3

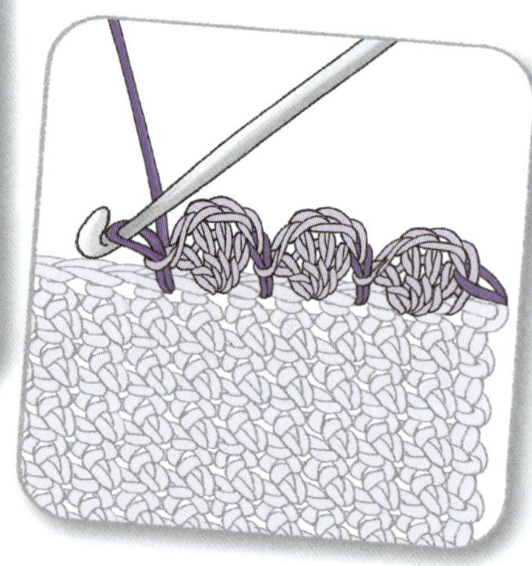

Schritt 4

Schritt 2-3 wiederholen

Büschelmaschen

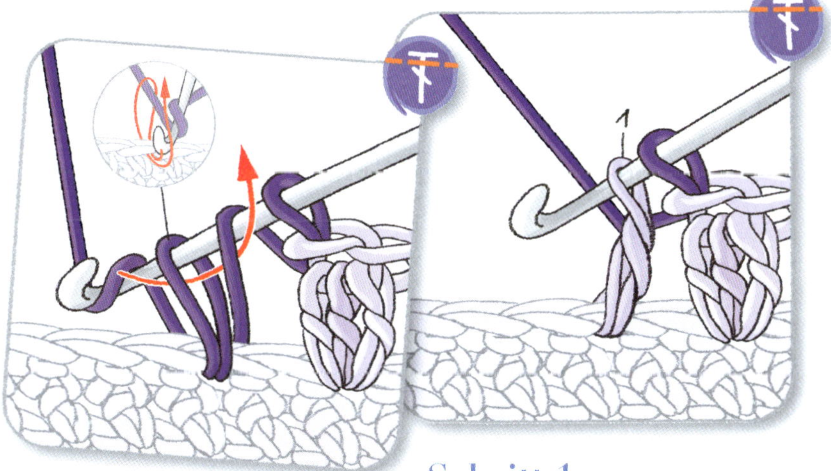

Schritt 1

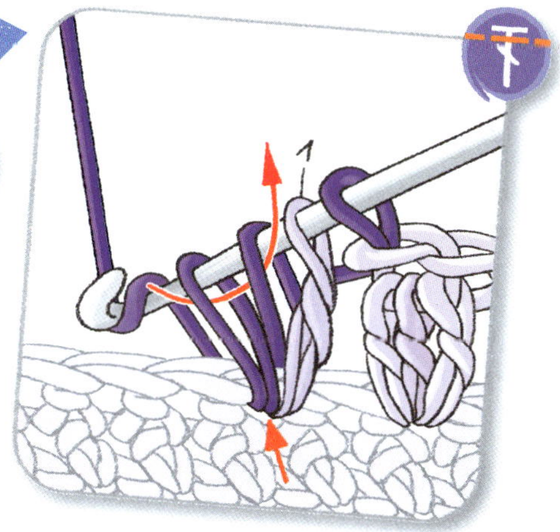

Schritt 2

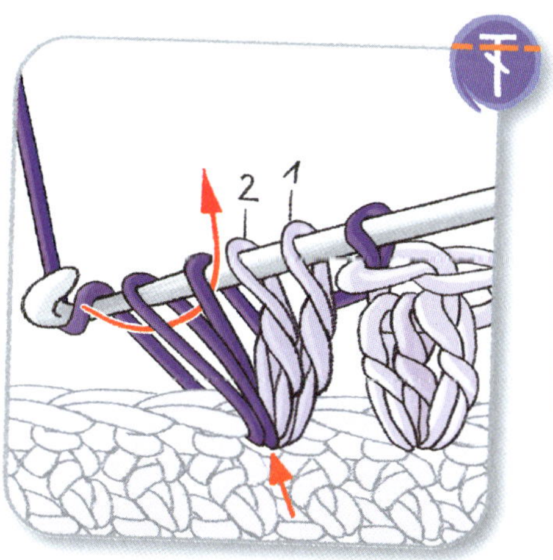

Schritt 3

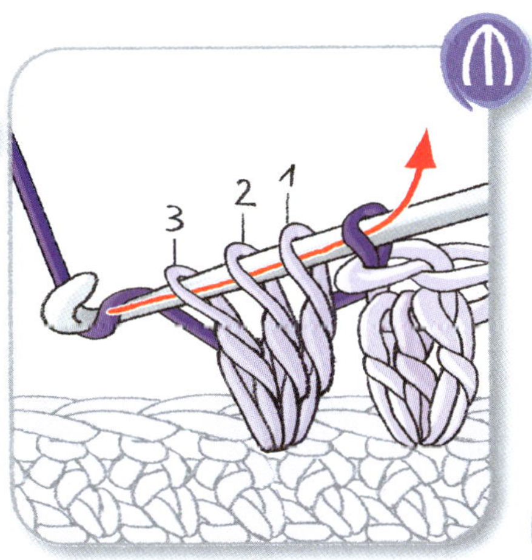

Schritt 4

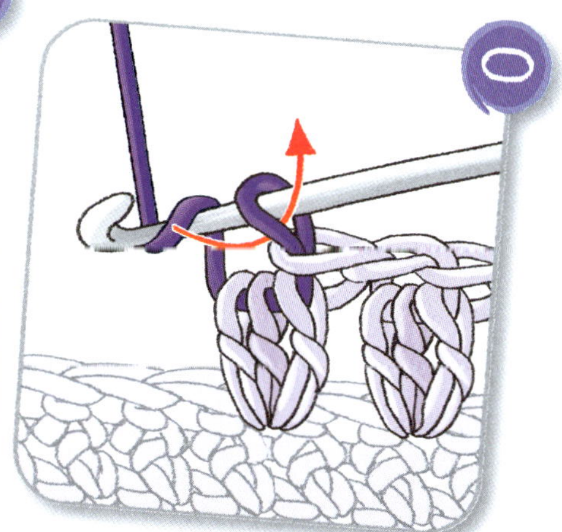

Schritt 5

Maschenvariationen

Noppen

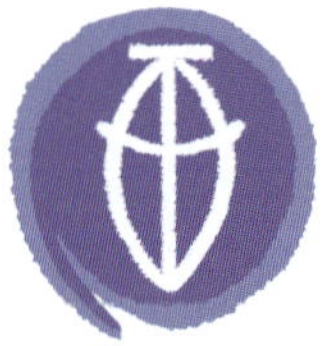

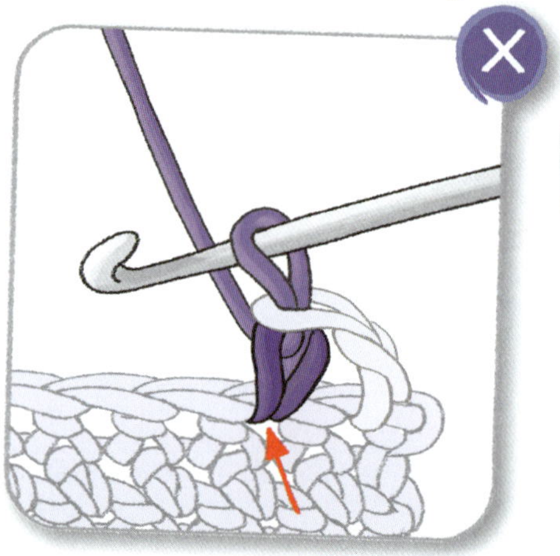

Schritt 1

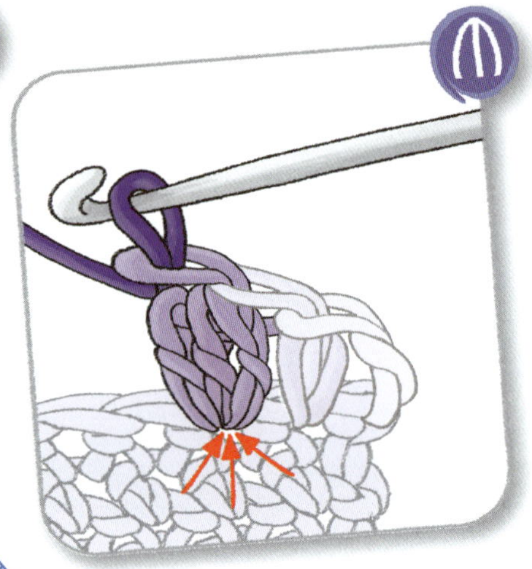

Schritt 2

1 Büschelmasche
(Seite 53)

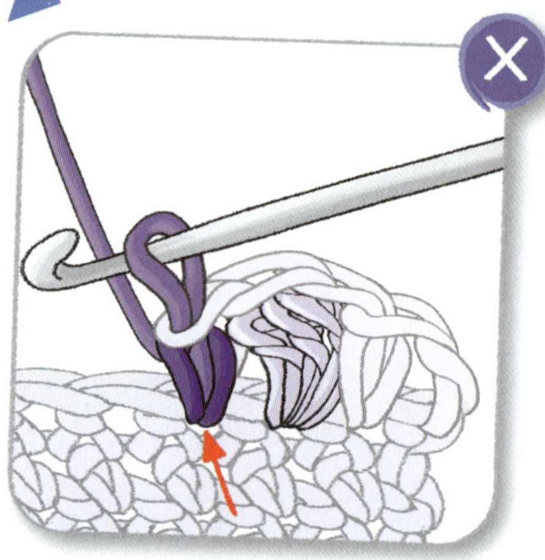

Schritt 3

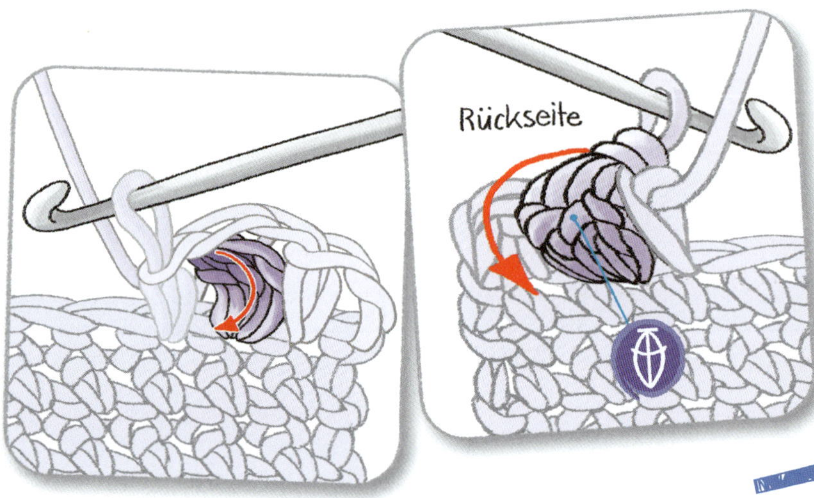

Schritt 4

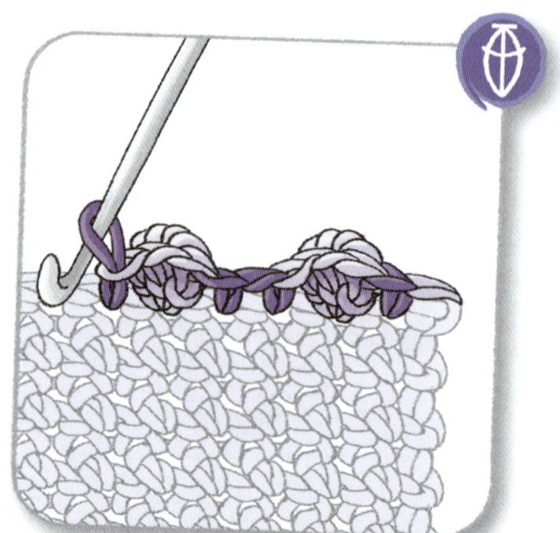

Schritt 5

Schritt 1-3 wiederholen

Maschen zunehmen, z.B. feste Maschen

In der Mitte

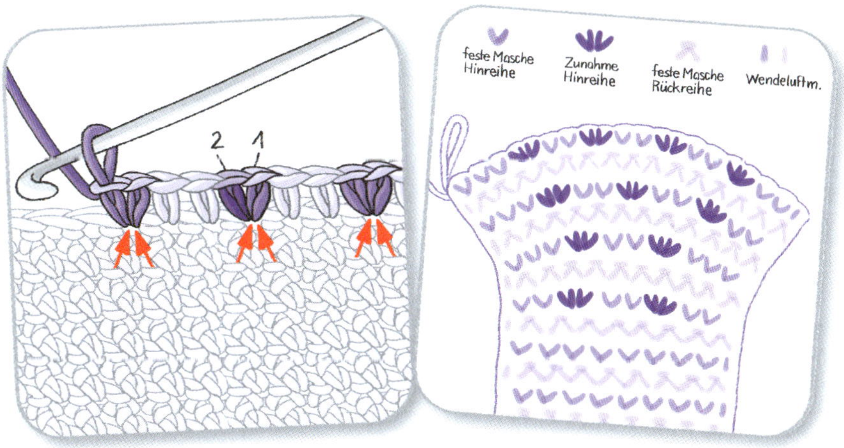

Gleichmäßig verteilt

Am rechten Rand

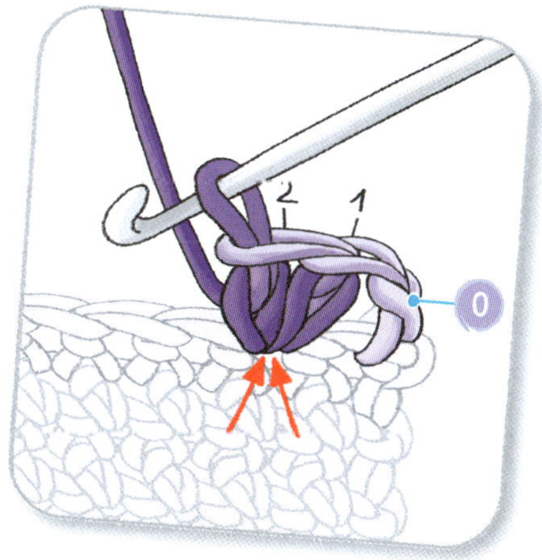

Am linken Rand

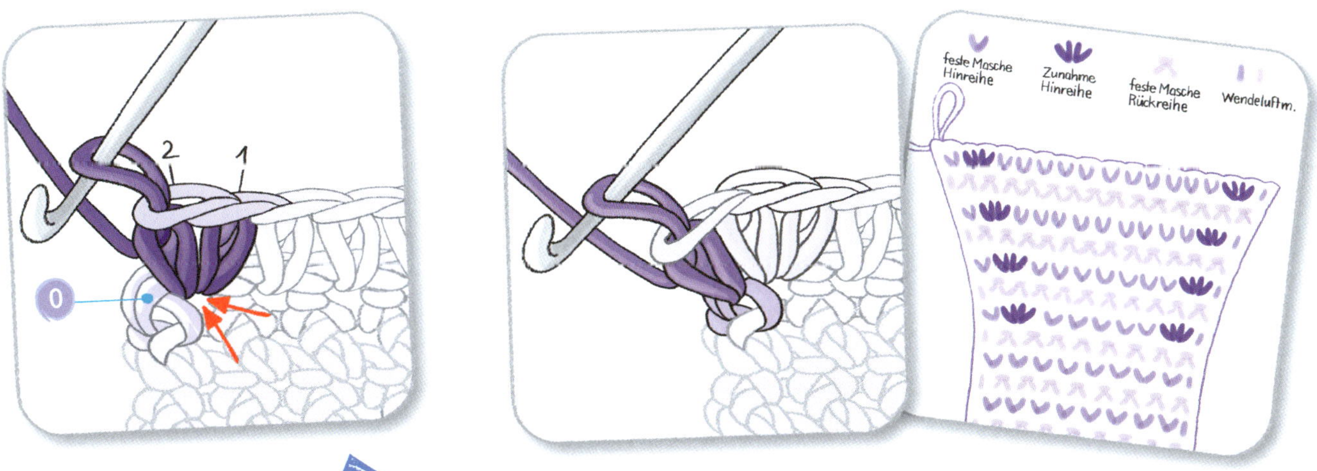

Letzte Masche vor der Luftmasche

Maschenvariationen

Maschen abnehmen

Feste Maschen

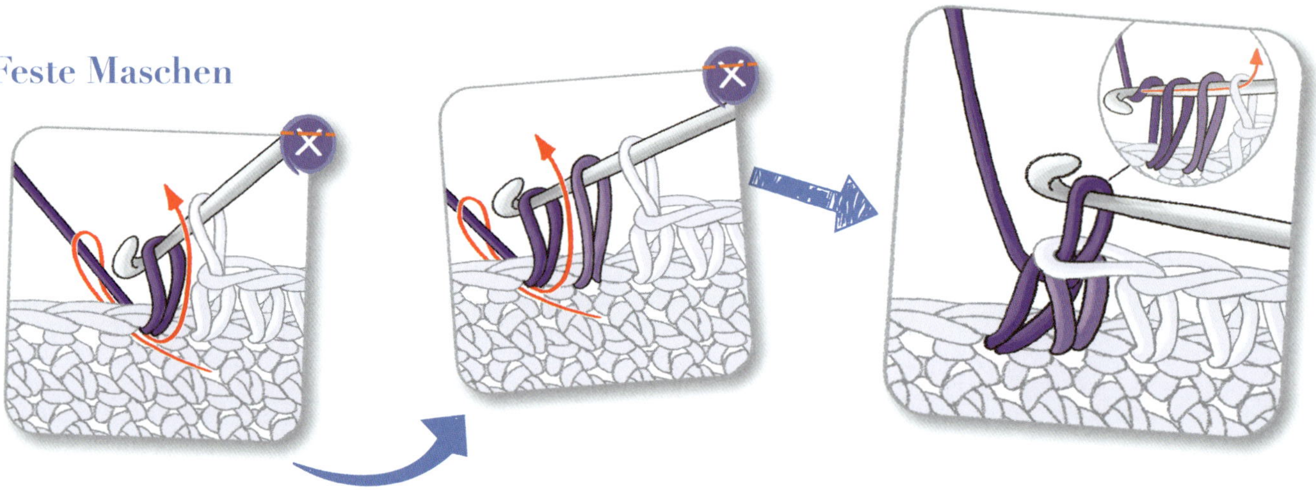

Halbe Stäbchen

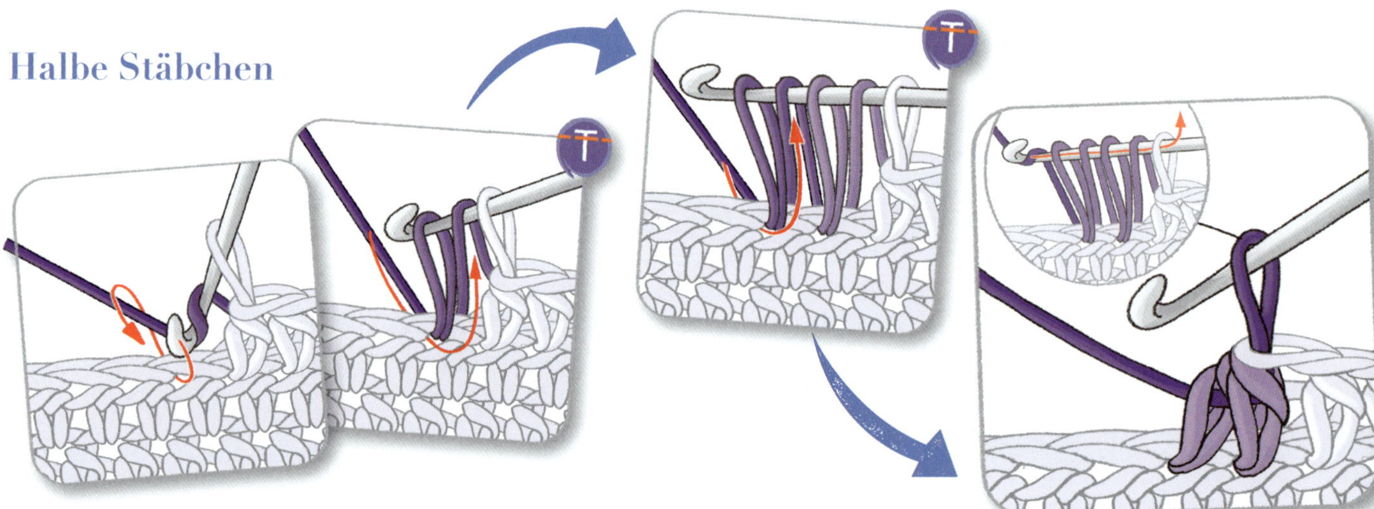

Stäbchen

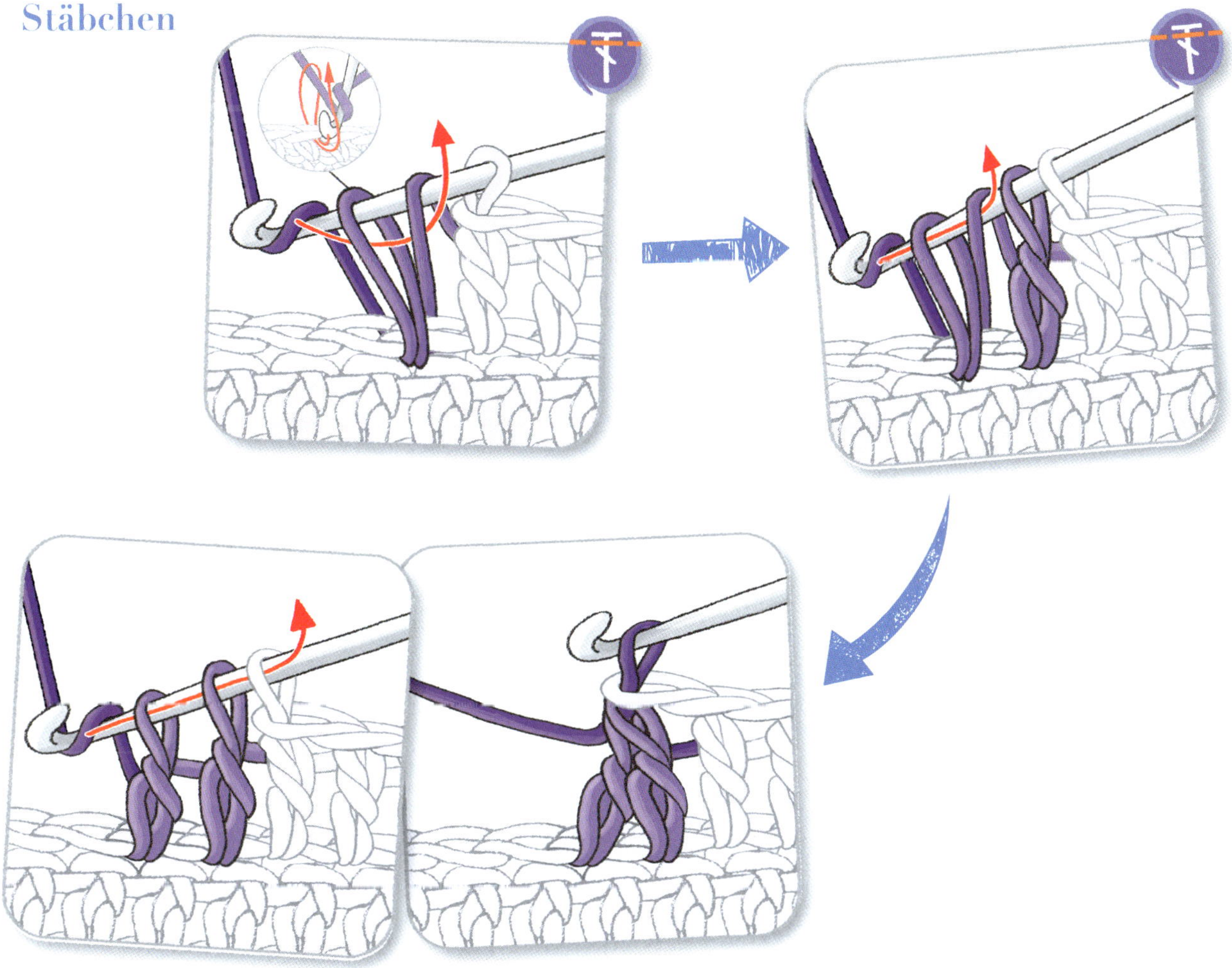

Abnahme
in der Mitte

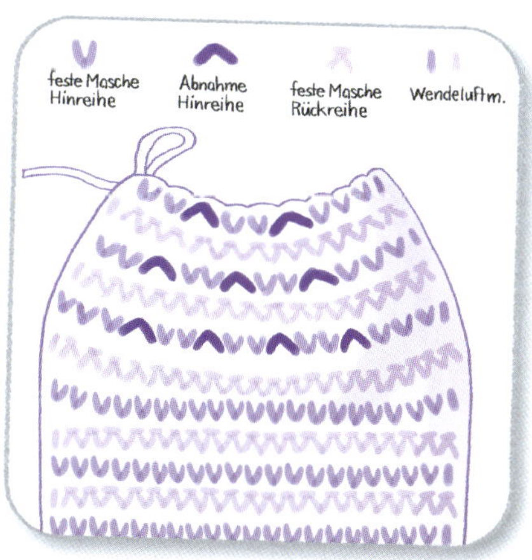

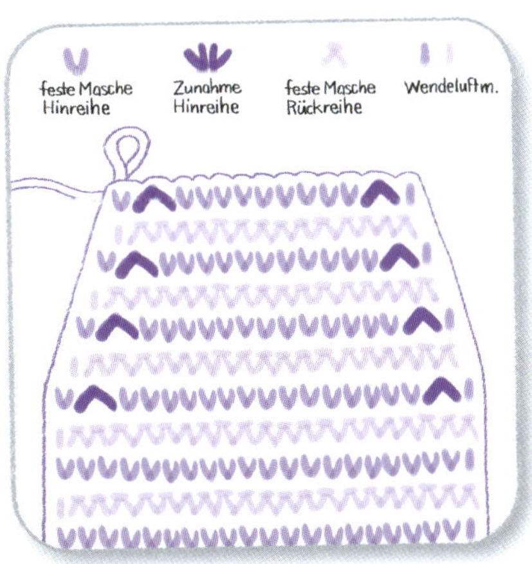

Abnahmen an
den Seitenrändern

Häkeln in Runden

z.B. feste Maschen

Rechtshänder

Linkshänder

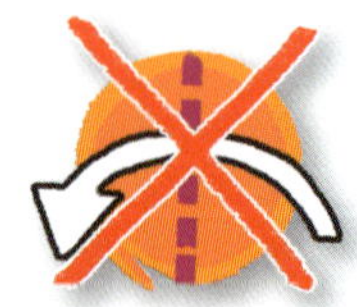

Arbeit nicht wenden!

Luftmaschen

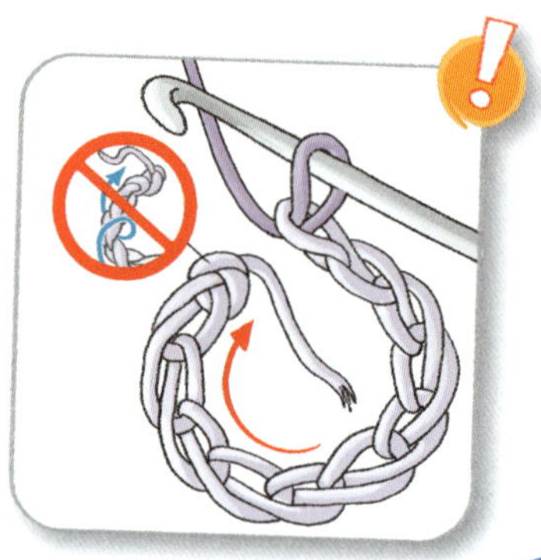

Schritt 1

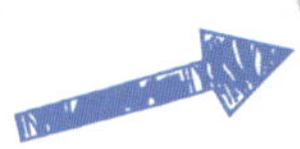

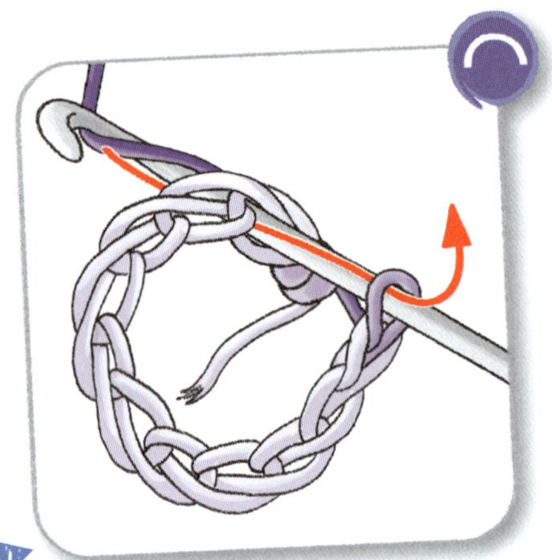

Schritt 2

1 Kettmasche

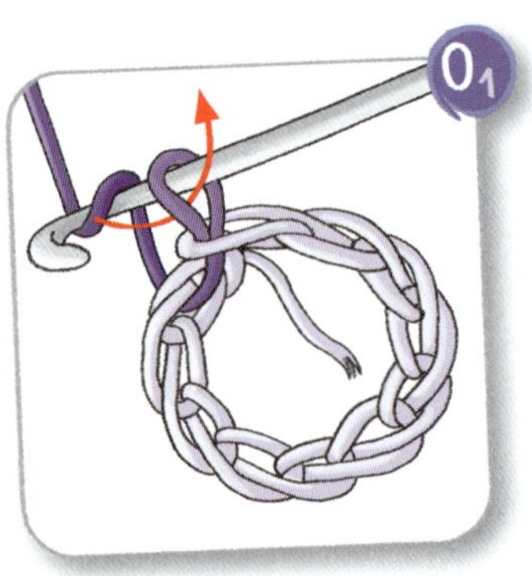

Schritt 3

1 Luftmasche

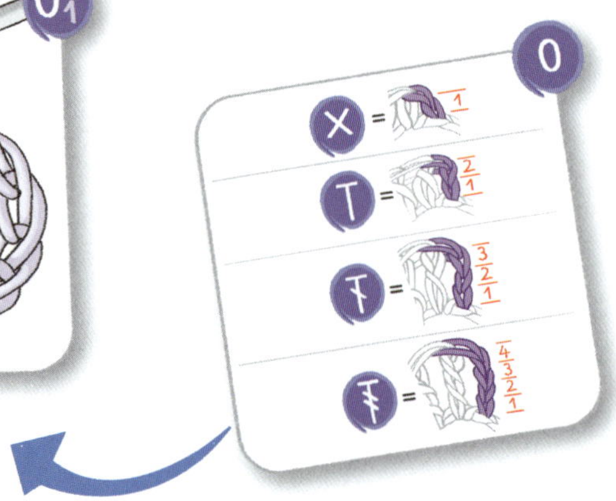

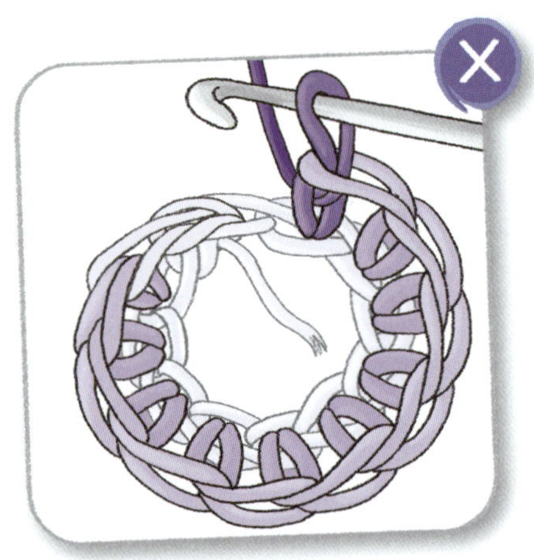

Schritt 4

Geschlossene Runden

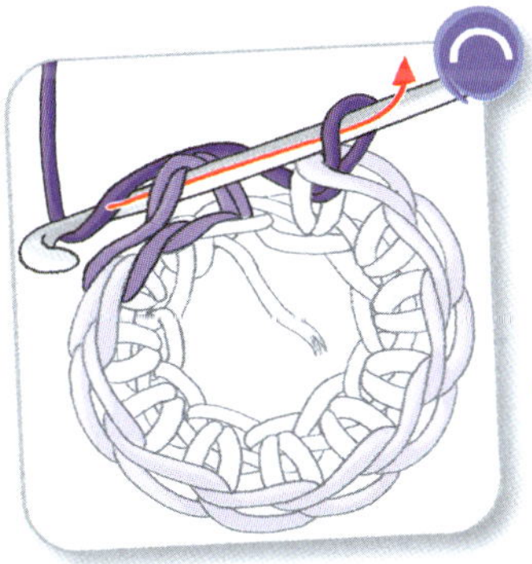

Schritt 5a

1 Kettmasche in oberste Luftmasche

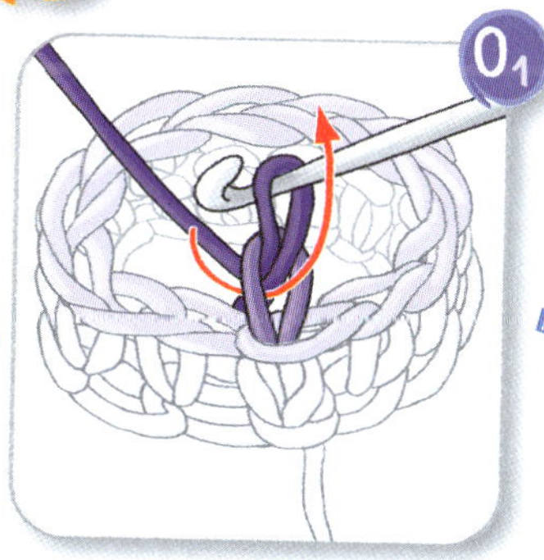

Schritt 6a

Jede Runde mit Luftmaschen beginnen

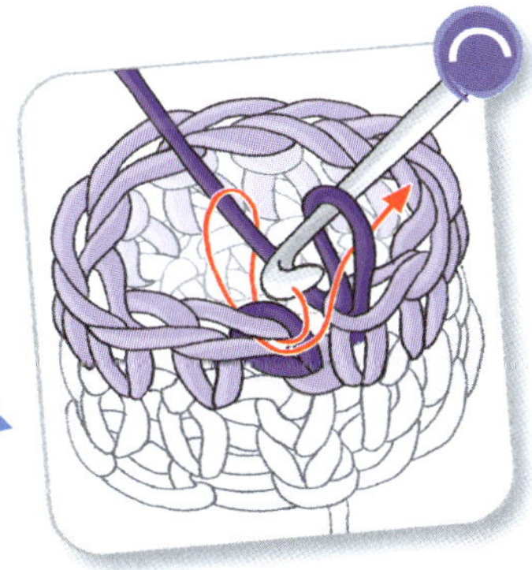

… und mit Kettmasche schließen.

Spiralrunden

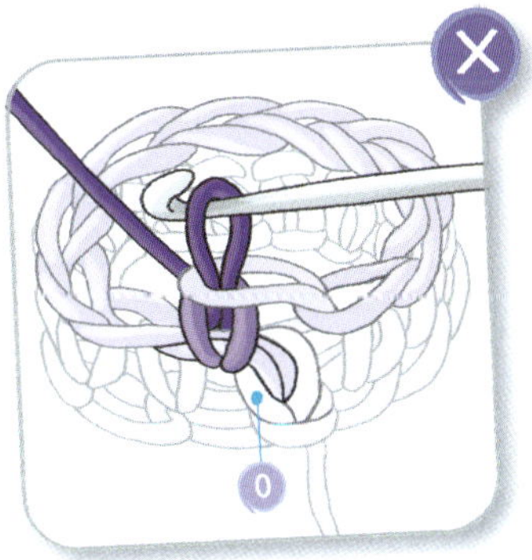

Schritt 5B

1 feste Masche um oberste Luftmasche

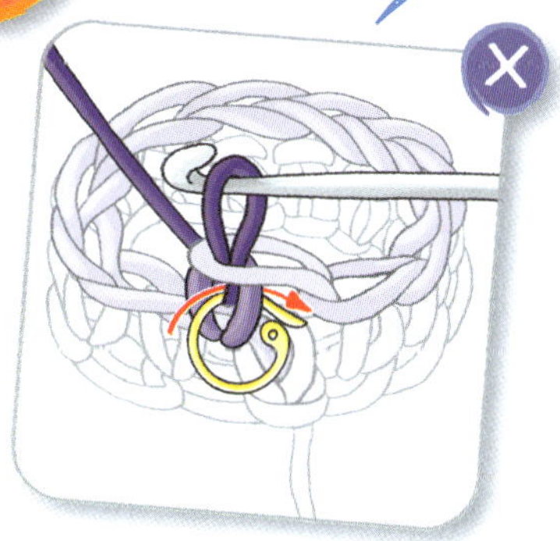

Schritt 6B

Maschenmarkierer

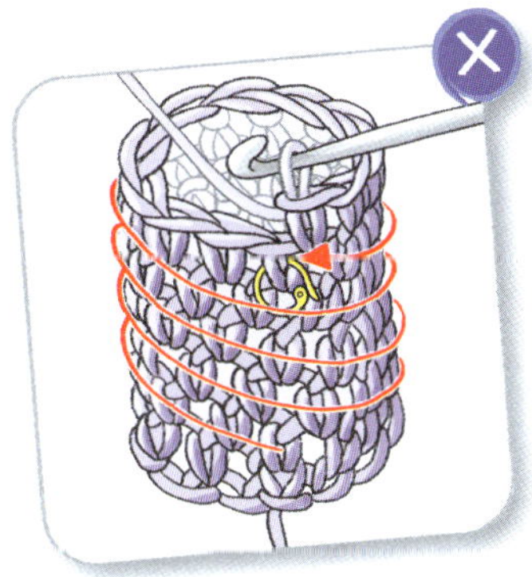

Schritt 7B

Runden nicht schließen

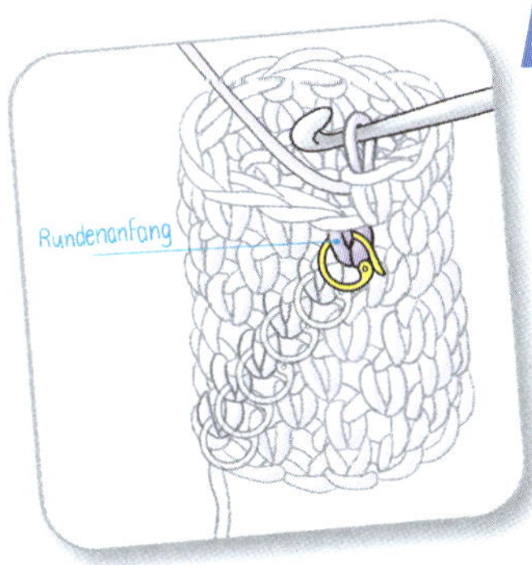

Schritt 8B

Markierer versetzen

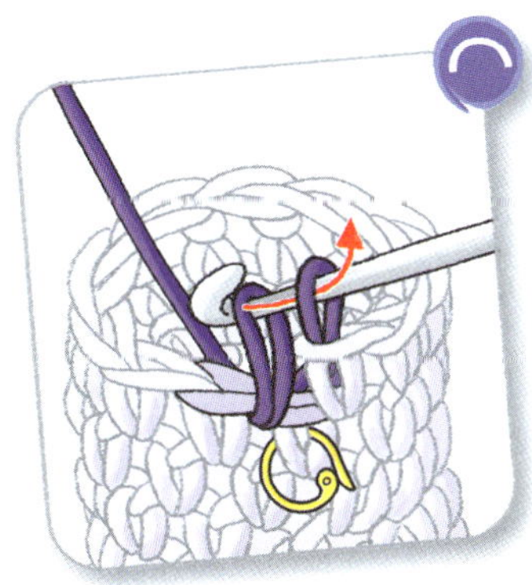

Schritt 9B

Letzte Runde mit 1 Kettmasche schließen

Häkeln in Runden

Fadenring

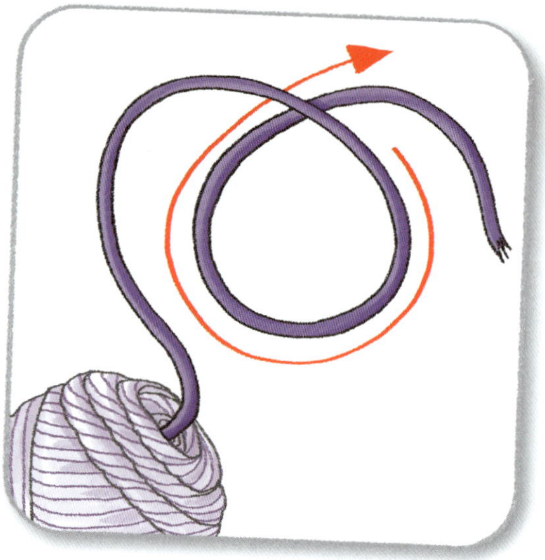

Schritt 1

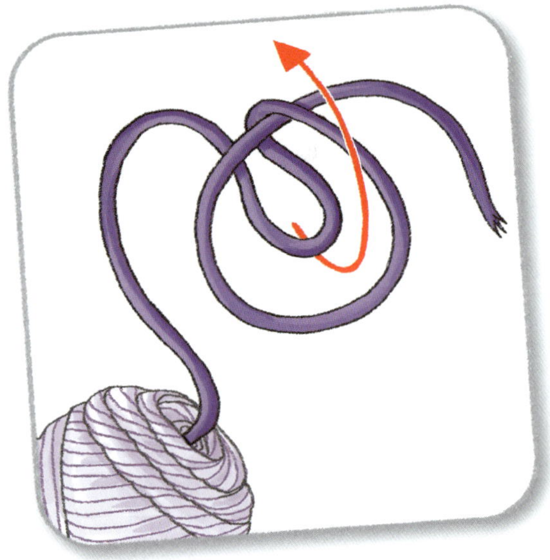

Schritt 2

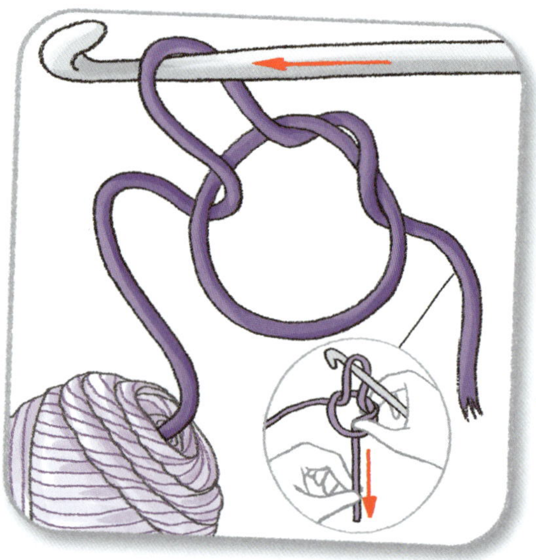

Schritt 3

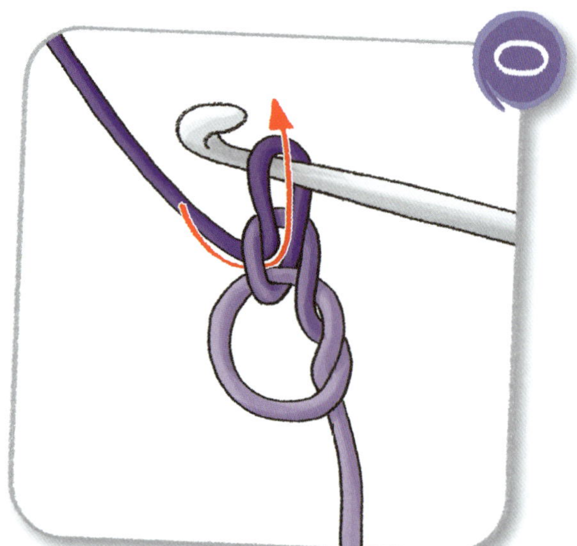

Schritt 4

Rechtshänder Linkshänder Arbeit nicht wenden!

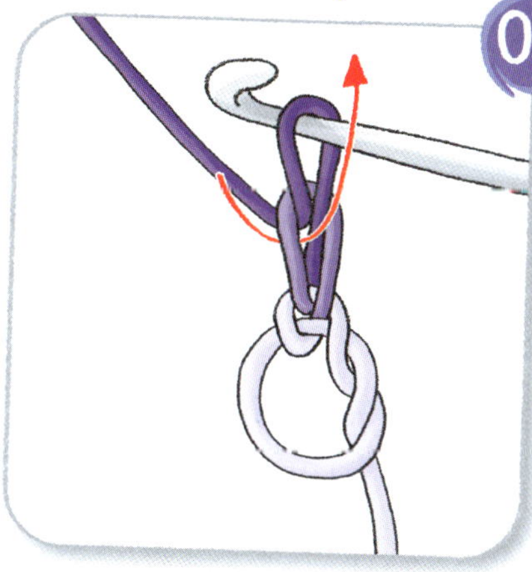

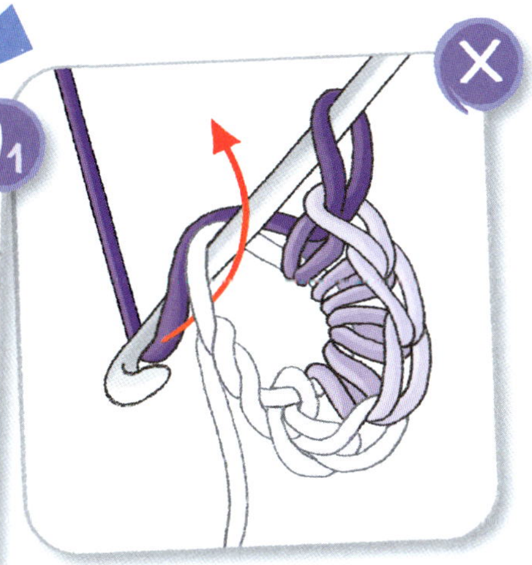

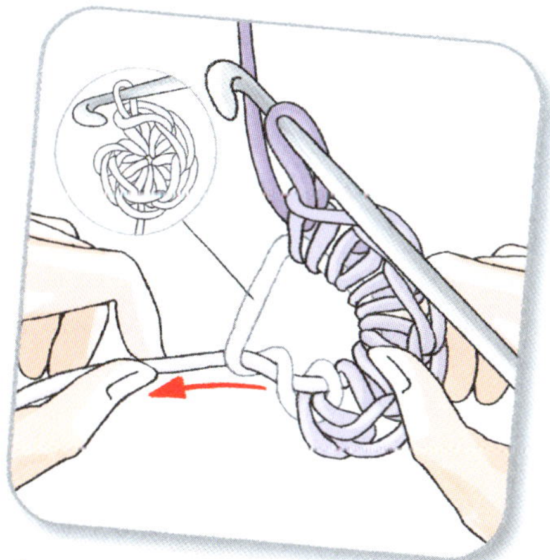

Schritt 5

Steigeluftmaschen häkeln

Schritt 6

Einzelnen Faden behäkeln

Schritt 7

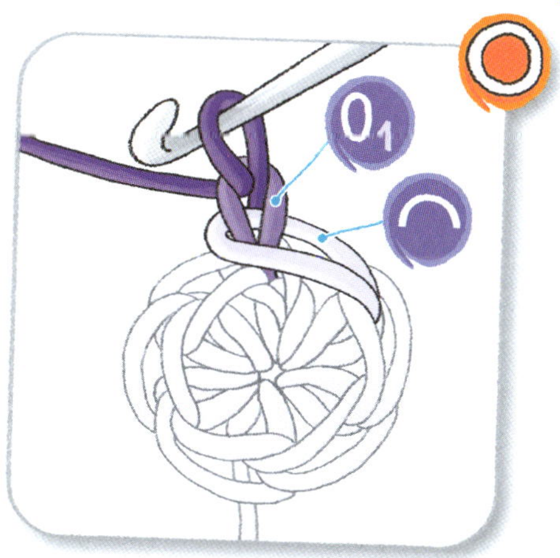

Steigeluftmasche häkeln

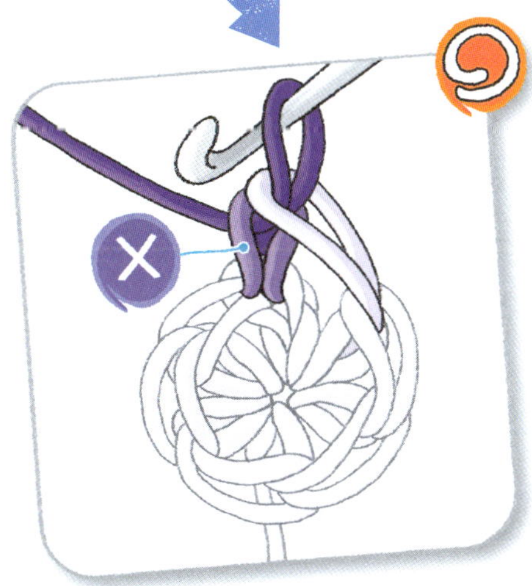

Ecken, Quadrate und Dreiecke

Verschiedene Ecken häkeln

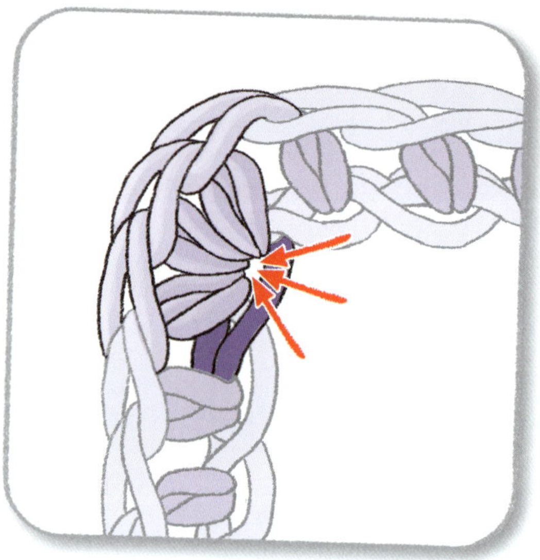

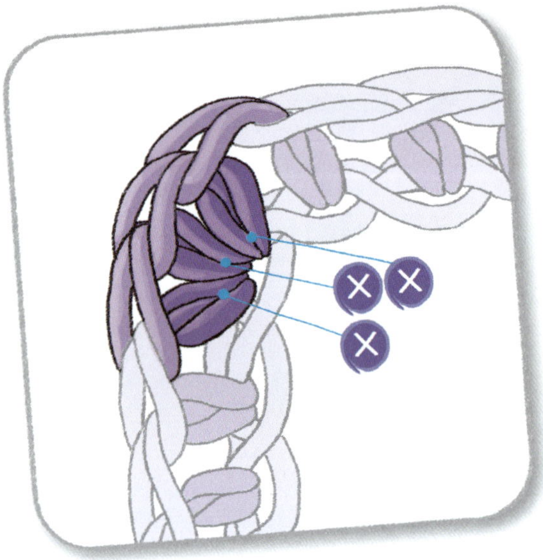

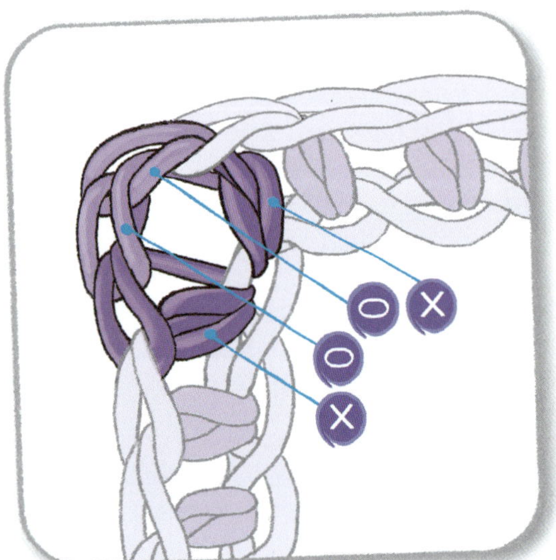

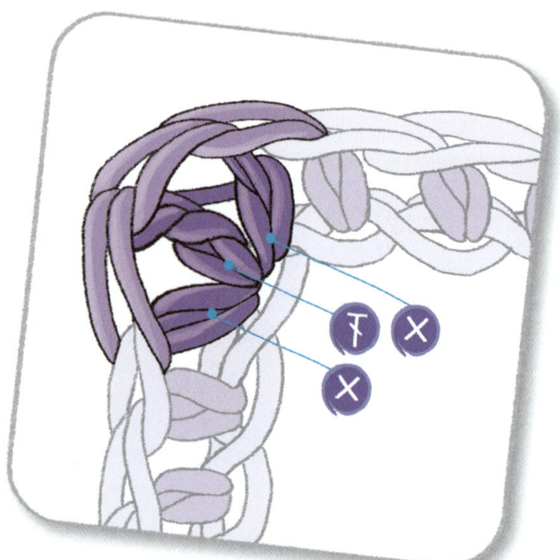

Quadrat häkeln

Mit geschlossener Runde beginnen

Arbeit nicht wenden!

1. Runde

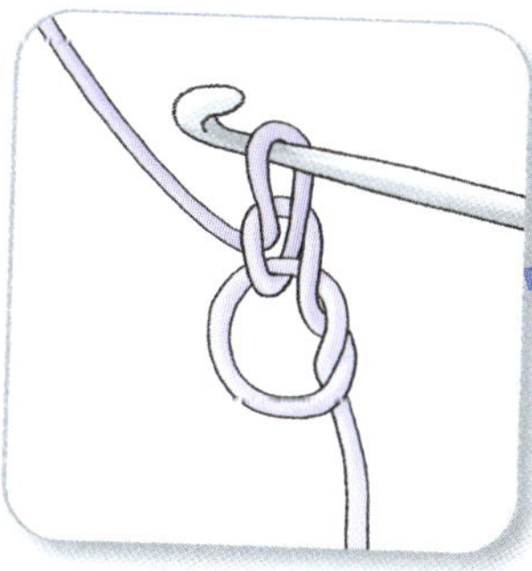

Schritt 1

Fadenring (Seite 60)

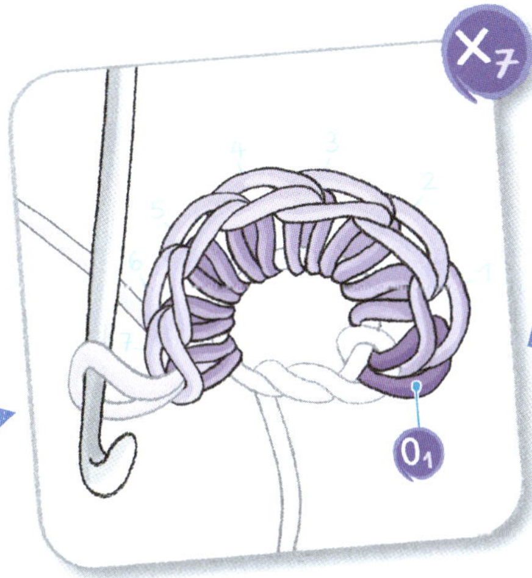

Schritt 2

1 Luftmasche,
7 feste Maschen

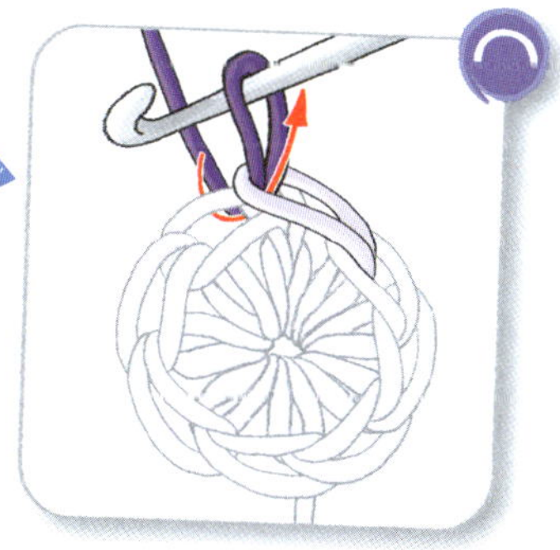

Schritt 3

2. Runde

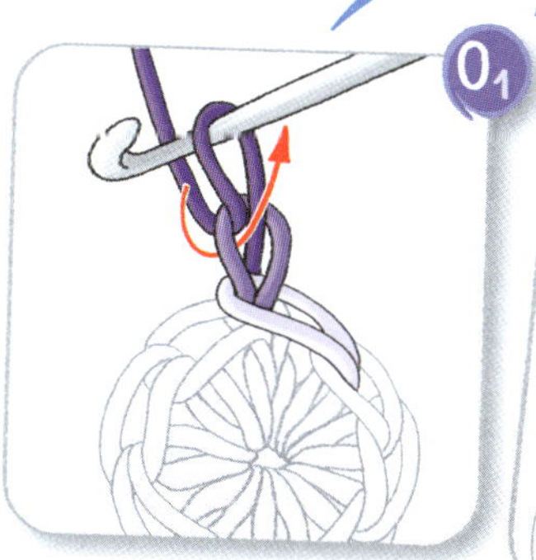

Schritt 4

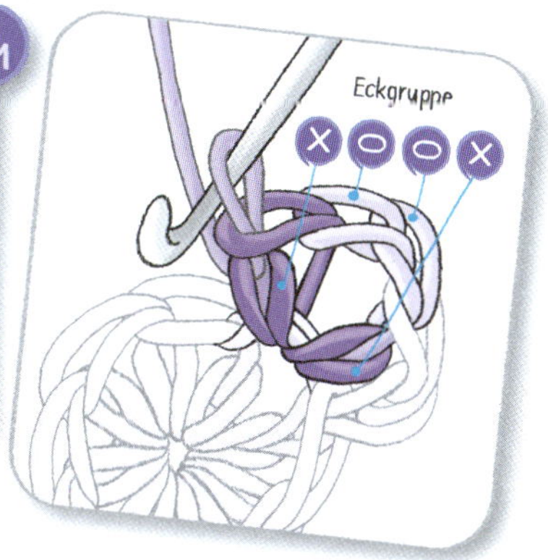

Schritt 5

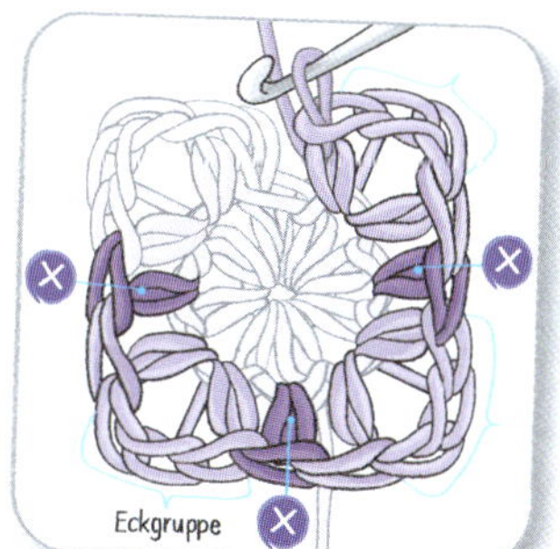

Schritt 6

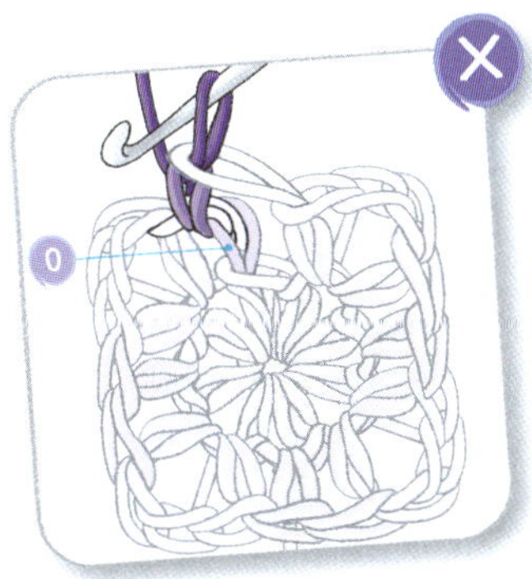

Schritt 7

Ecken, Quadrate und Dreiecke

3. und alle weiteren Runden

Ab jetzt Spiralrunden

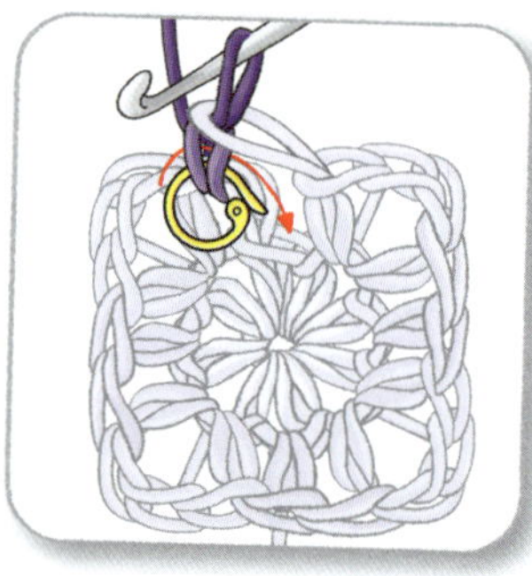

Schritt 8

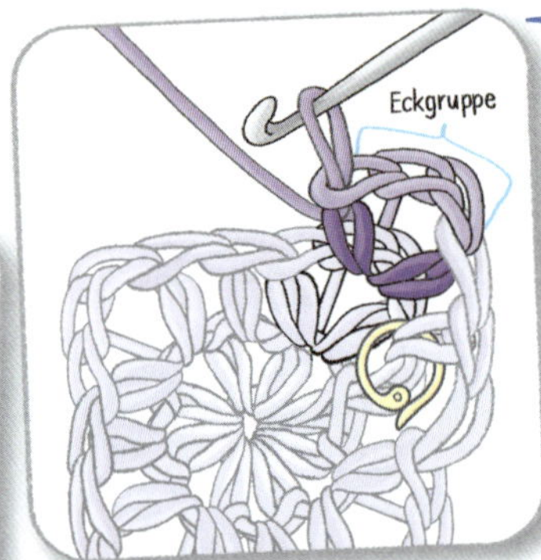

Schritt 9

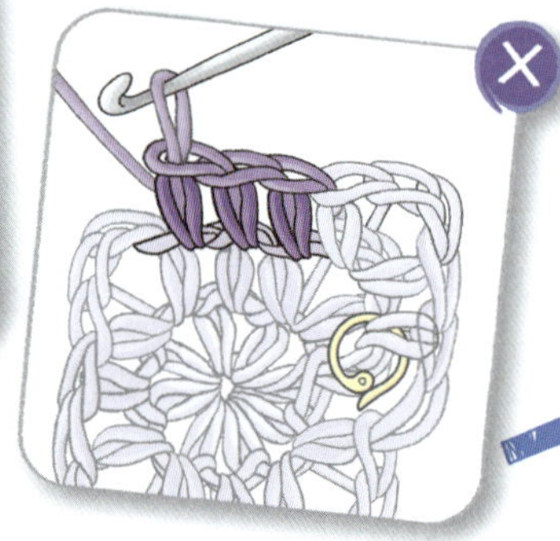

Schritt 10

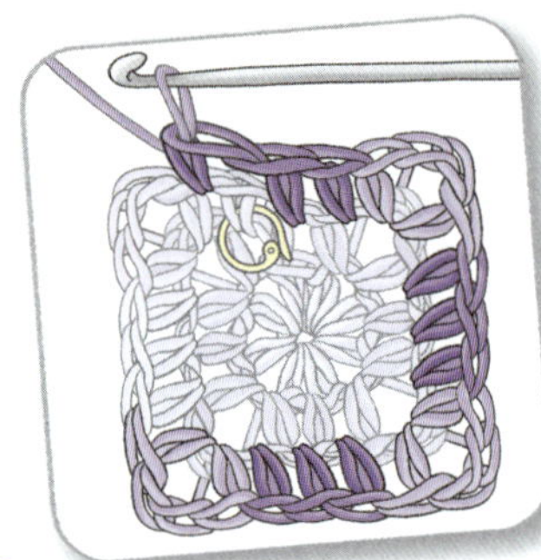

Schritt 11

Schritte 9-10 wiederholen

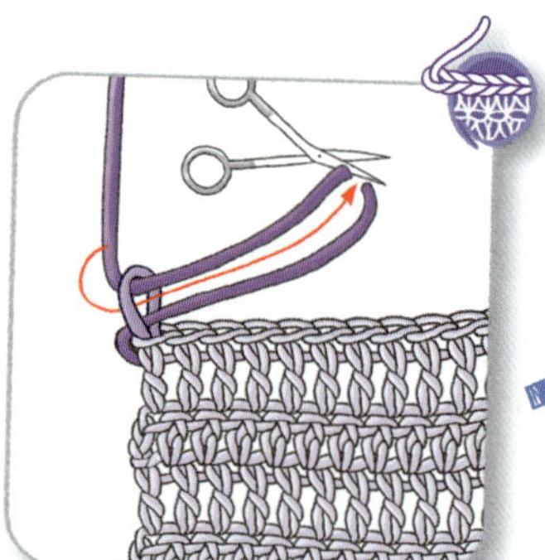

Schritt 12

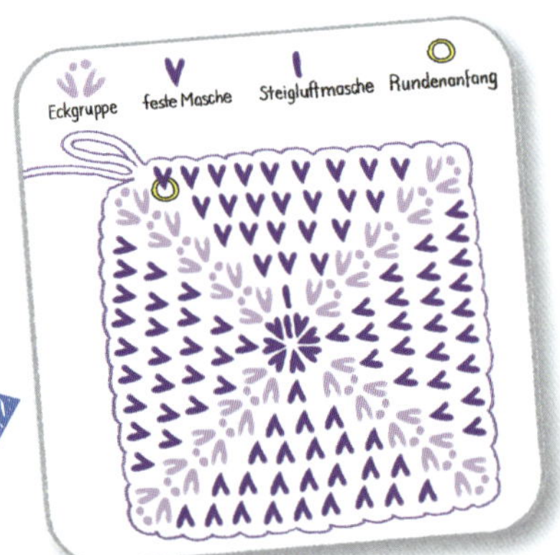

Schritt 13

Jede Runde
2 Maschen mehr

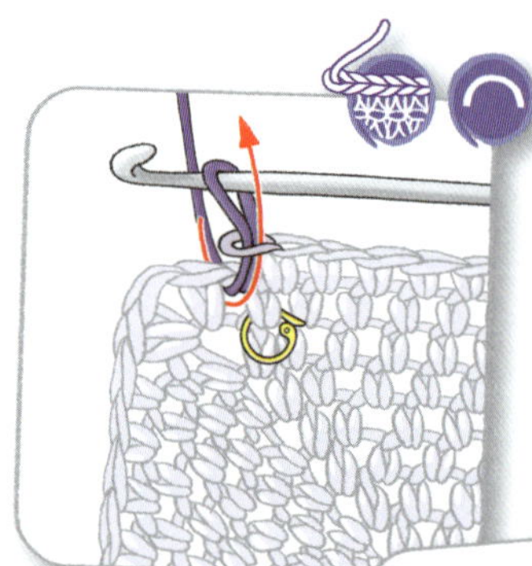

Schritt 14

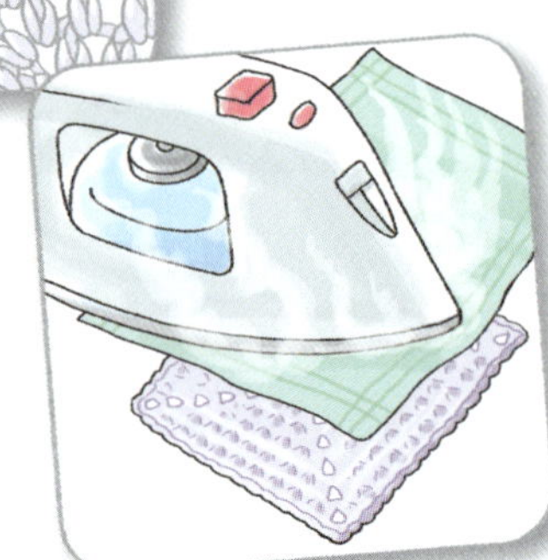

Dreieck häkeln

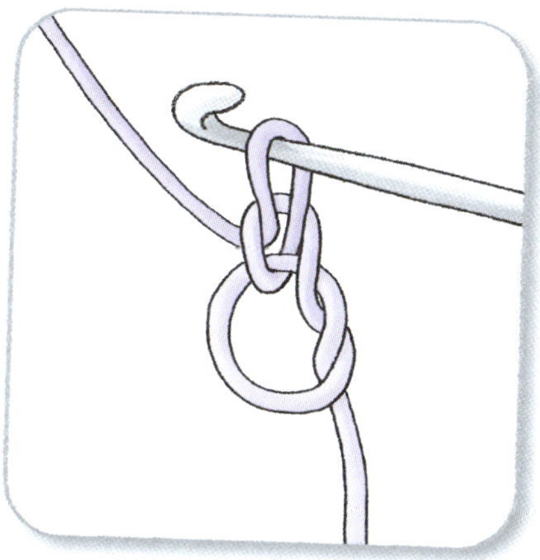

Schritt 1
Fadenring (Seite 60)

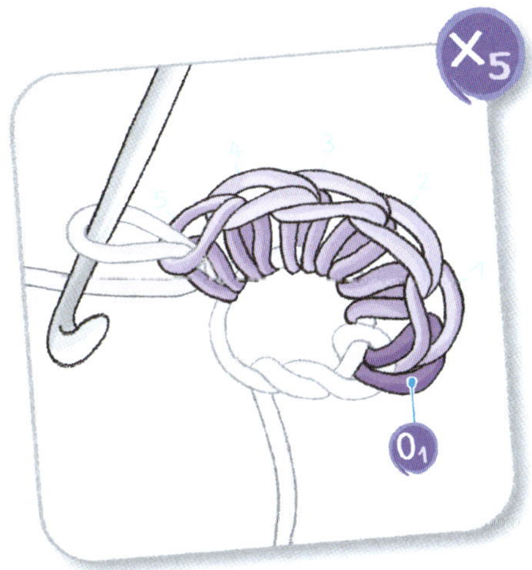

Schritt 2
1 Luftmasche, 5 feste Maschen

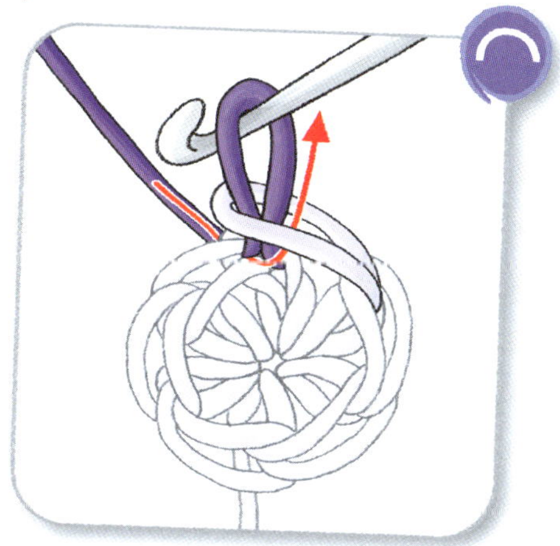

Schritt 3

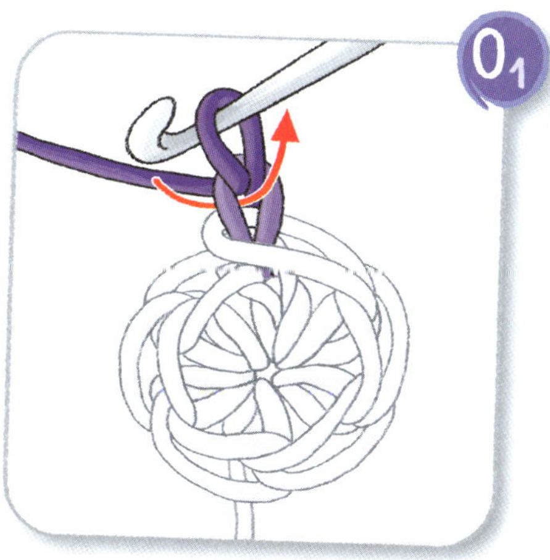

Schritt 4

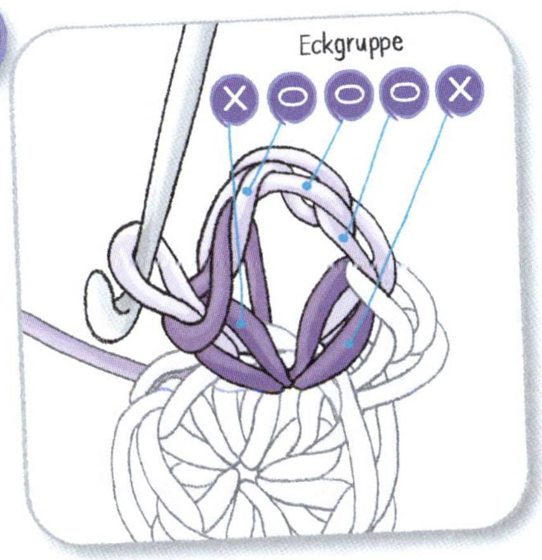

Schritt 5

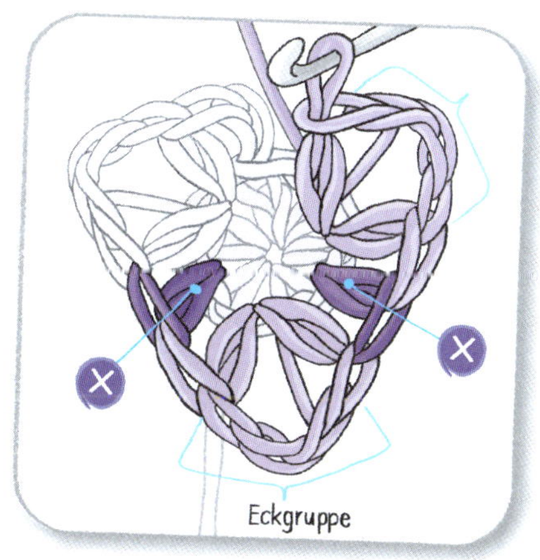

Schritt 6
Weiter wie bei Quadrat Schritte 8-14

Neuen Faden ansetzen

Innerhalb einer Reihe

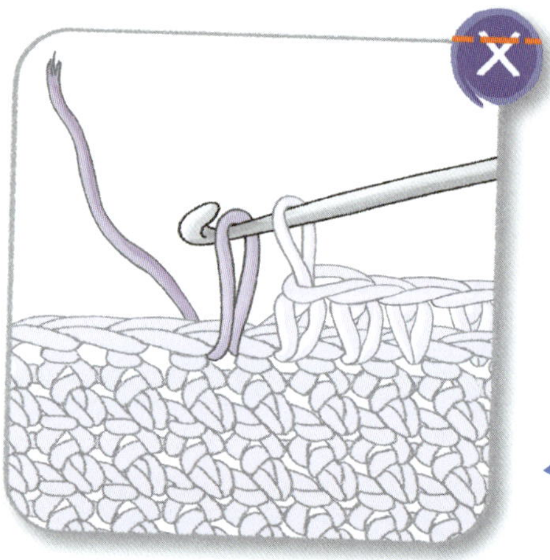

Schritt 1

Letzte Masche bis auf
2 Schlingen abmaschen

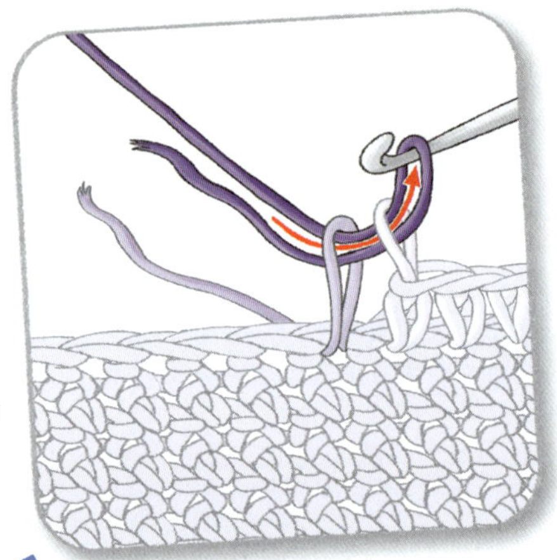

Schritt 2

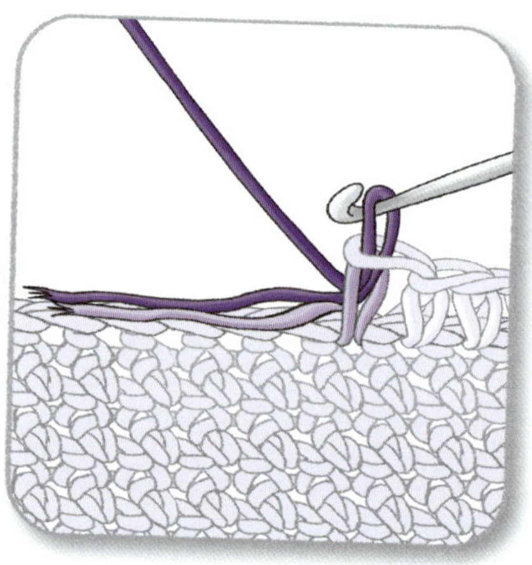

Schritt 3

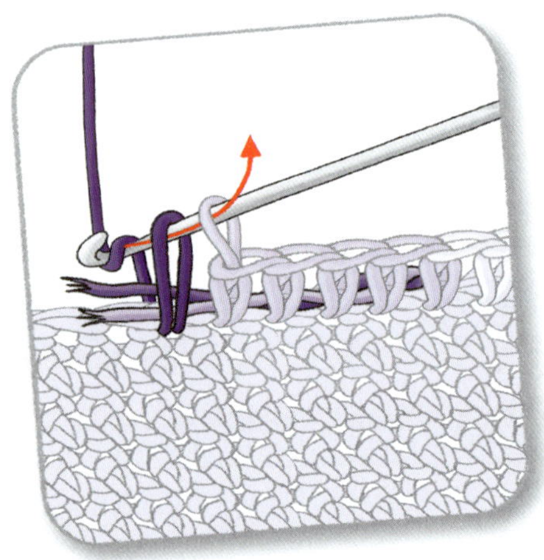

Schritt 4

Über 5-6 Maschen
einhäkeln

Faden neu anschlingen

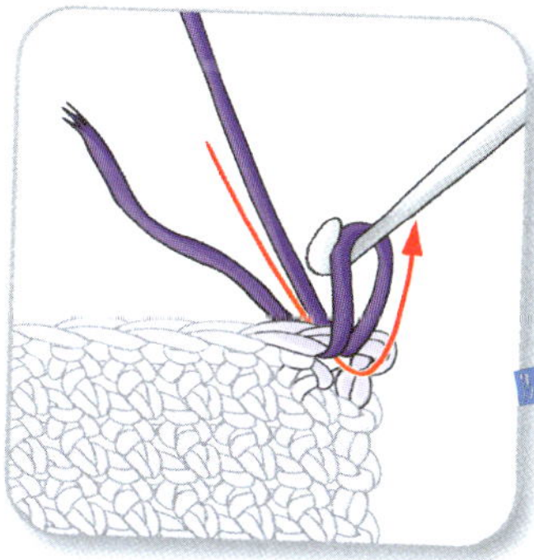

Schritt 1

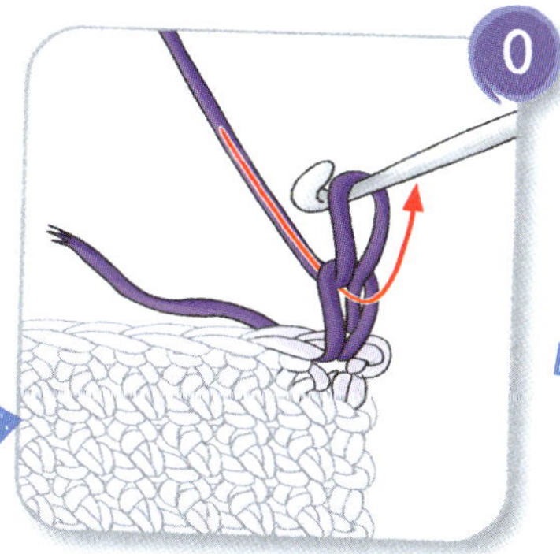

Schritt 2

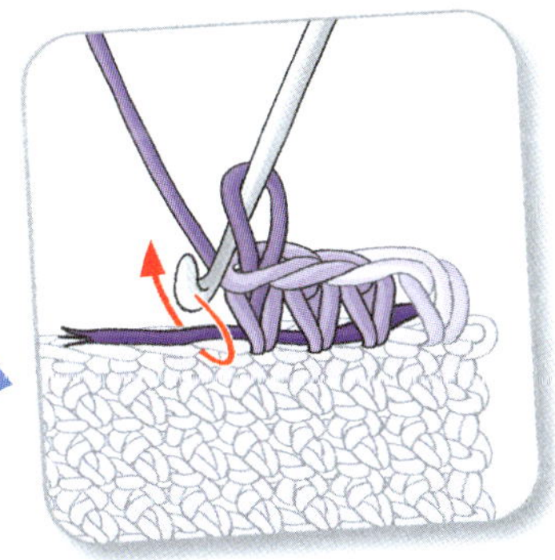

Schritt 3

Über 5-6 Maschen einhäkeln

Russischer Fadenansatz

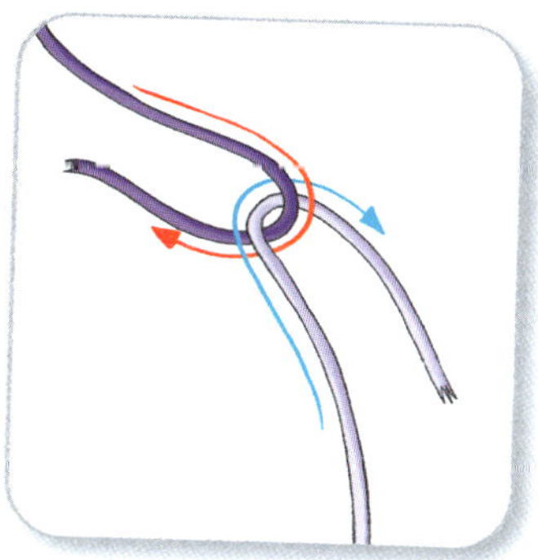

Schritt 1

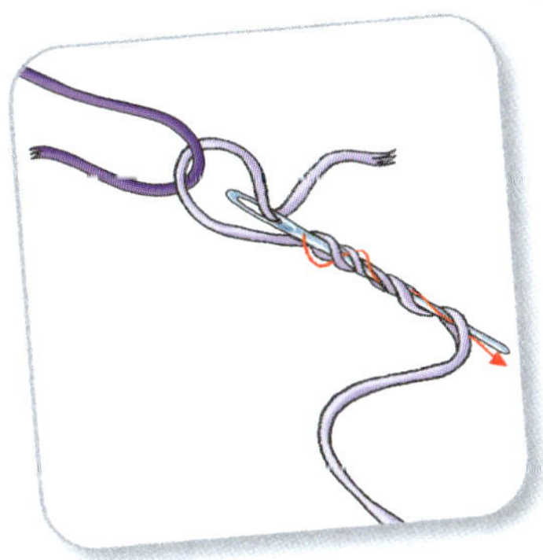

Schritt 2

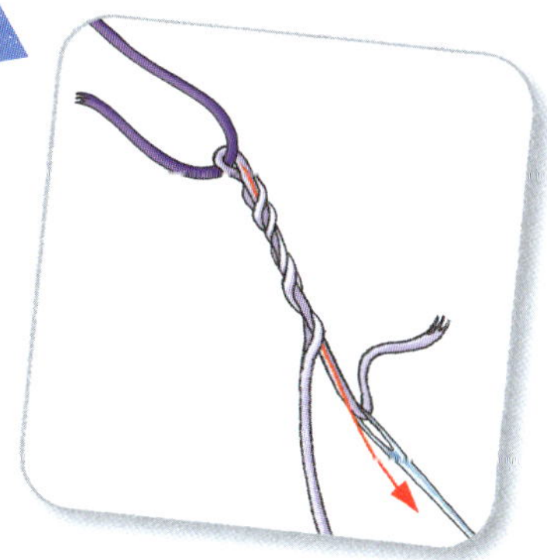

Schritt 3

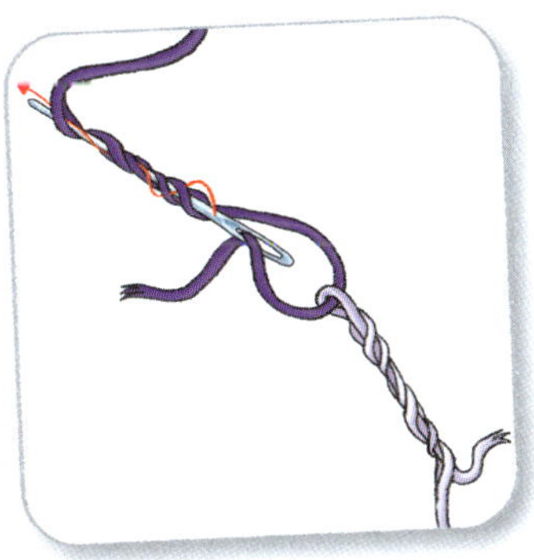

Schritt 4

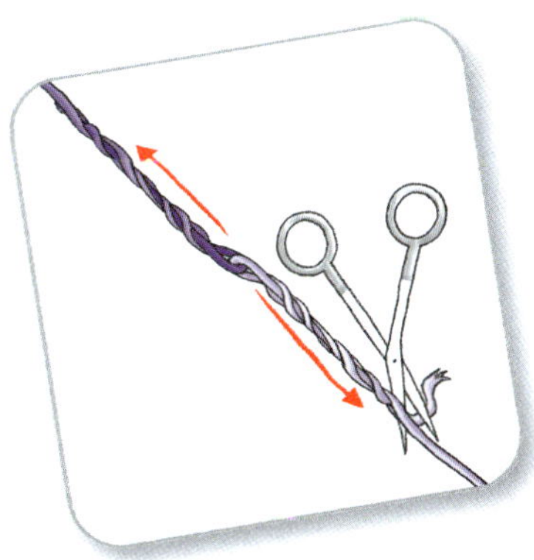

Schritt 5

Arbeit fertigstellen

Kanten umhäkeln

Bei festen Maschen und halben Stäbchen

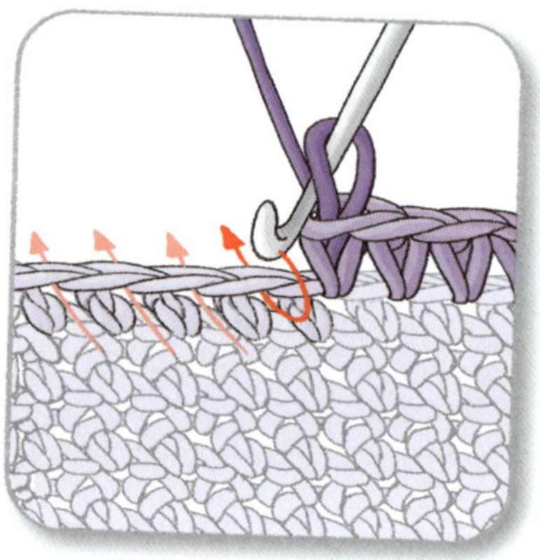

Oberer Rand

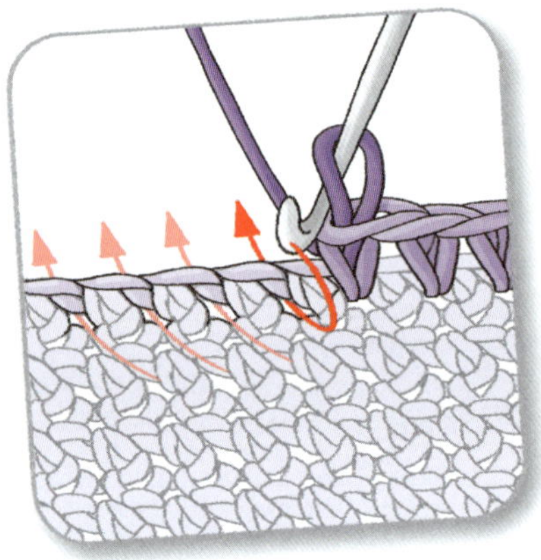

Unterer Rand

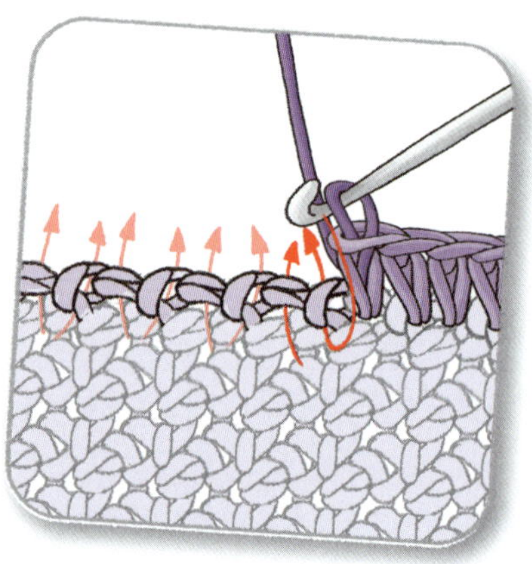

Seitenränder

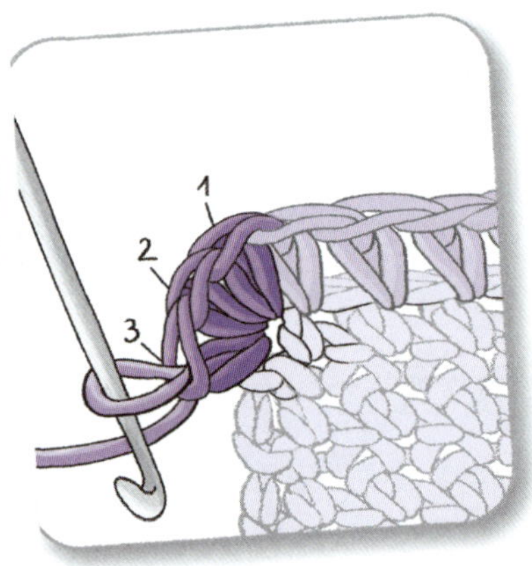

Ecken

Bei Stäbchen

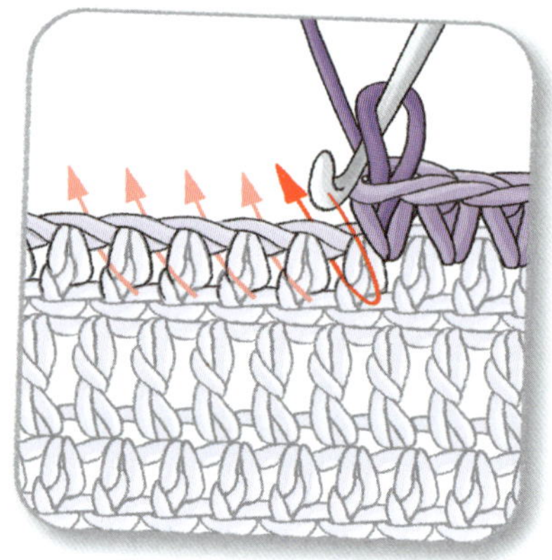

Unterer Rand

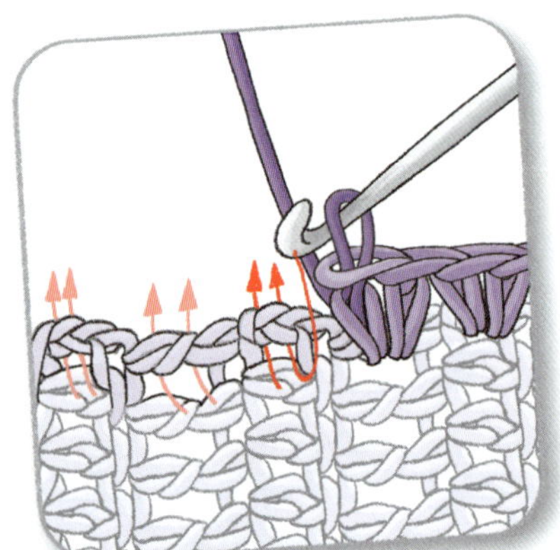

Seitenränder – 2 feste Maschen pro Stäbchen bzw. Luftmaschenkette

Teile zusammenhäkeln

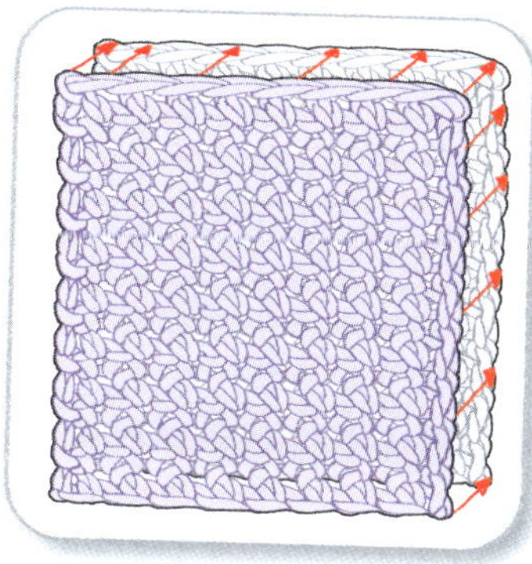

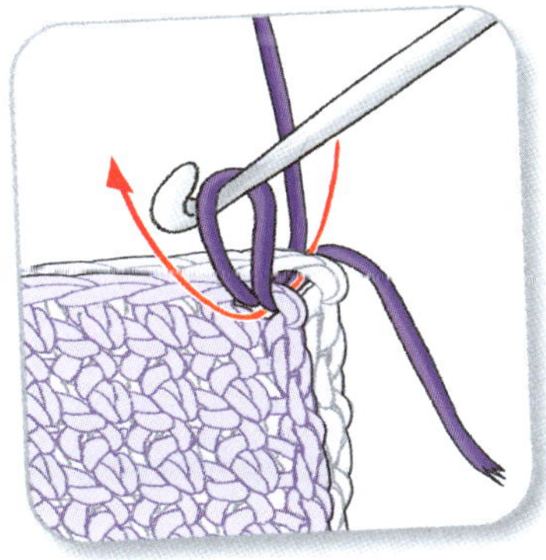

Schritt 1

Masche auf Masche!

Schritt 2

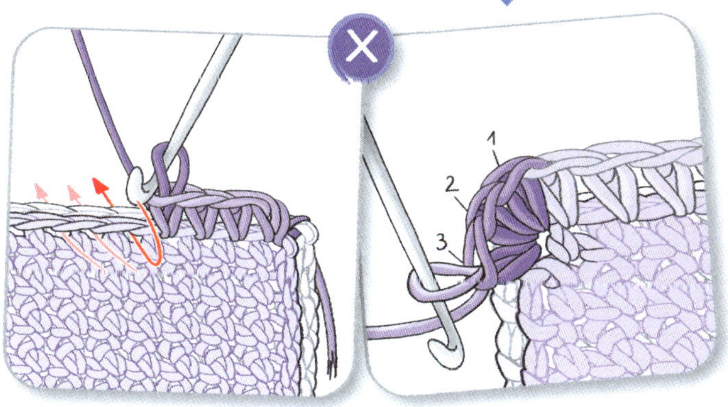

Schritt 3

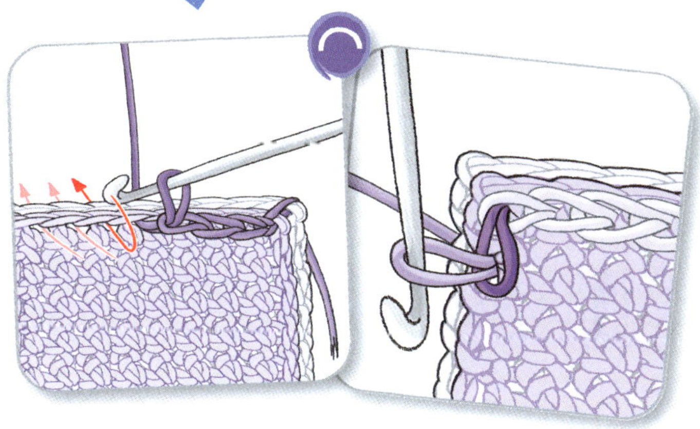

Schritt 3

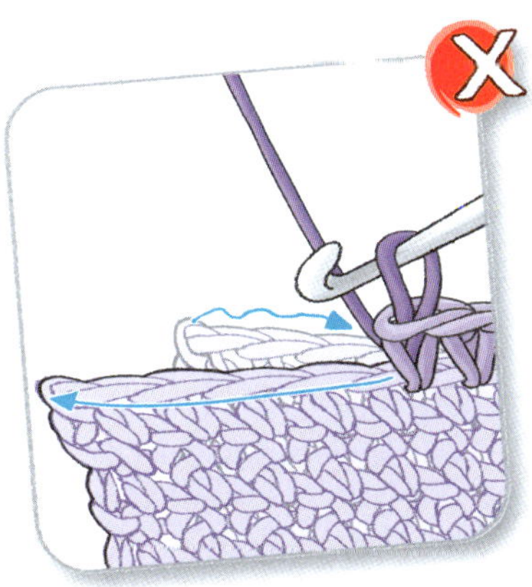

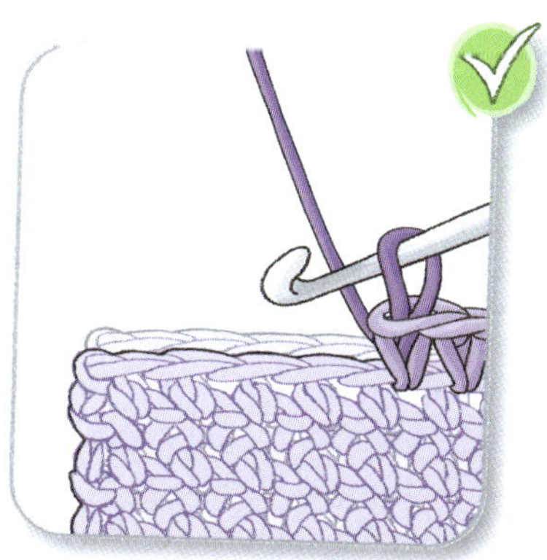

Fäden vernähen

Feste Maschen

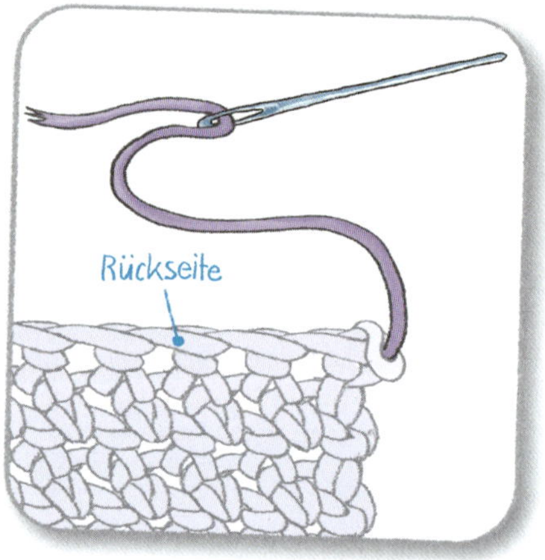

Schritt 1

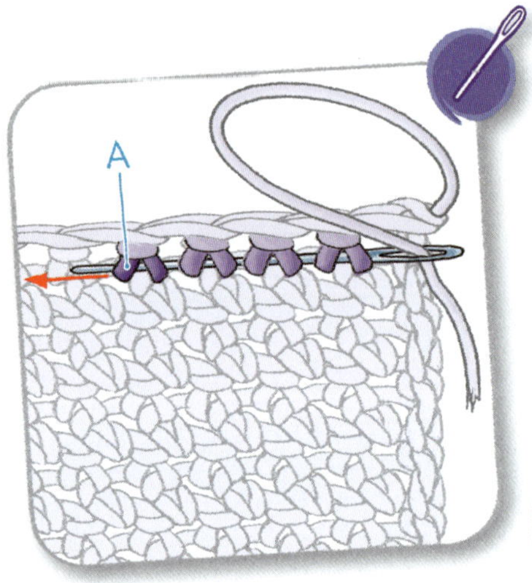

Schritt 2

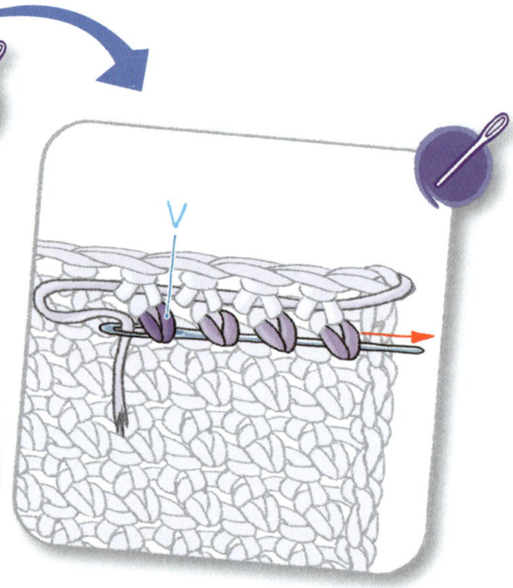

Schritt 3

Halbe Stäbchen

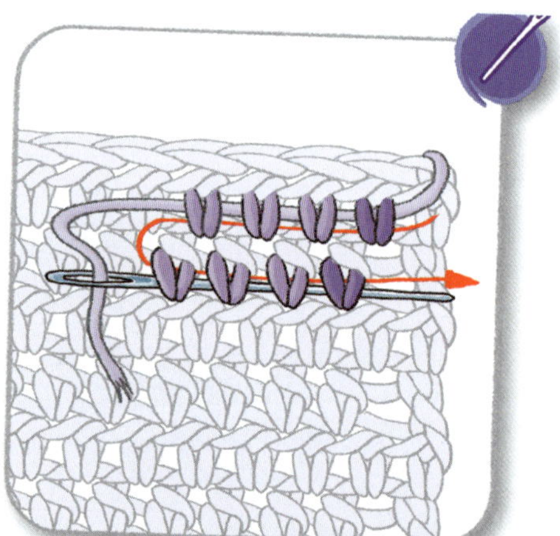

Stäbchen

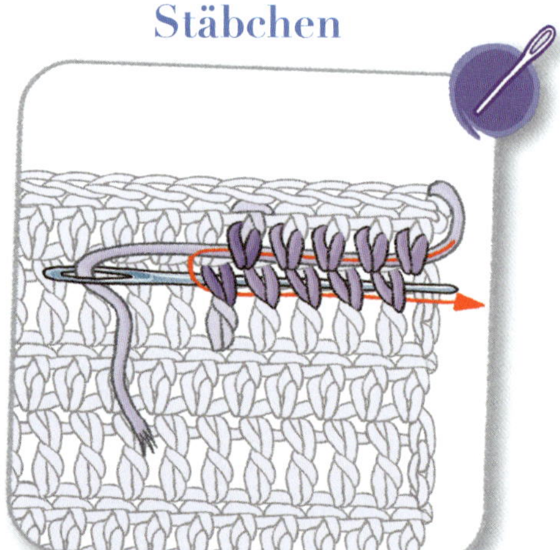

Teile spannen

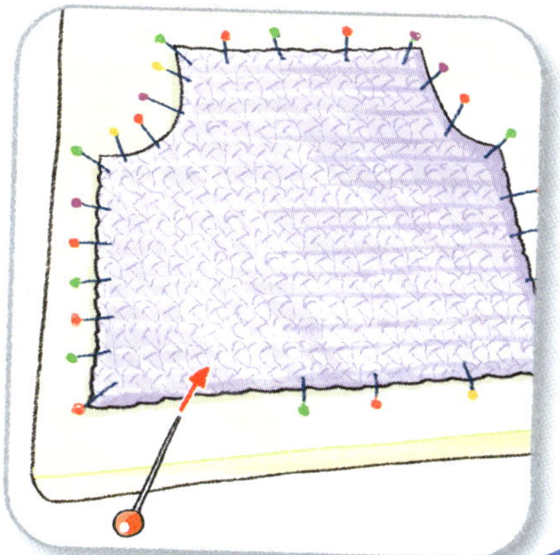

Schritt 1

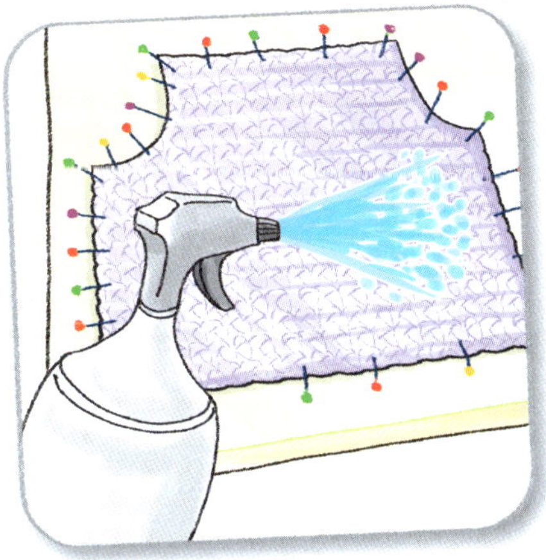

Schritt 2

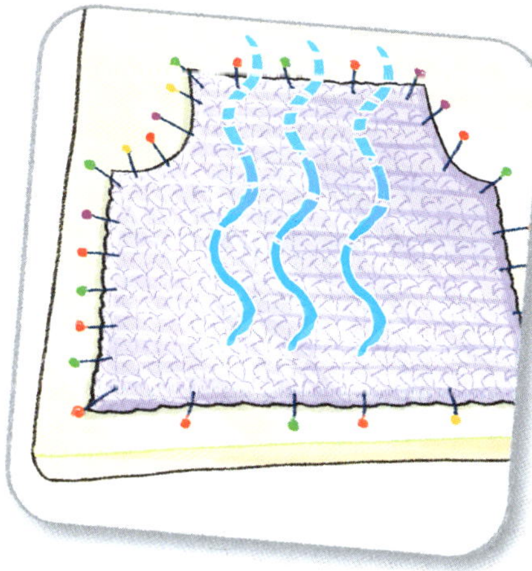

Schritt 3

Trocknen lassen

Teile dämpfen

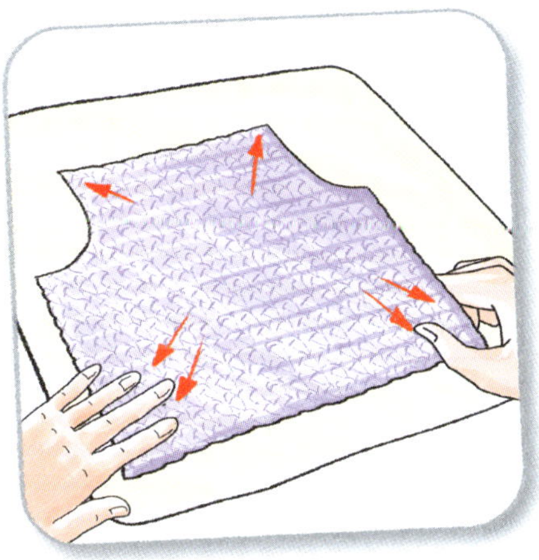

Schritt 1

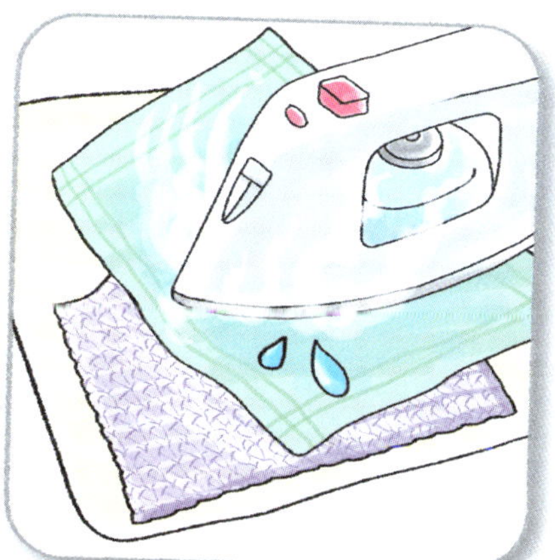

Schritt 2

Teile zusammennähen

Matratzenstich für Seitenränder

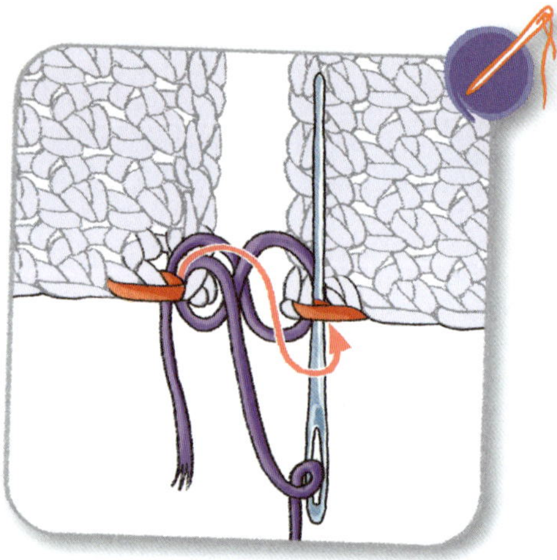

Schritt 1

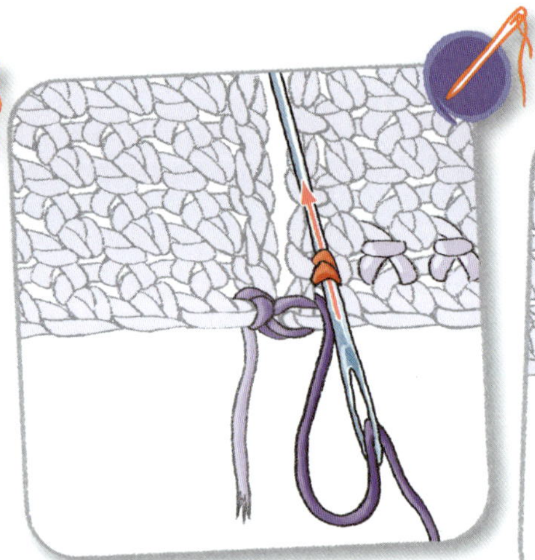

Schritt 2

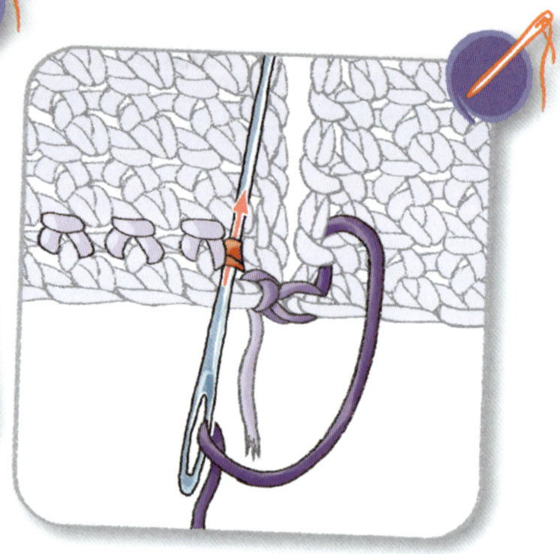

Schritt 3

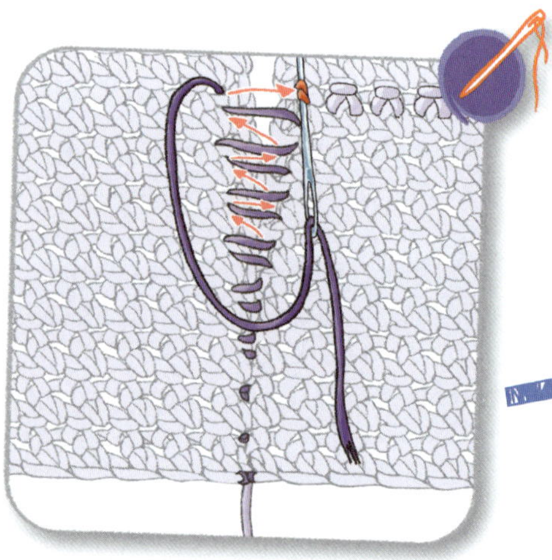

Schritt 4

Schritte 2-3 wiederholen

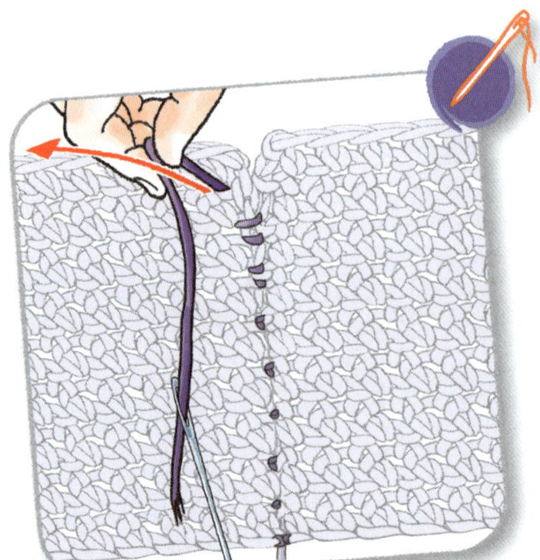

Schritt 5

Überwendlingstich für obere und untere Ränder

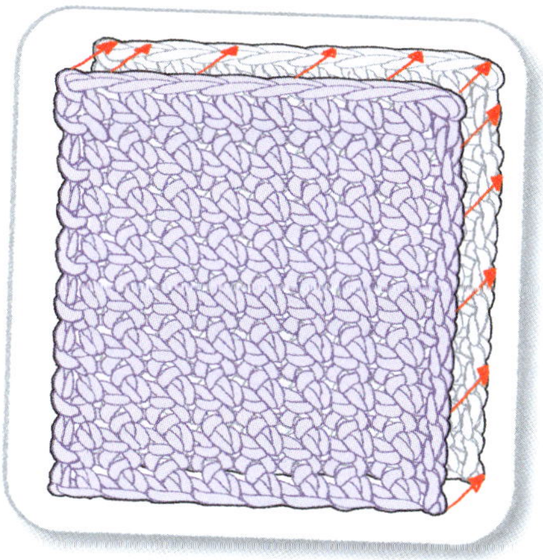

Schritt 1

Masche auf Masche

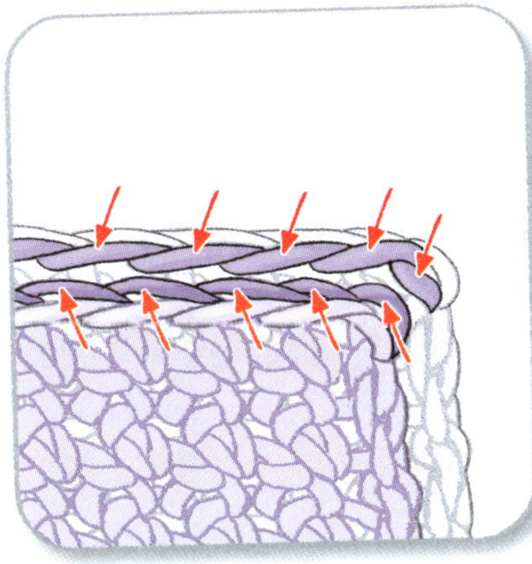

Schritt 2

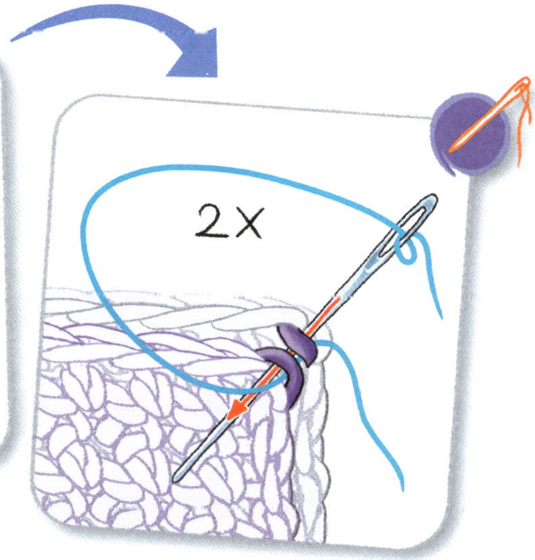

Schritt 3

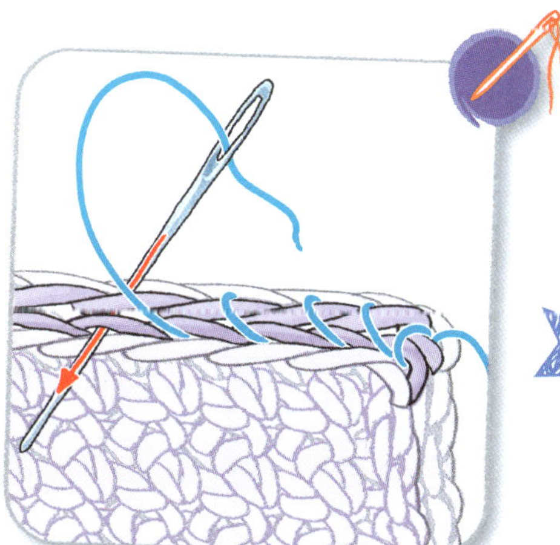

Schritt 4

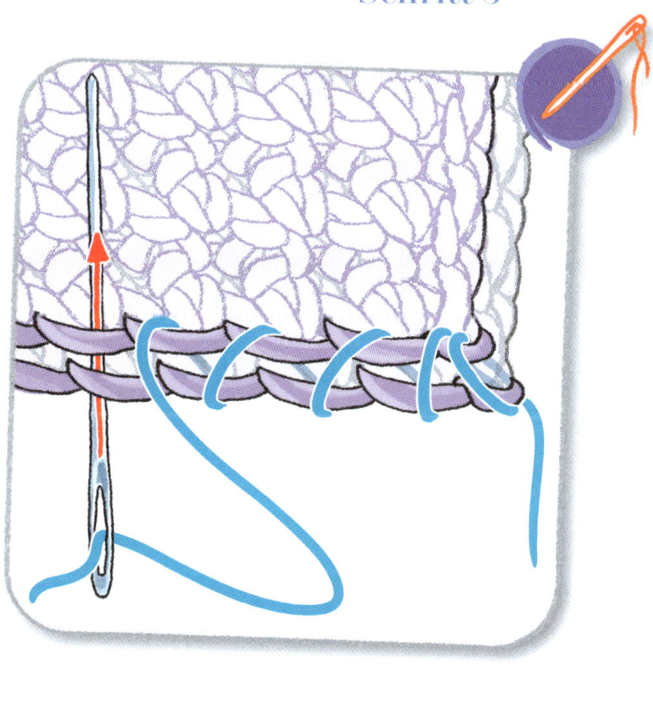

Spezialwissen

Mit Farben häkeln

In Reihen

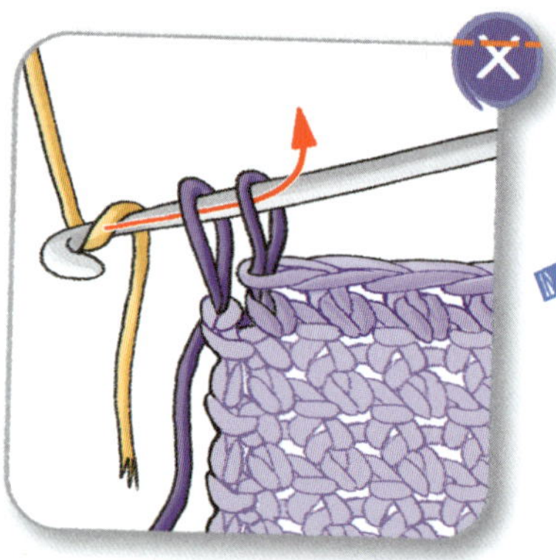

Letzte Masche
bis auf 2 Schlingen
abmaschen

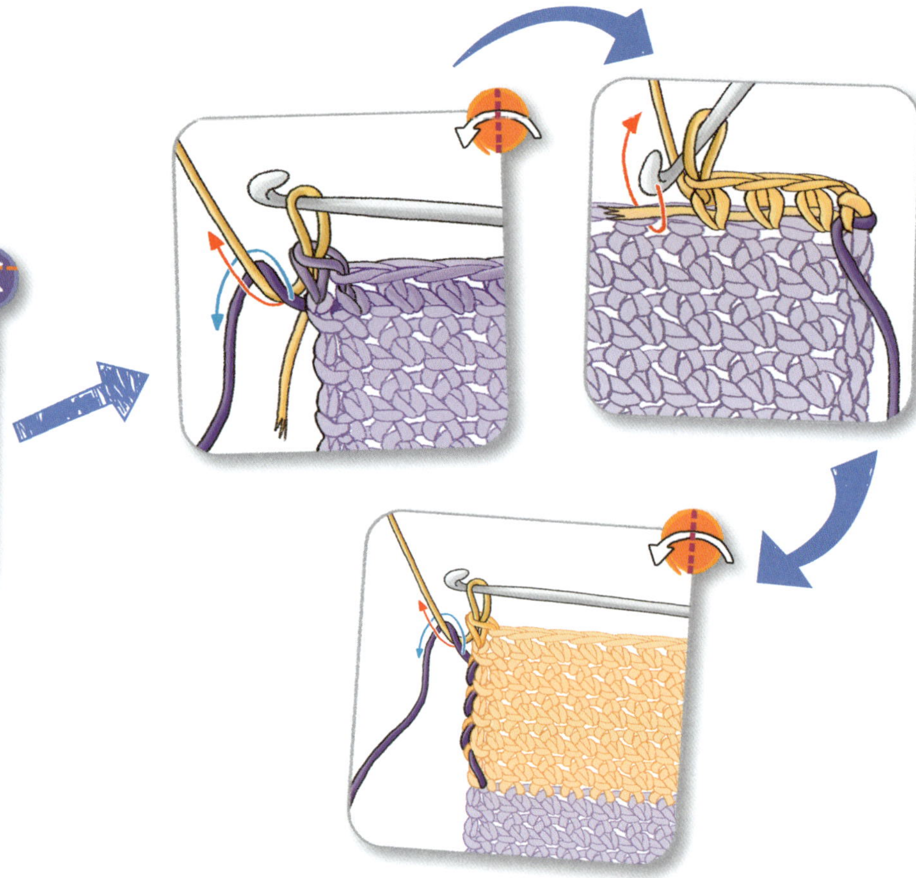

In Runden

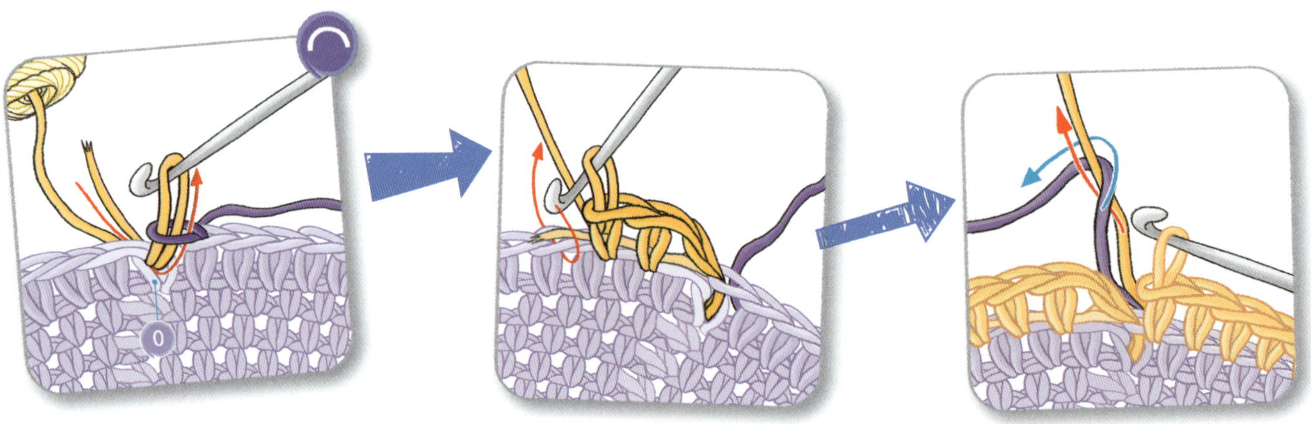

Jacquardmuster

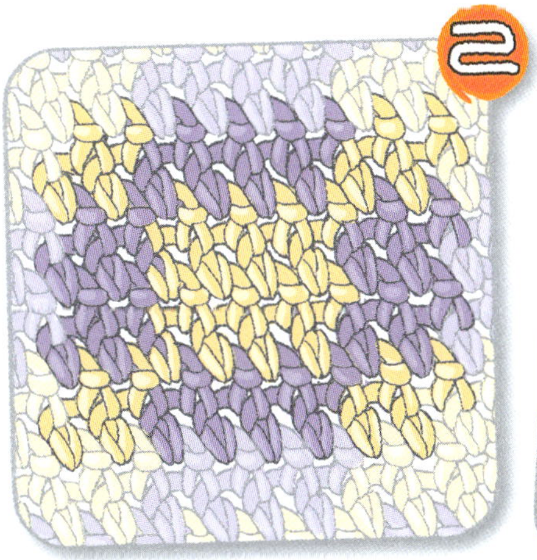

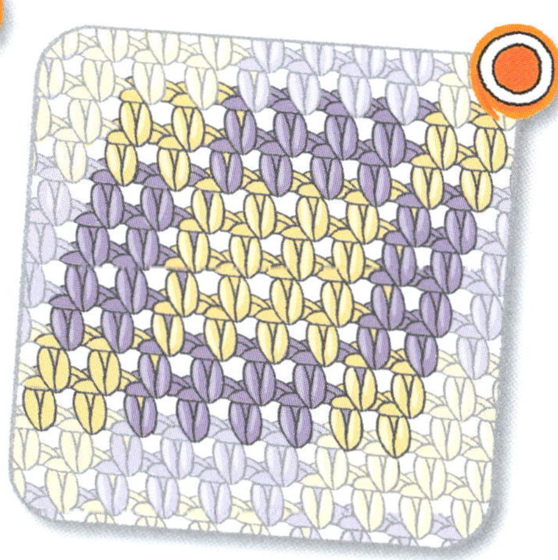

1 Kästchen = 1 Masche

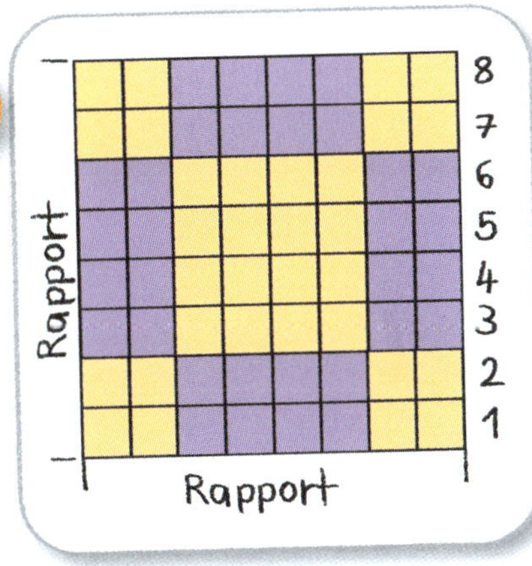

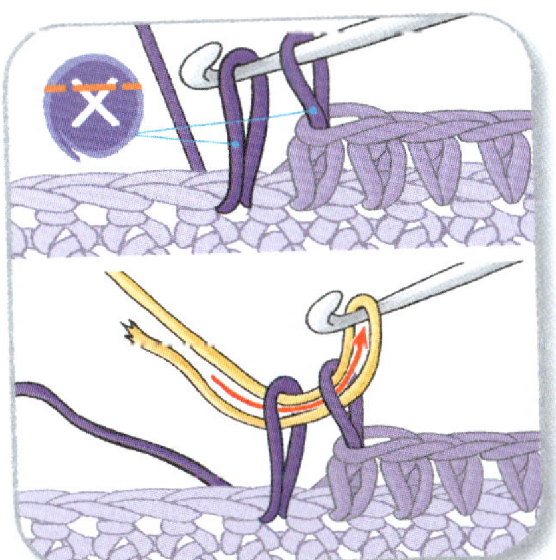

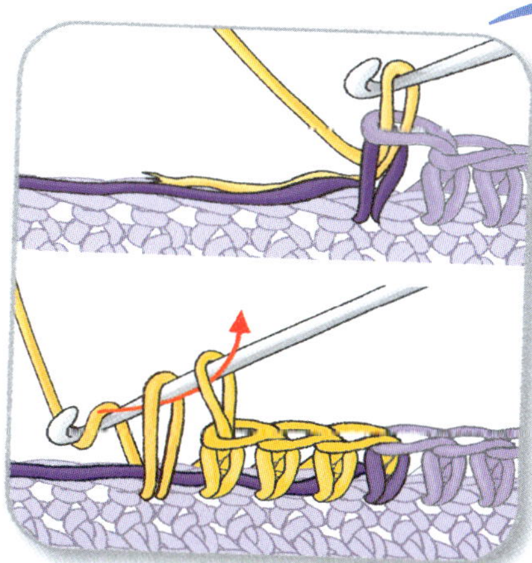

Schritt 2

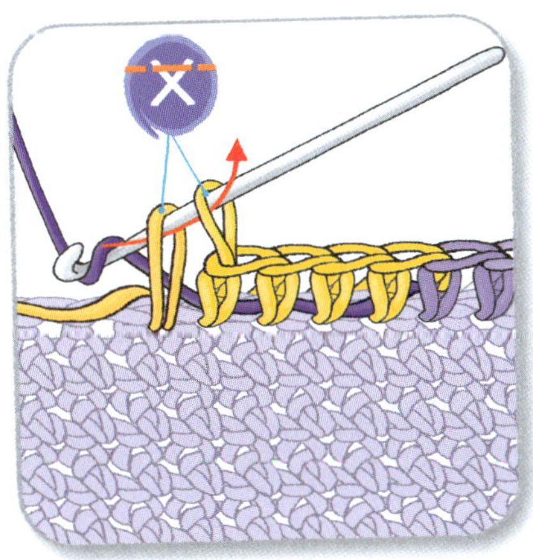

Schritt 1

Masche bis auf 2 Schlingen abmaschen

Schritt 3

Schritt 2-3 wiederholen

Häkelanleitungen

Richtig lesen

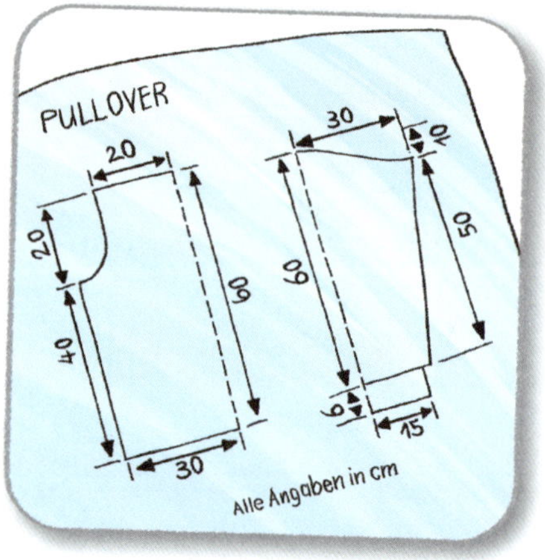

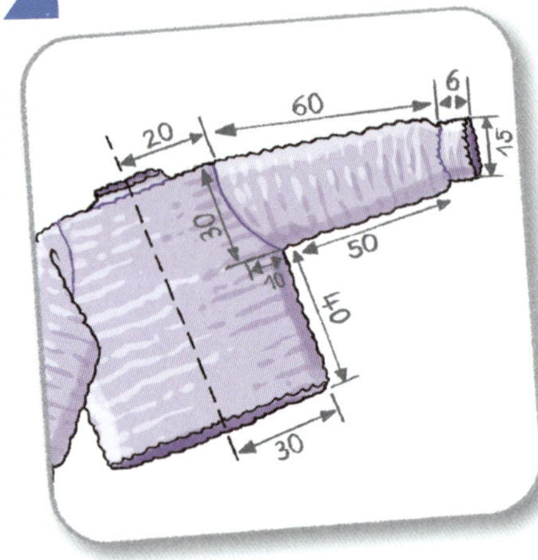

Sternchen bezeichnen Wiederholung

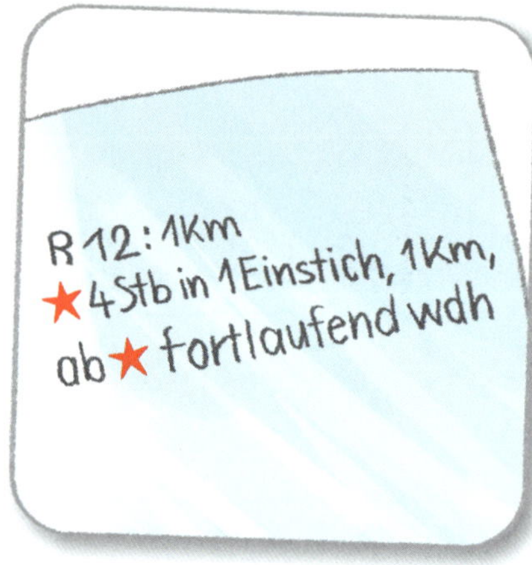

Die wichtigsten Abkürzungen

M	=	Masche(n)
U	=	Umschlag/ Umschläge
Lm	=	Luftmasche(n)
Km	=	Kettmasche(n)
fM	=	feste Masche(n)
hStb	=	halbe(s) Stäbchen
Stb	=	Stäbchen
DStb	=	Doppelstäbchen
anschl	=	anschlagen
R	=	Reihe
Rd	=	Runde
Nd	=	Nadel
Fb	=	Farbe
LL	=	Lauflänge

Rapport

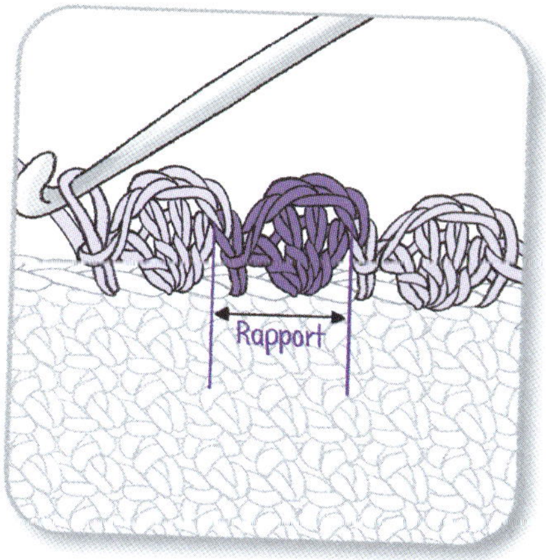
Rapport

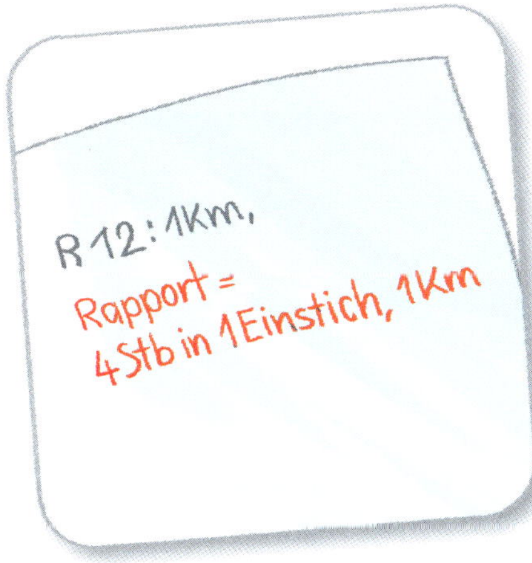
R 12: 1Km,
Rapport =
4 Stb in 1 Einstich, 1Km

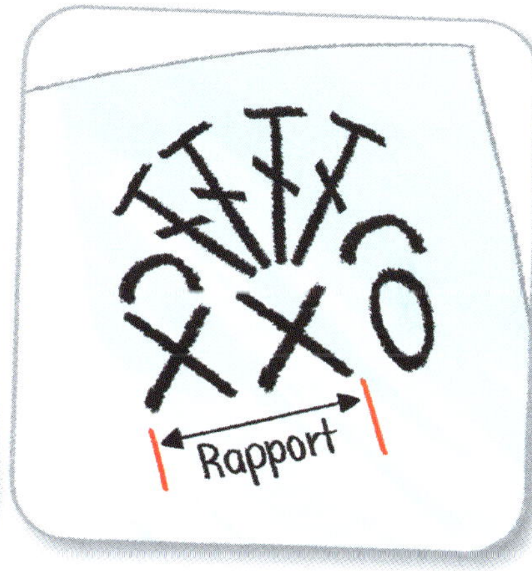
Rapport

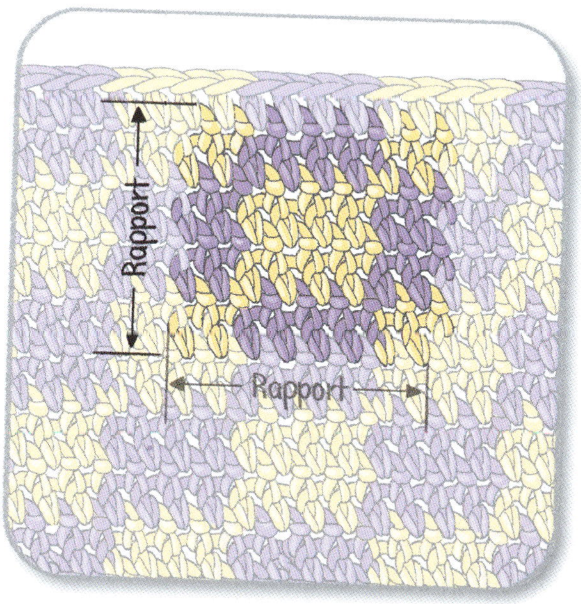
Rapport
Rapport

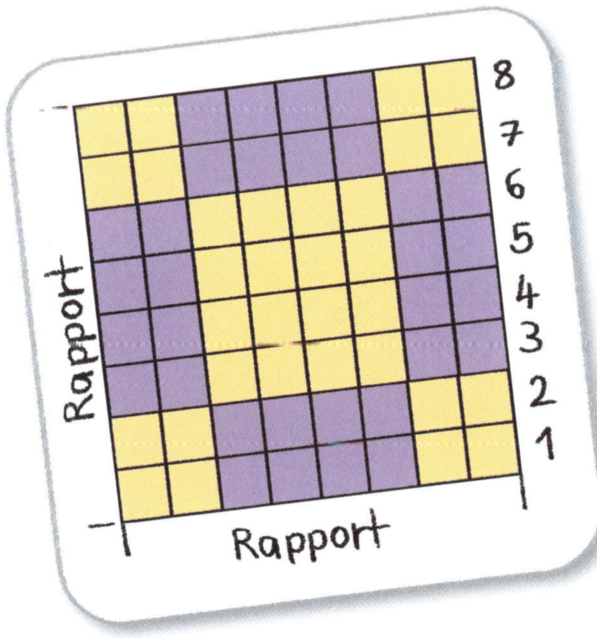
8
7
6
5
4
3
2
1
Rapport
Rapport

Häkelschrift lesen

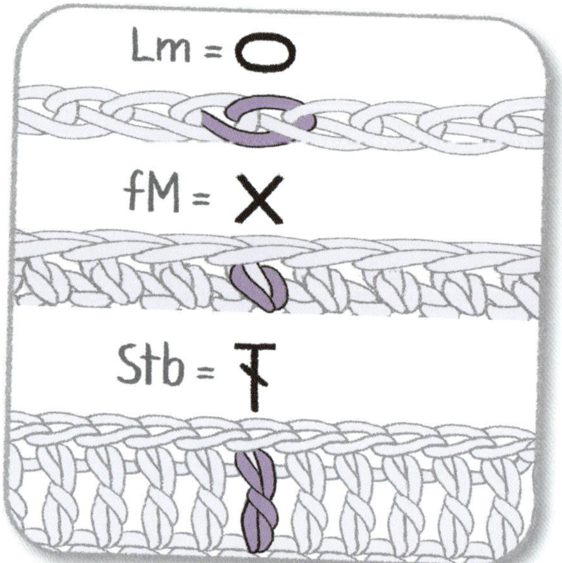

In Reihen

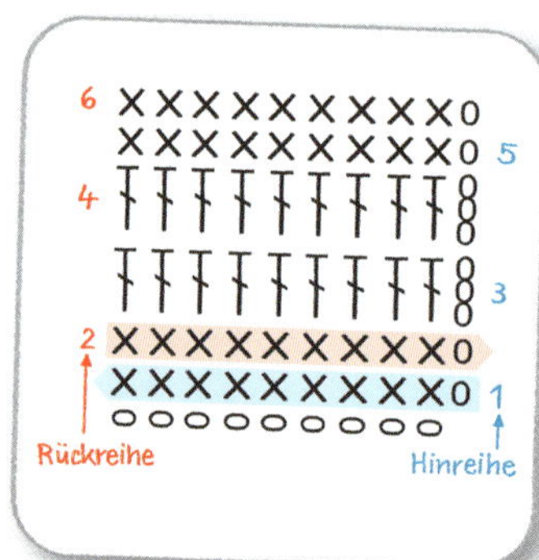

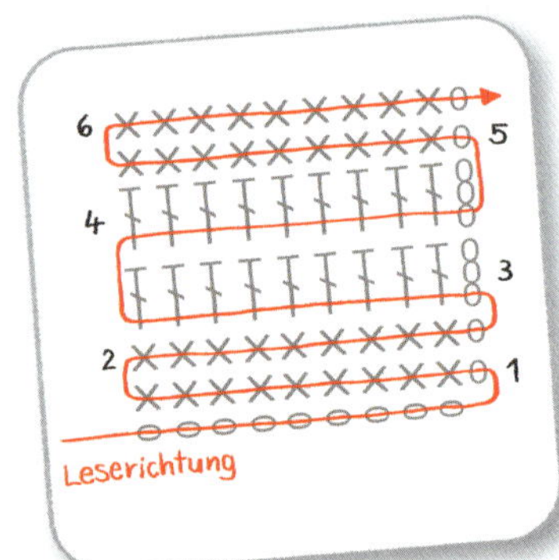

In Runden

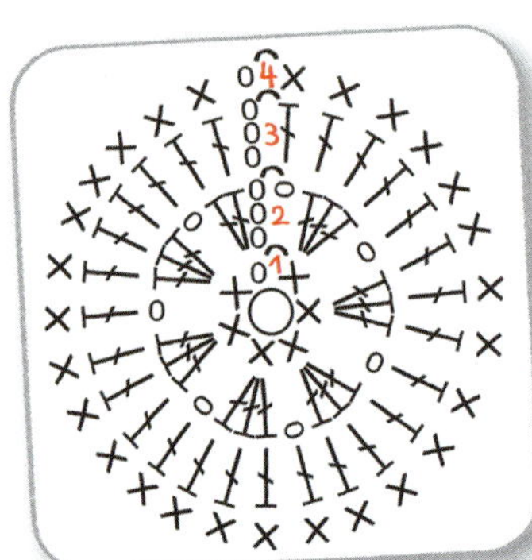

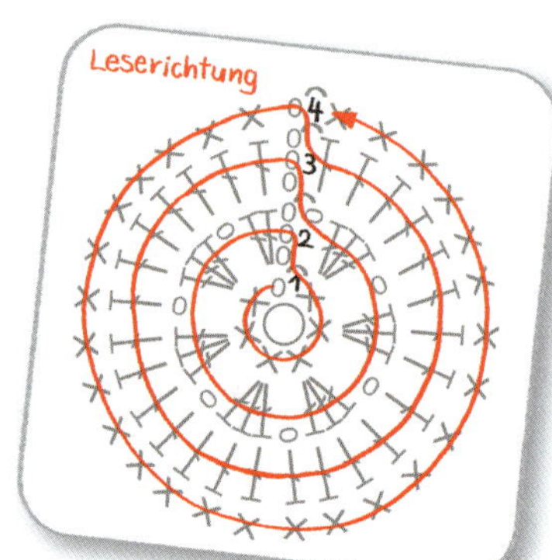

Die wichtigsten Häkelschrift-Symbole

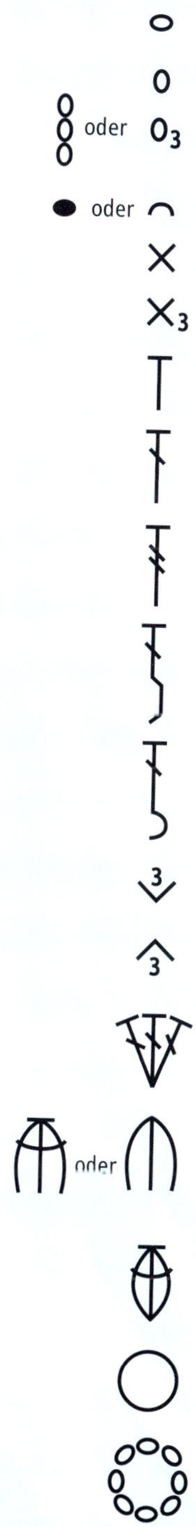

- = 1 Luftmasche
- = 1 Wende- bzw. Steigeluftmasche
- = Anzahl der erforderlichen Wende- bzw. Steigeluftmaschen
- = 1 Kettmasche
- = 1 feste Masche
- = Anzahl der erforderlichen festen Maschen
- = 1 halbes Stäbchen
- = 1 Stäbchen
- = 1 Doppelstäbchen
- = 1 tiefer gestochenes Stäbchen
- = 1 Relief-Stäbchen von vorne
- = mehrere feste Maschen in eine Einstichstelle
- = mehrere feste Maschen zusammen abmaschen
- = mehrere Stäbchen in eine Einstichstelle
- = mehrere Stäbchen zusammen abmaschen (Büschelmaschen)
- = Noppen
- = Fadenring
- = Luftmaschenring

Maschenprobe

Wichtig für richtige Größe!

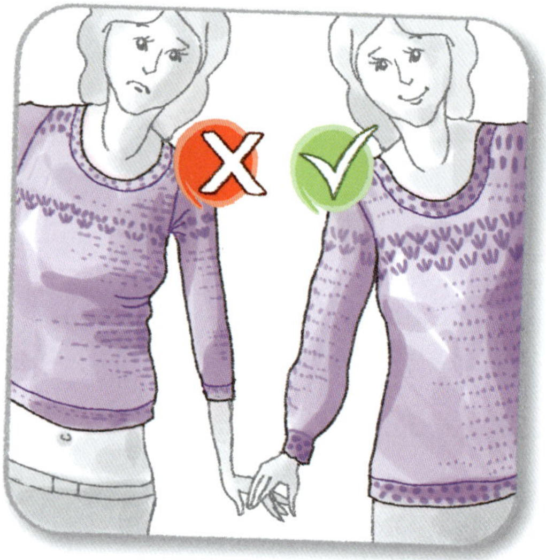

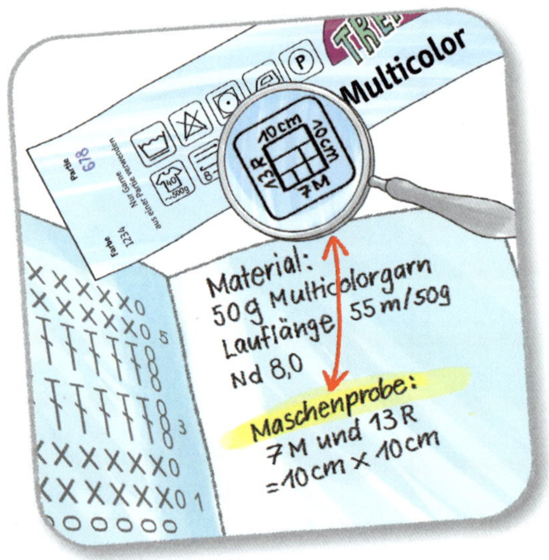

Bei Garnaustausch gleiche Garnstärke verwenden

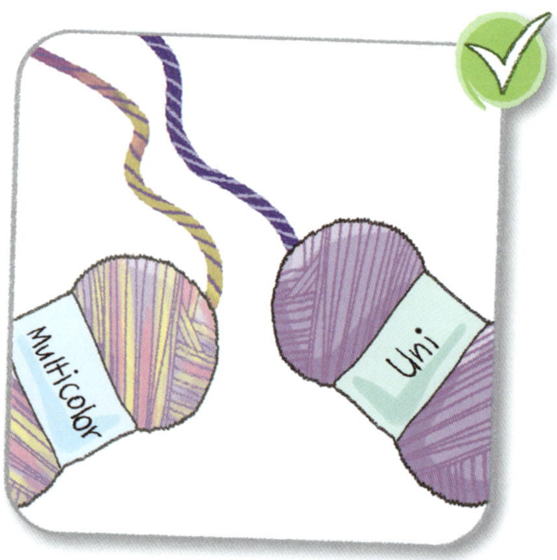

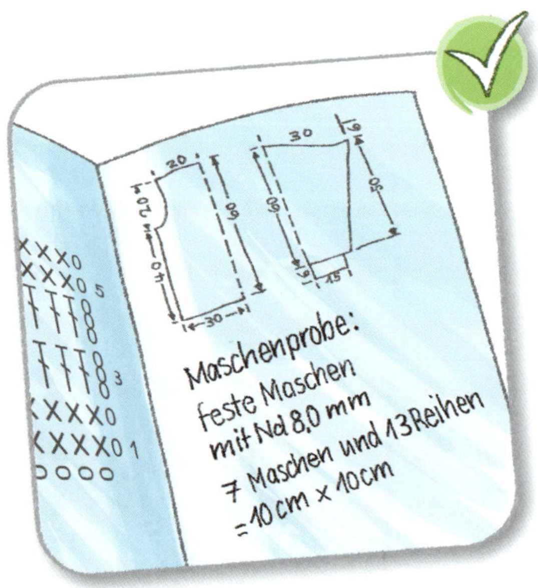

Maschenprobe häkeln

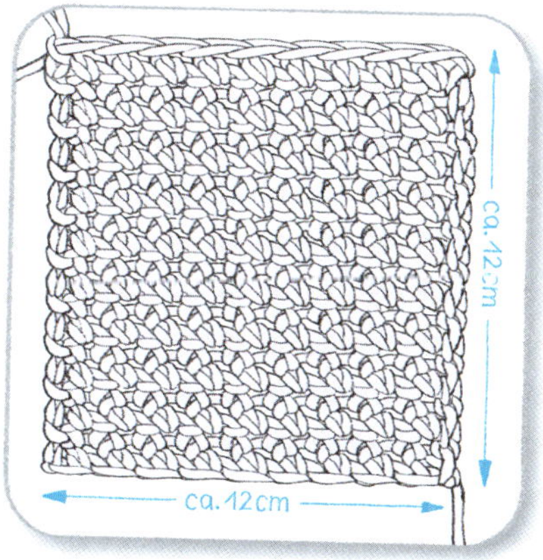

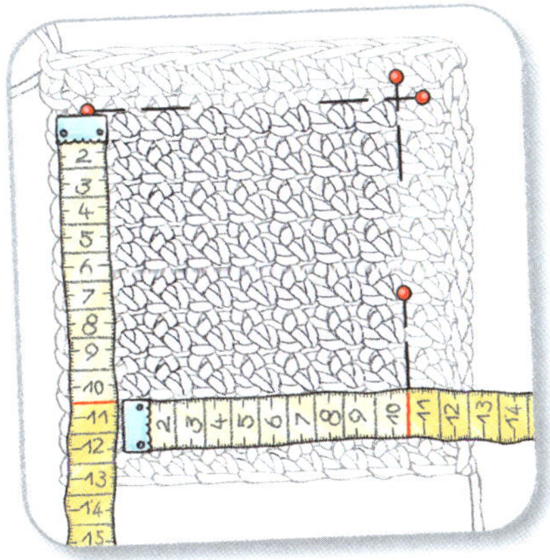

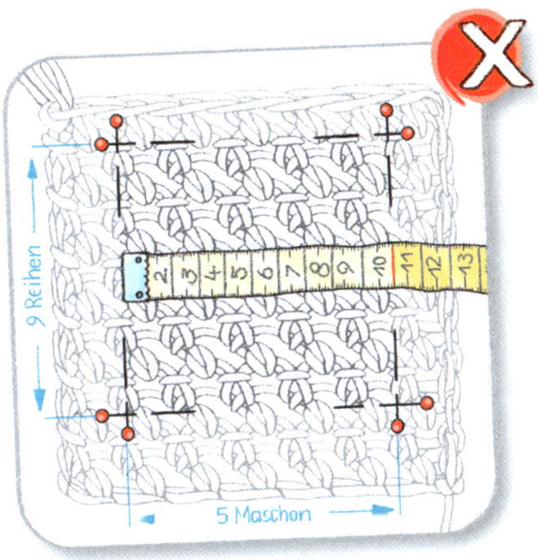

Maschen zu groß

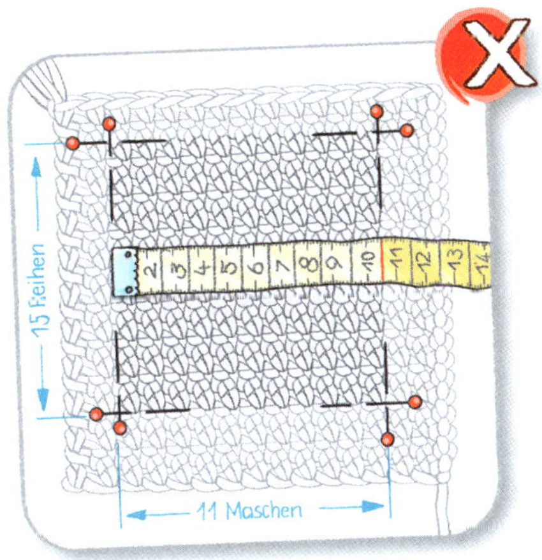

Maschen zu klein

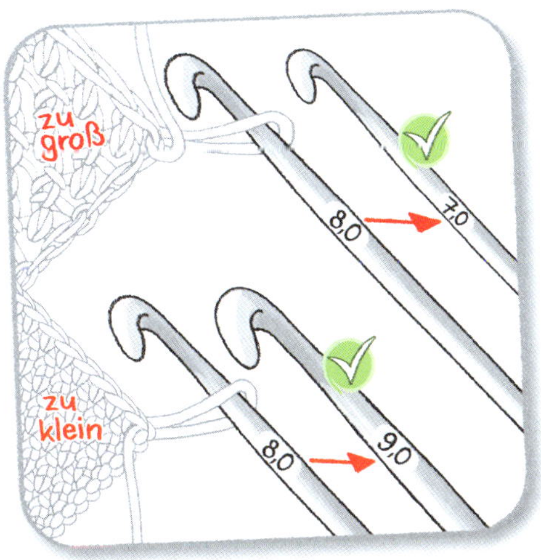

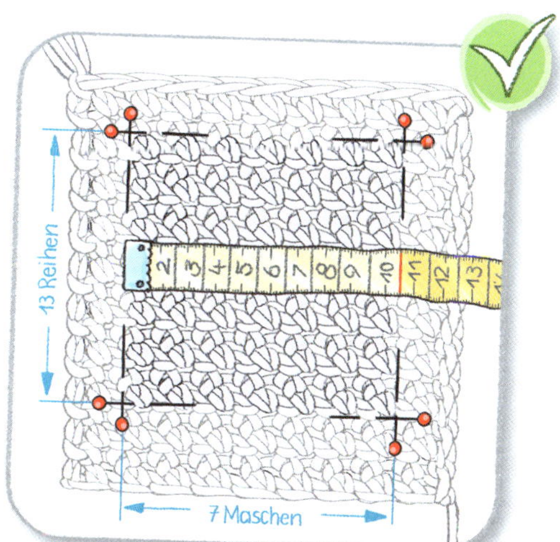

Pompons

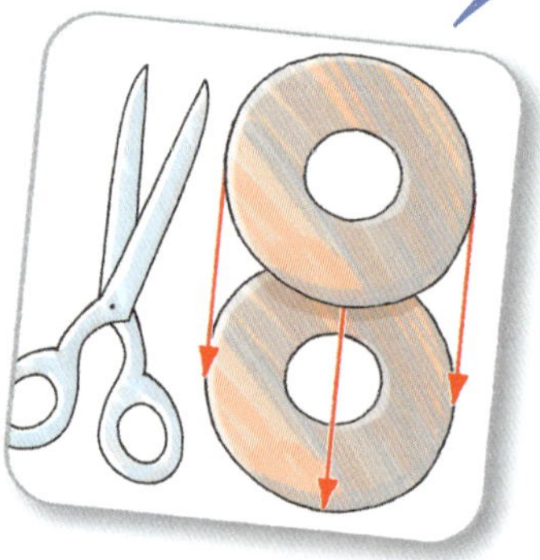

Schritt 1

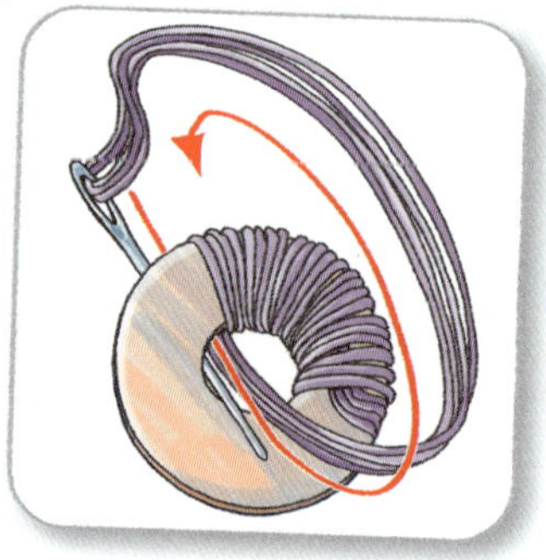

Schritt 2

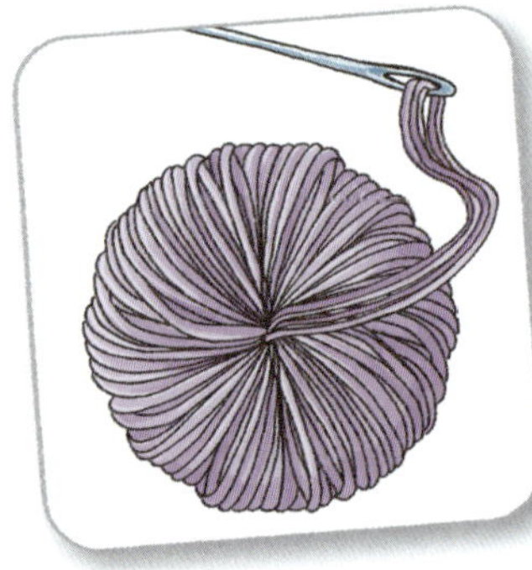

Schritt 3

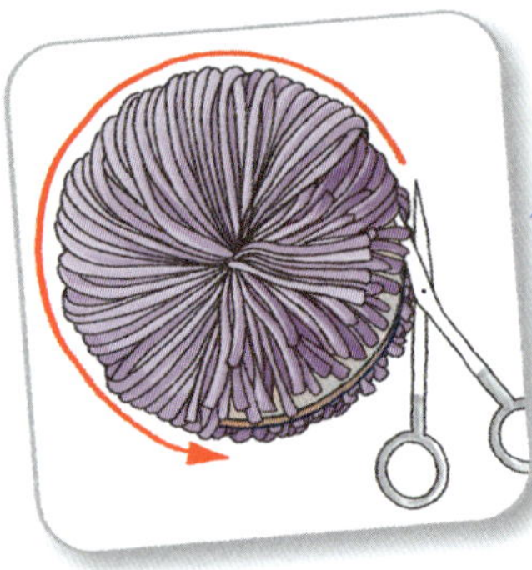

Schritt 4

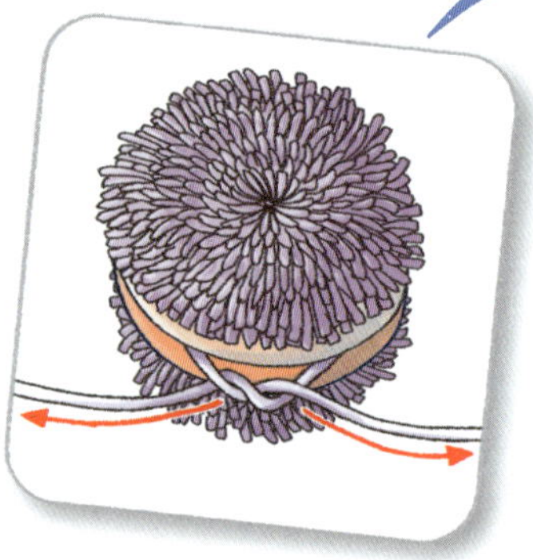

Schritt 5

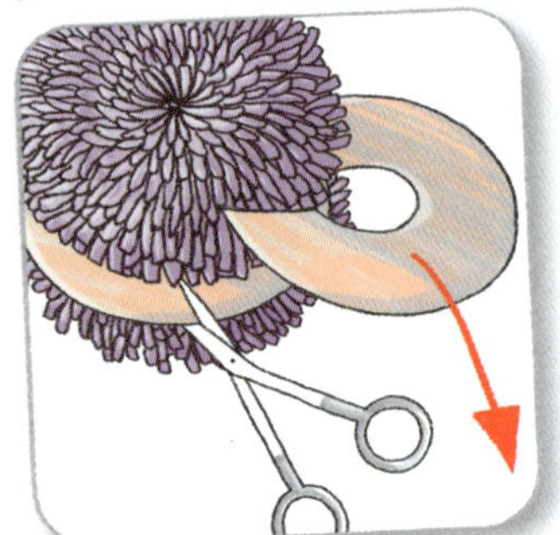

Schritt 6

Pappring zerschneiden

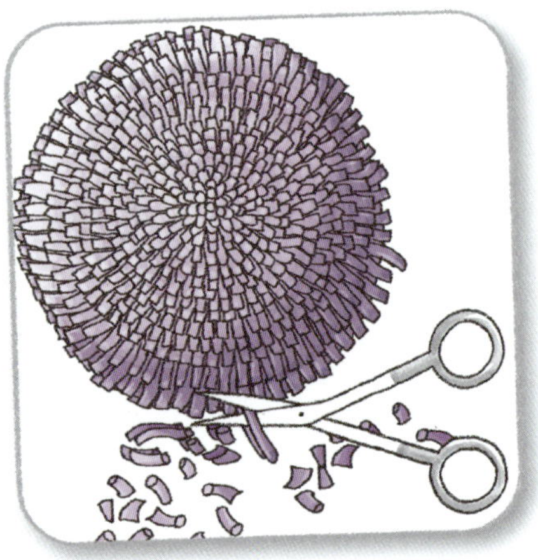

Schritt 7

Pompon in Form schneiden

Quasten

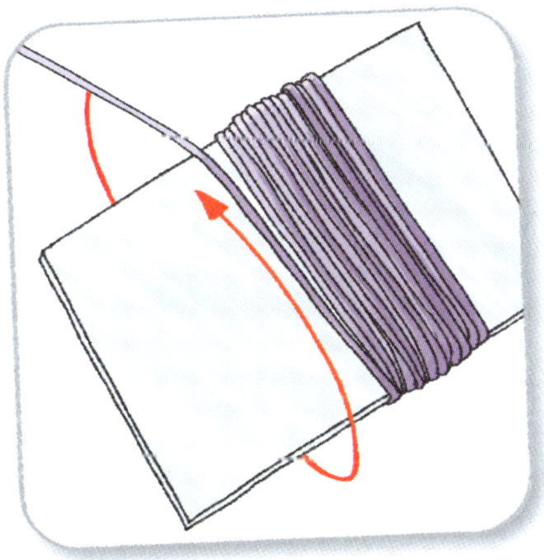

Schritt 1

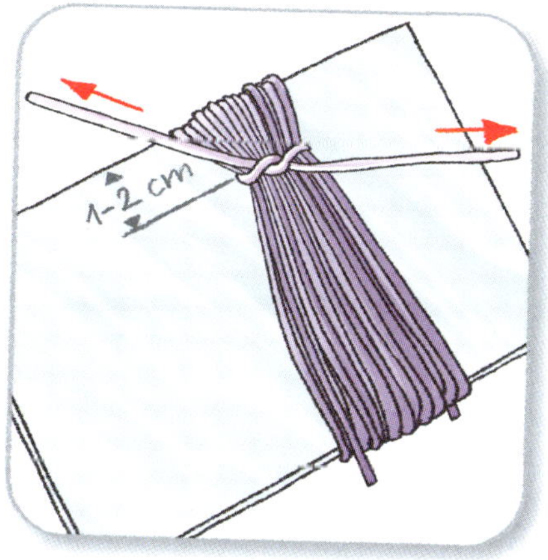

Schritt 2

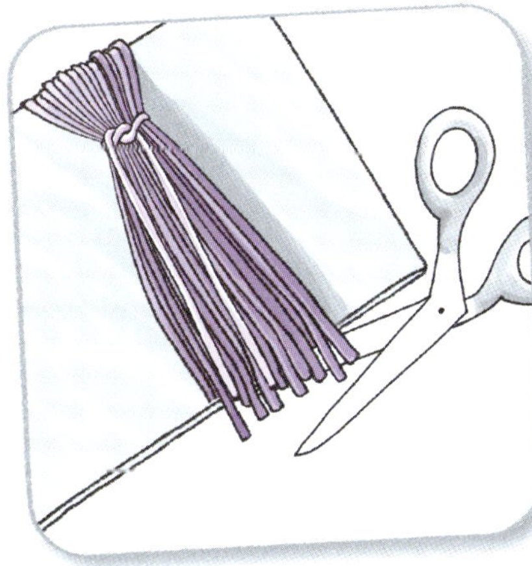

Schritt 3

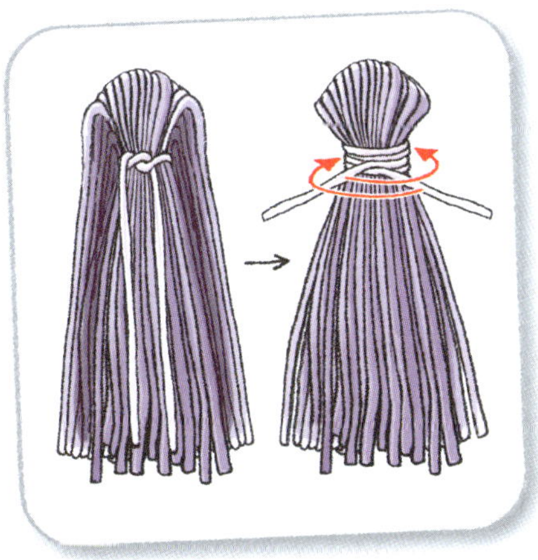

Schritt 4

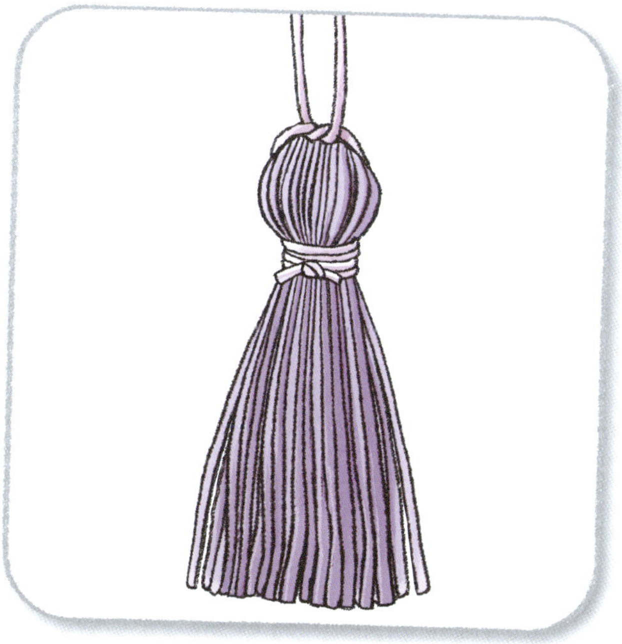

Modelle

Beanie

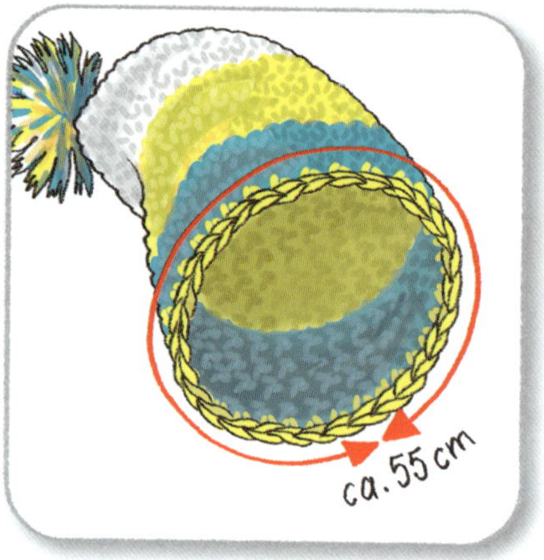

Blumenbrosche

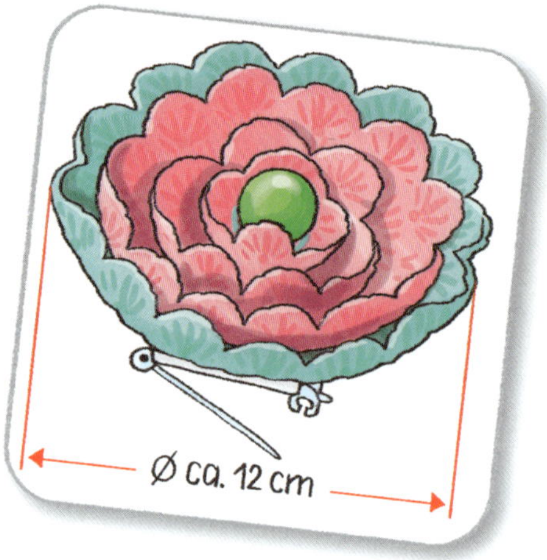

Knopfloop

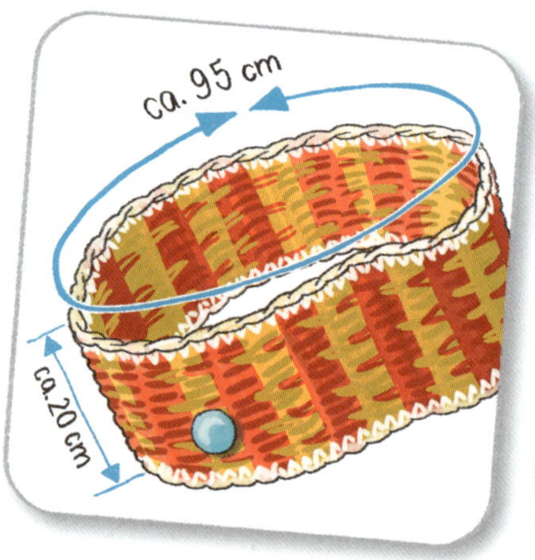

Wollkörbchen

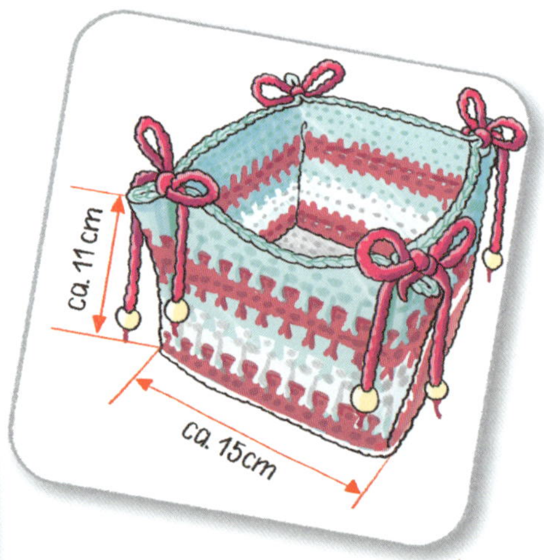

Dreieckstäschchen

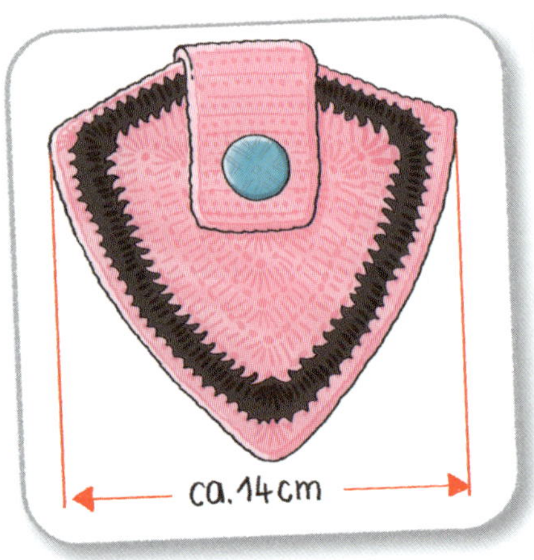

Smartphone-Hülle

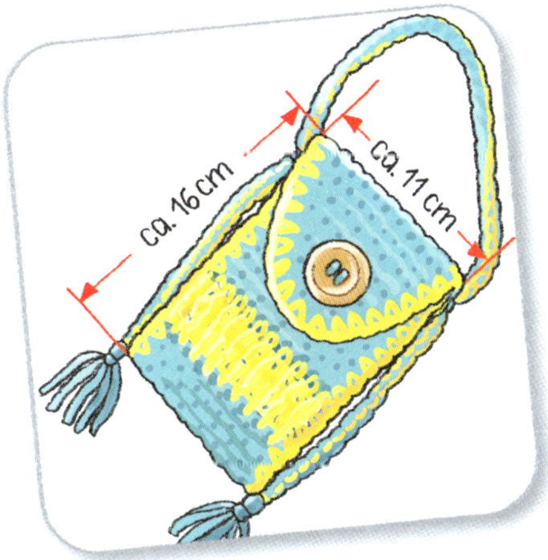

Blütenuntersetzer

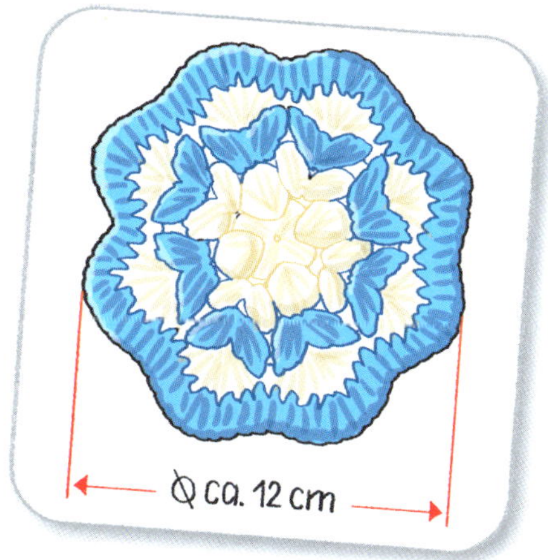

Eierwärmer

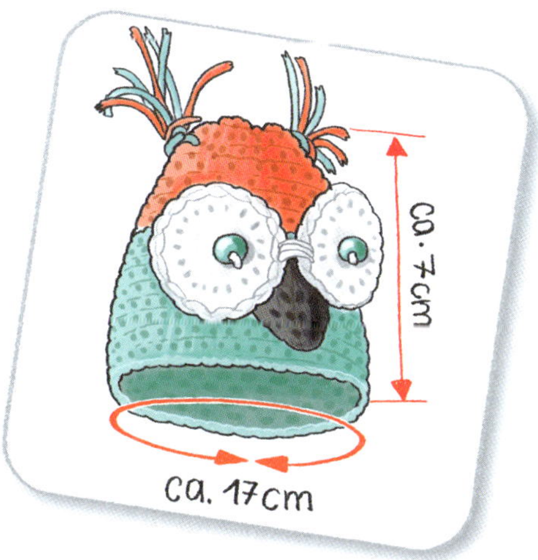

Hüttenschuhe

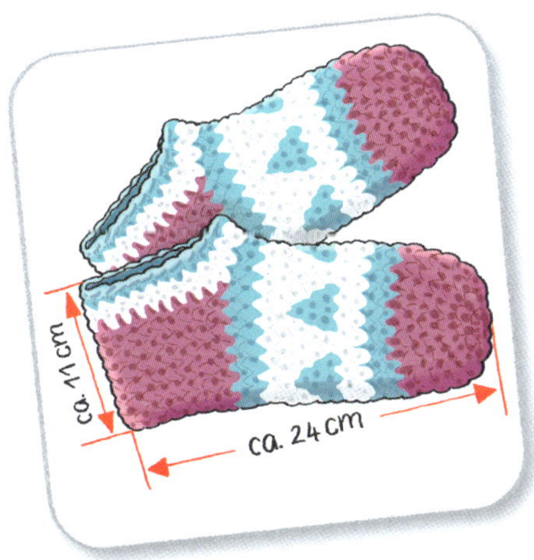

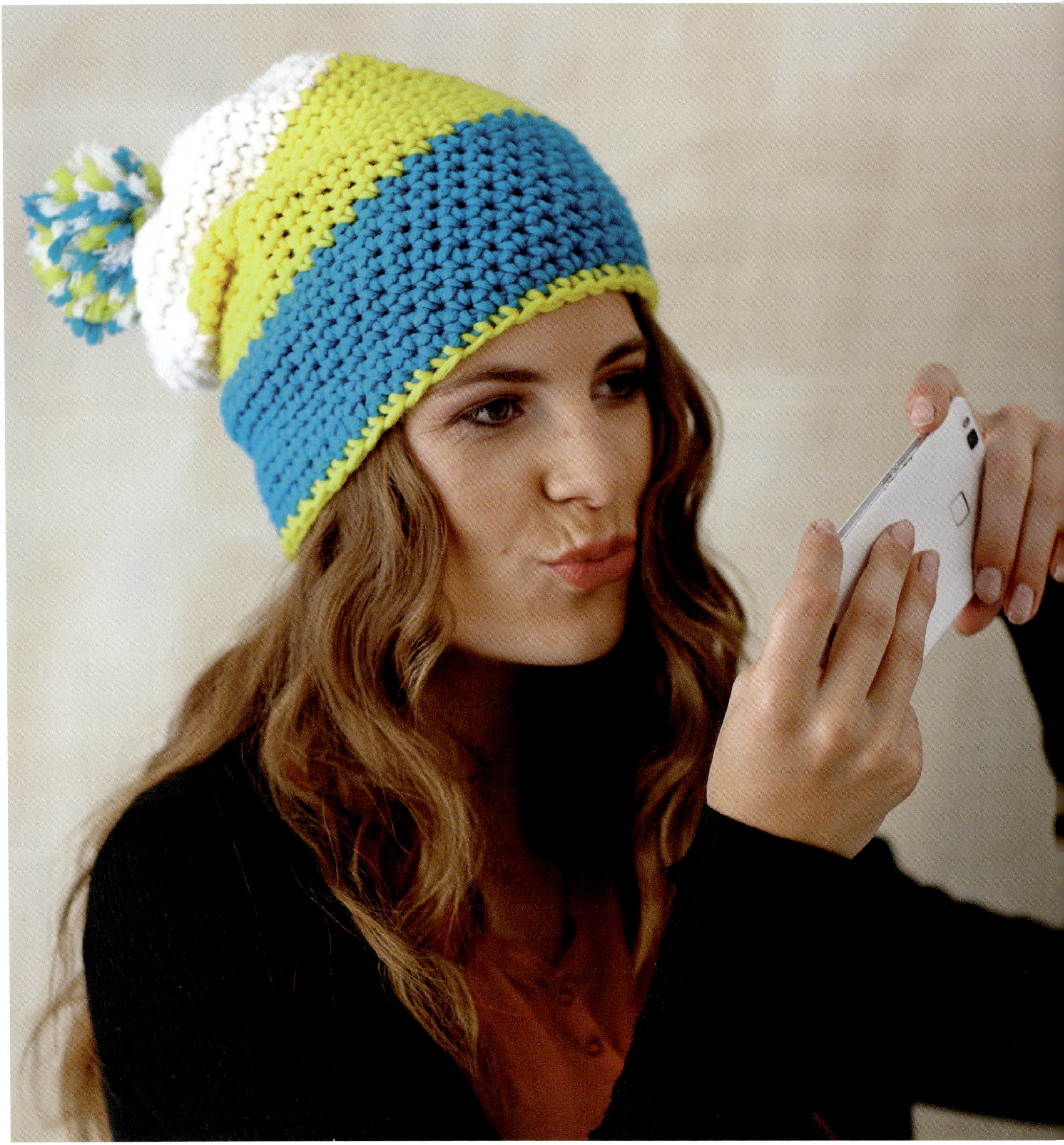

Beanie

Material

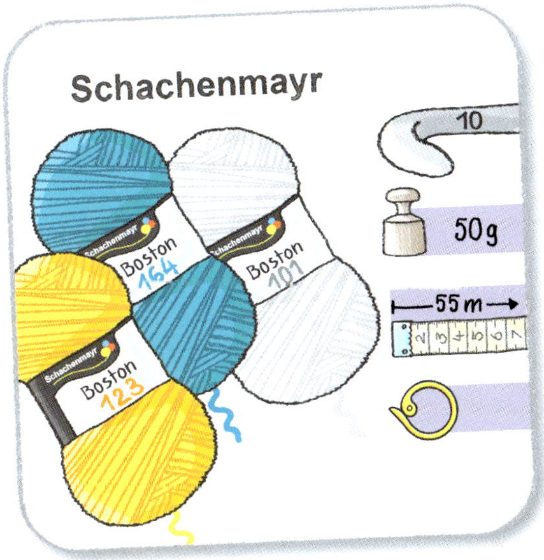

Größe

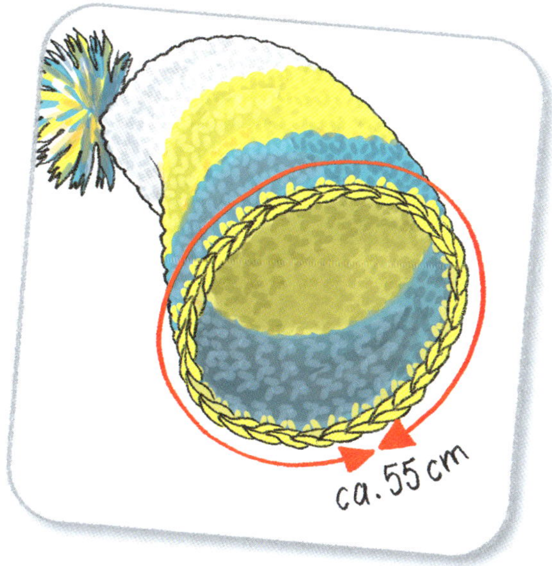

Maschenarten

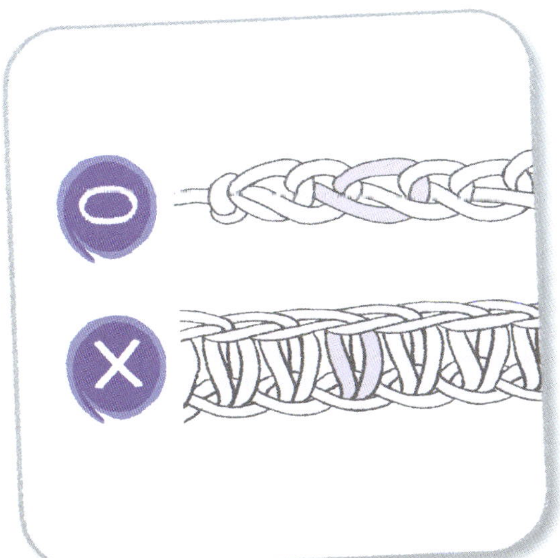

Maschenprobe

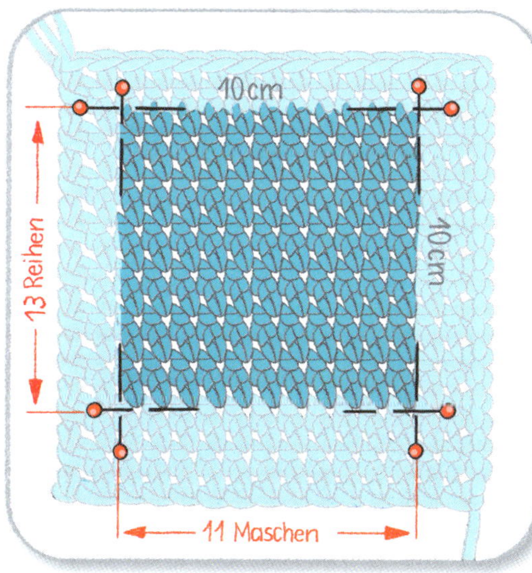

feste Maschen

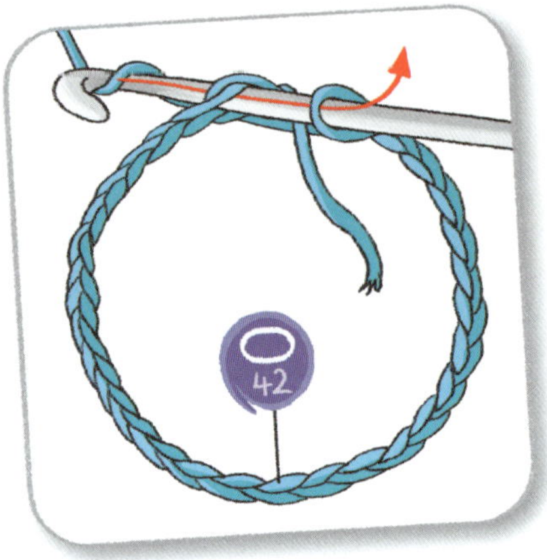

Schritt 1

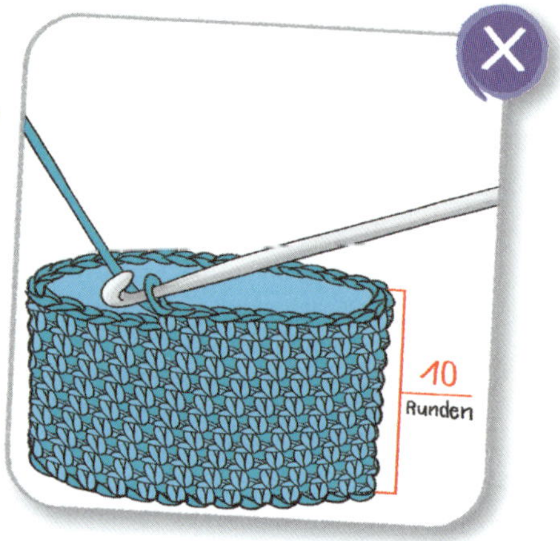

Schritt 2

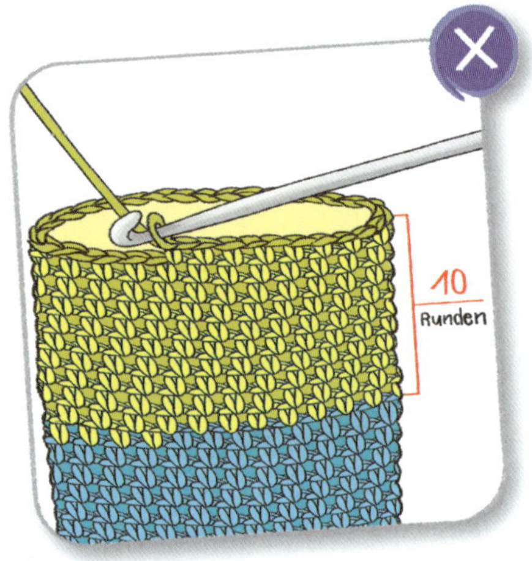

Schritt 3

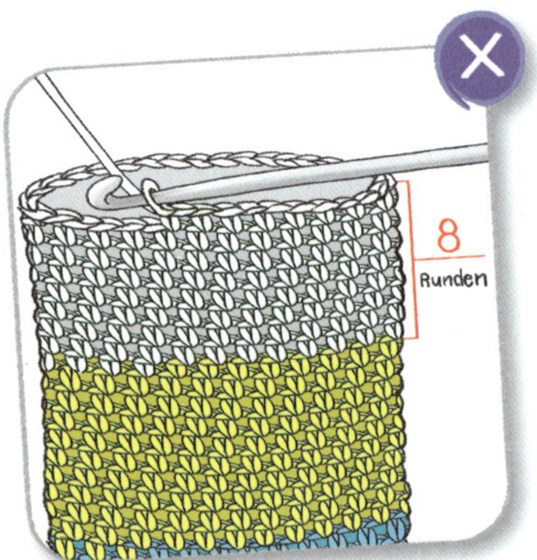

Schritt 4

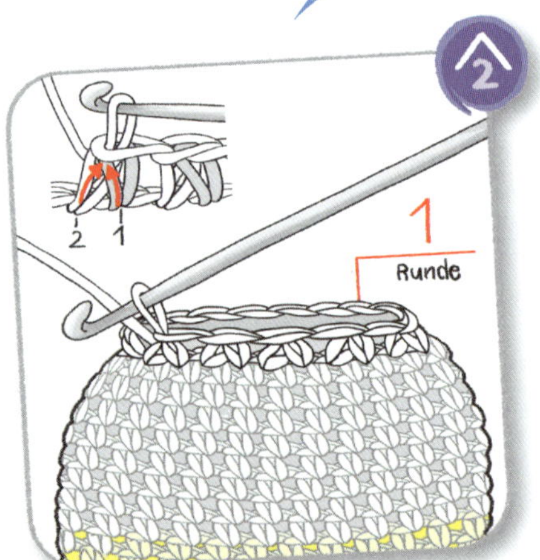

Schritt 5

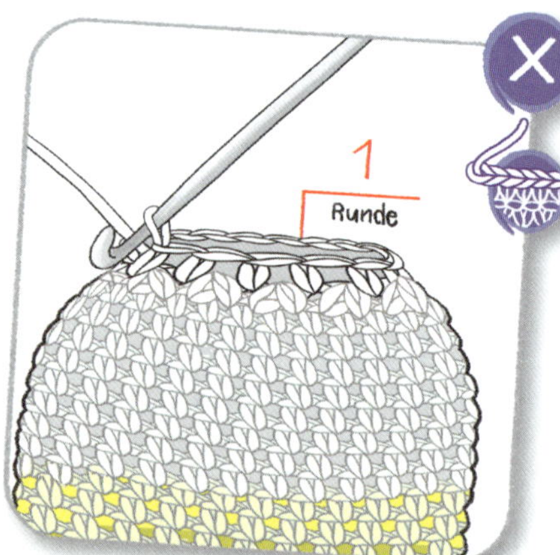

Schritt 6

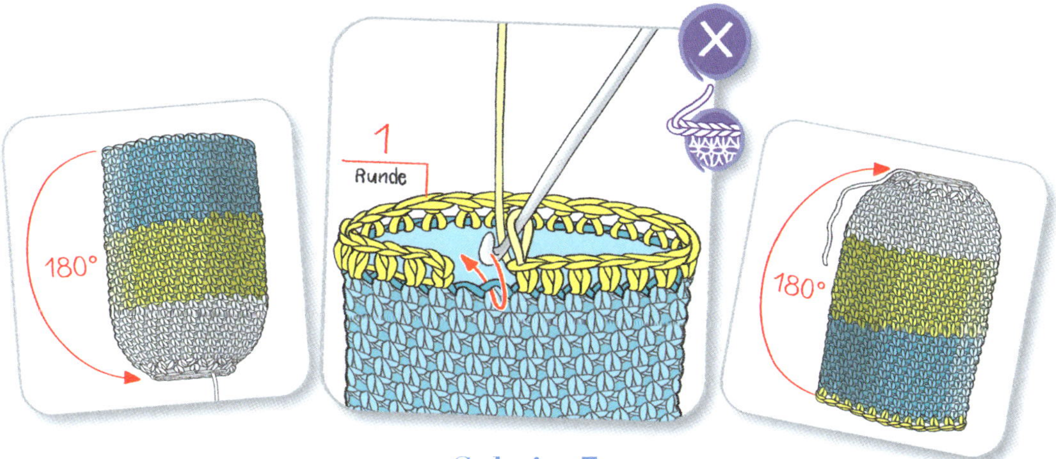

Schritt 7

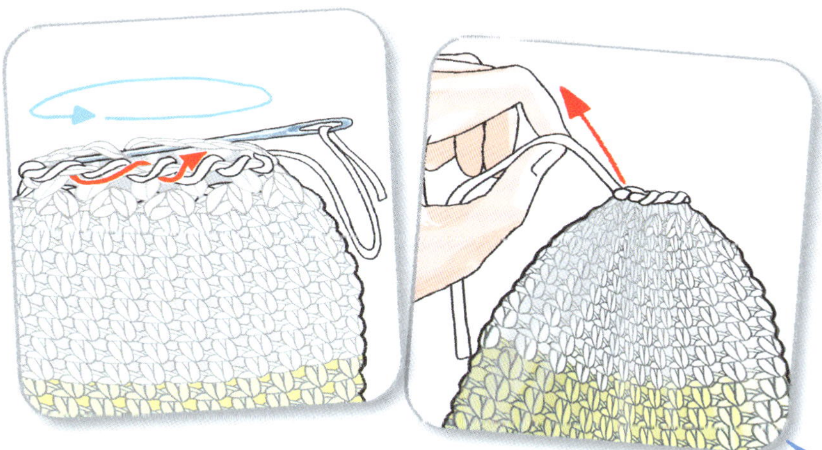

Schritt 8

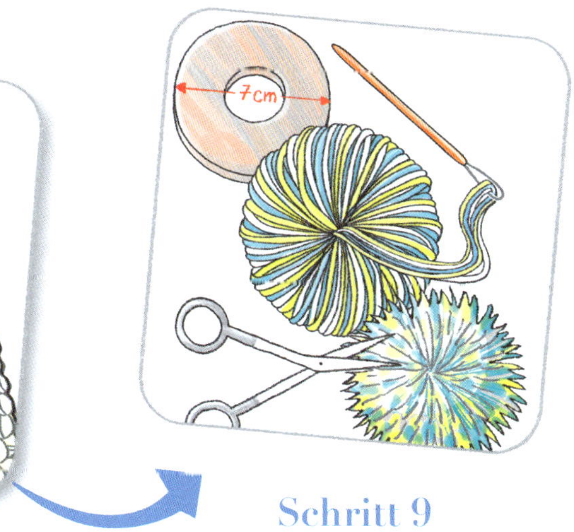

Schritt 9

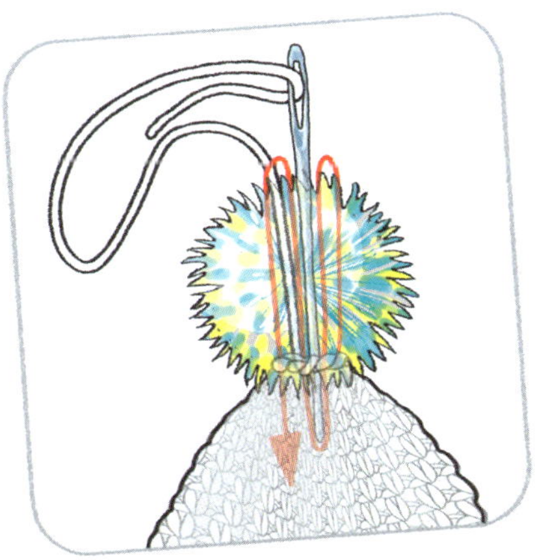

Schritt 10

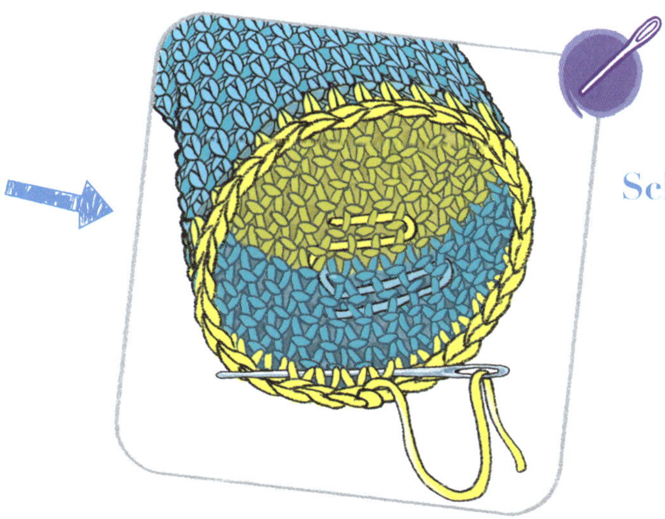

Schritt 11

Fertig!

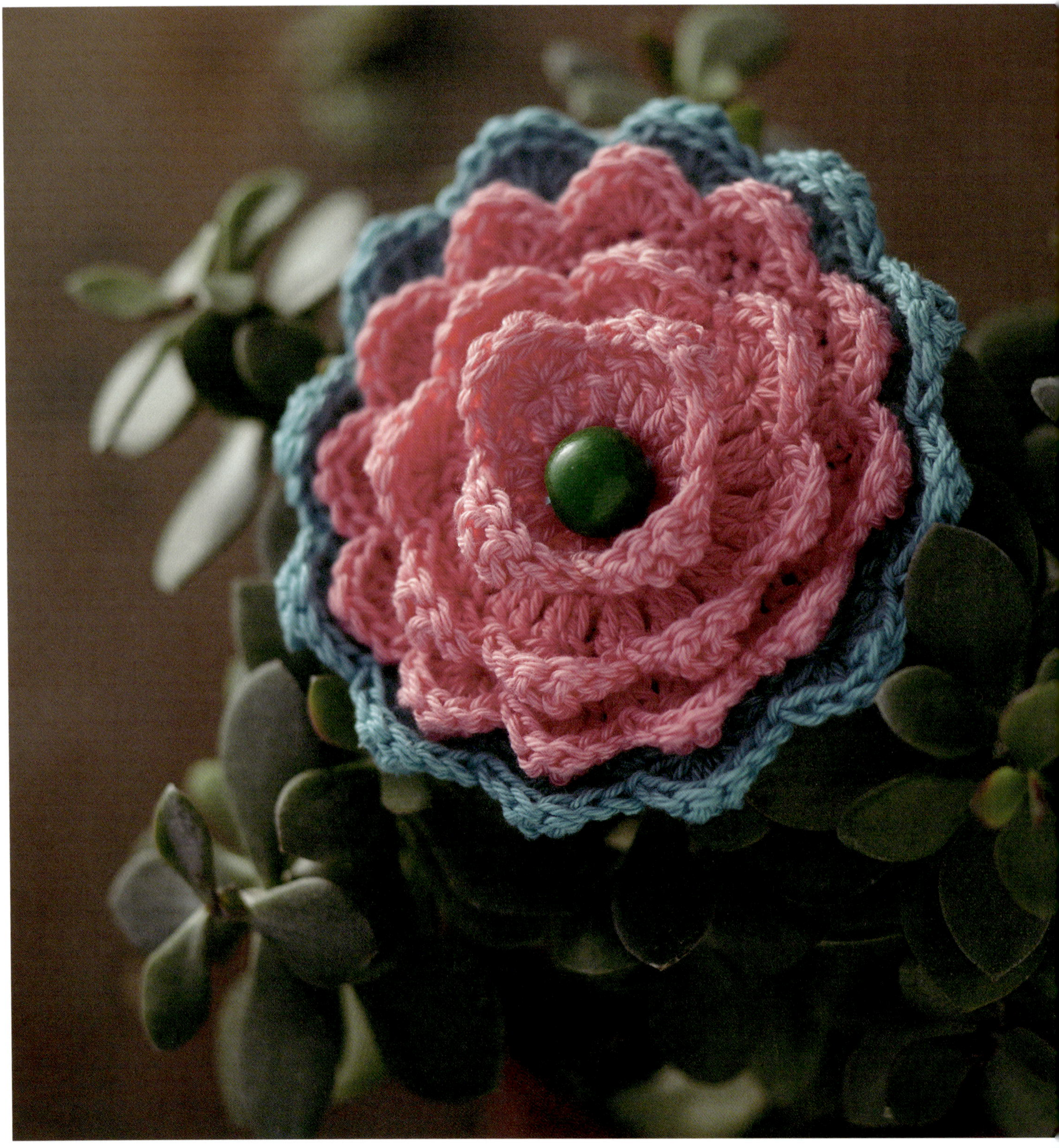

Blumenbrosche

Material

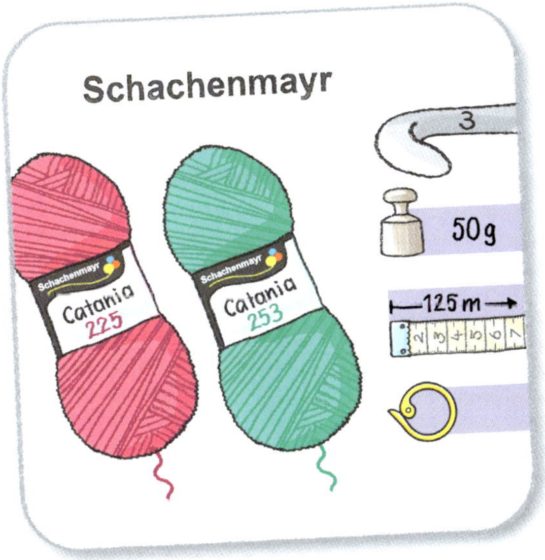

Größe

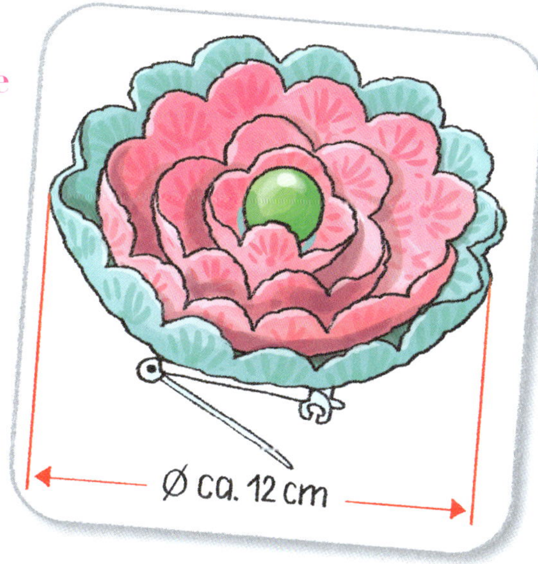

Maschenarten

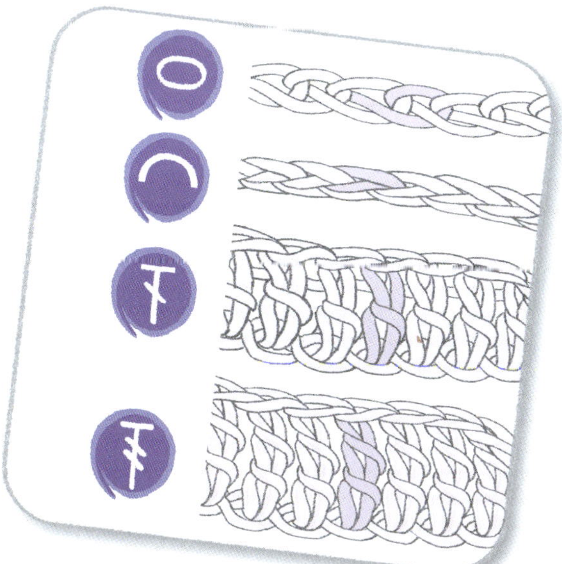

Zubehör

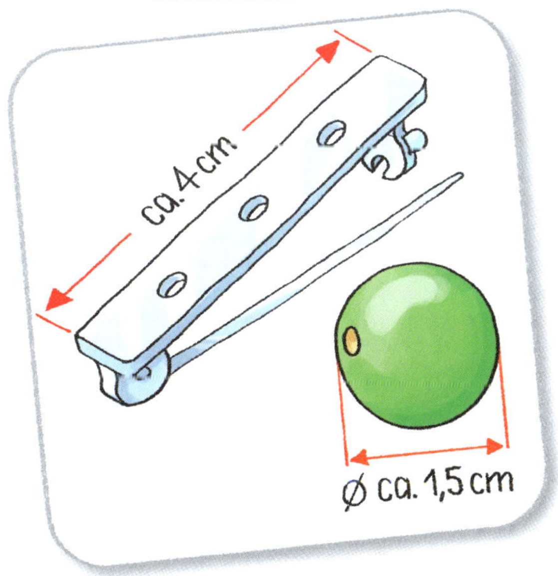

Anleitung

Schritt- und Farbfolgen der Blütenblätter

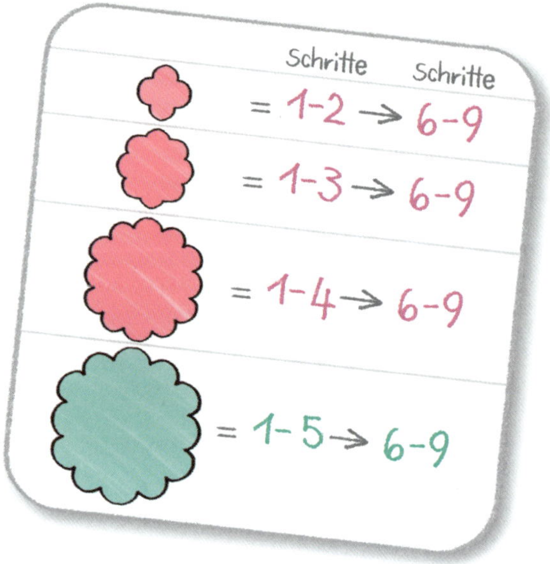

Blüten-Innenflächen

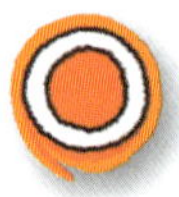

Schritt 1

Fadenring
(Seite 60)

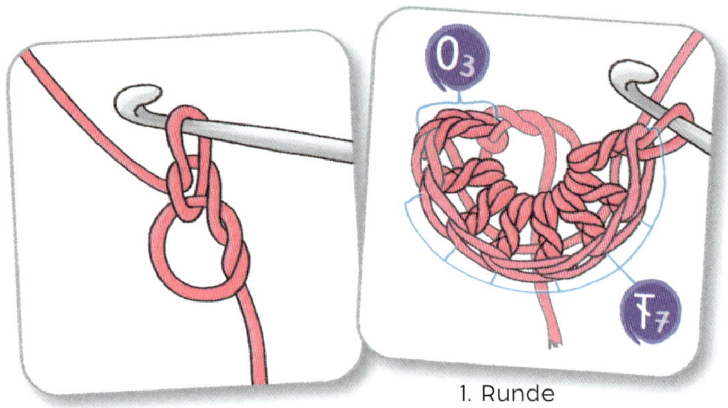

1. Runde

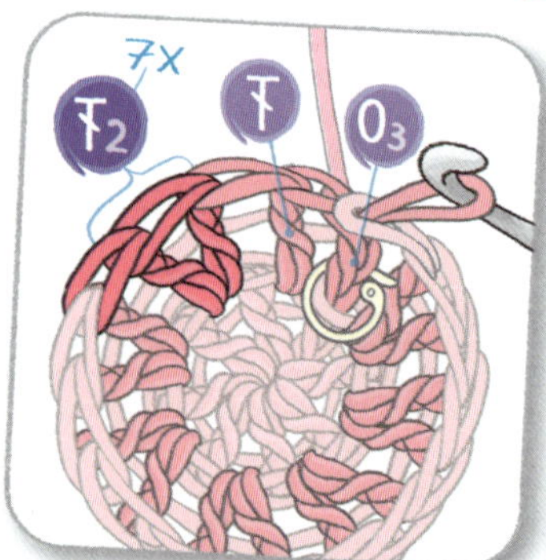

Schritt 2

2. Runde

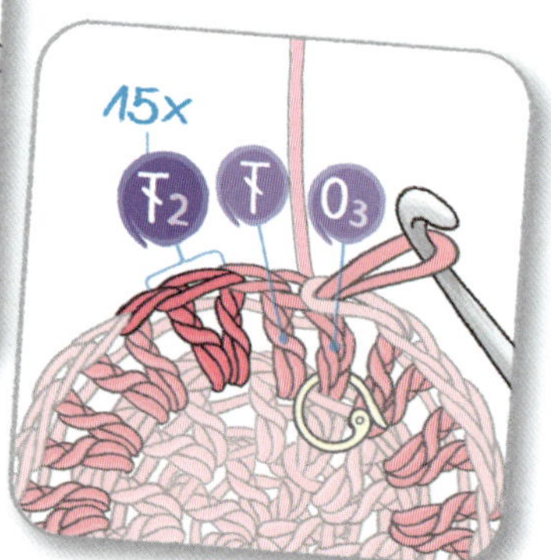

Schritt 3

3. Runde

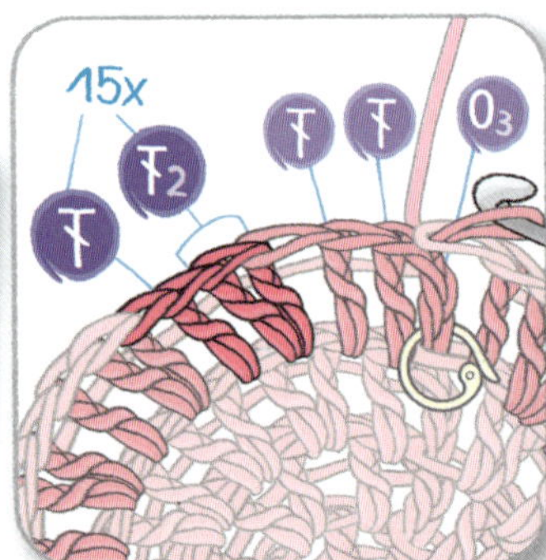

Schritt 4

4. Runde

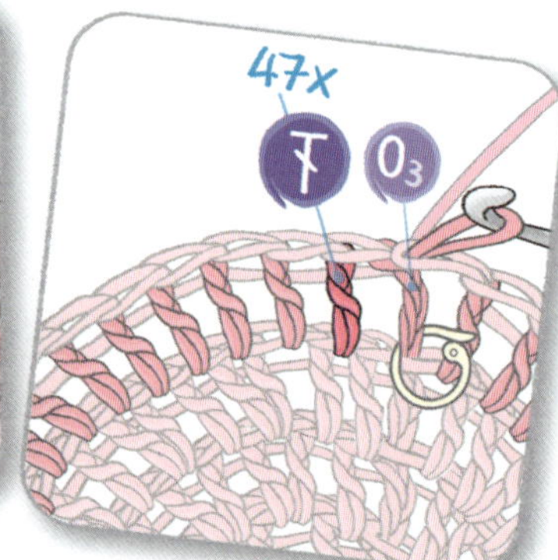

Schritt 5

5. Runde

Randmuster

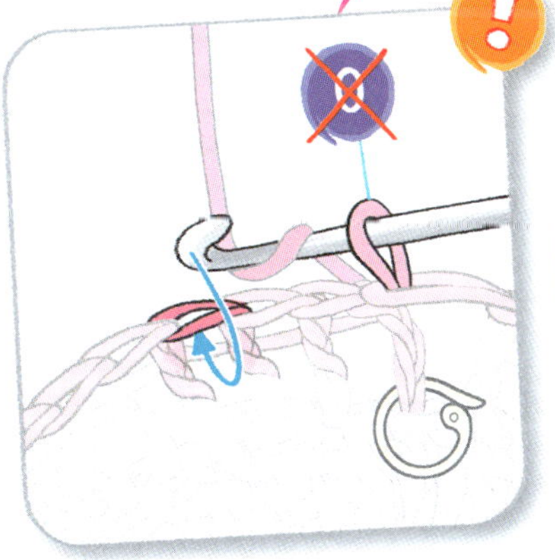

Schritt 6

Keine Steigeluftmaschen

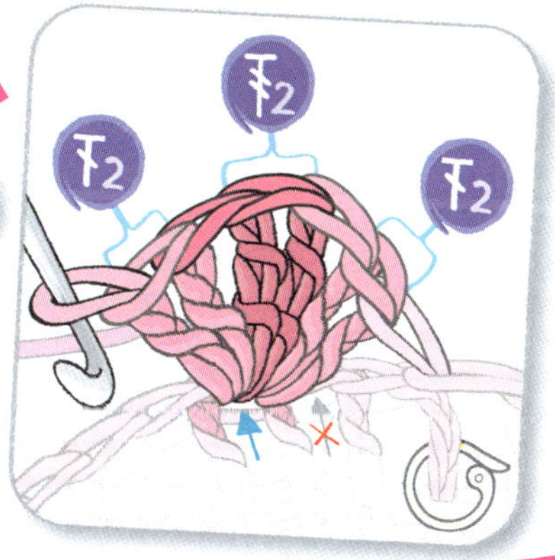

Schritt 7

Vor …

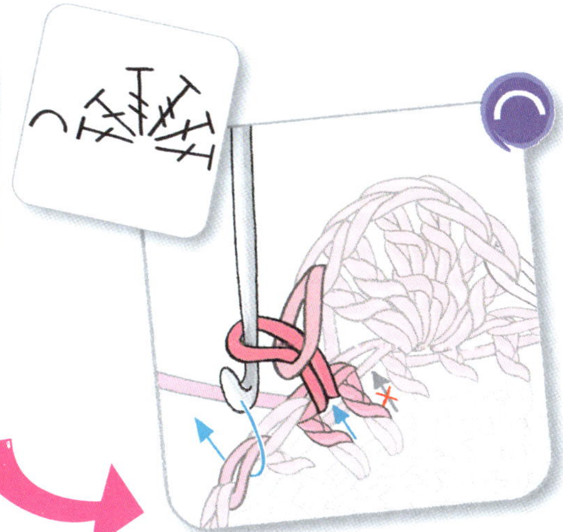

Schritt 8

… und nach Stäbchengruppe jeweils 1 Masche überspringen

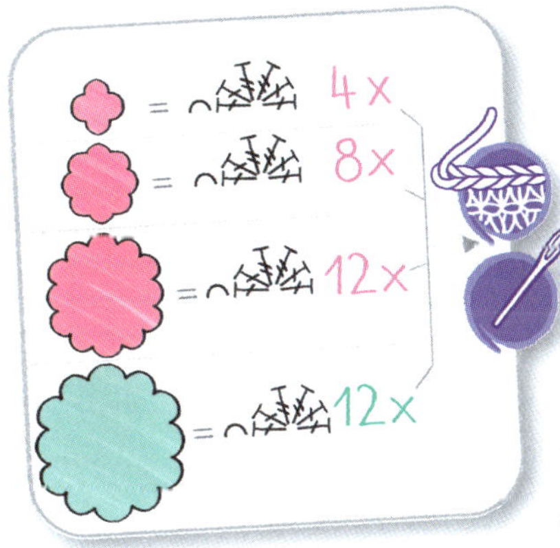

Schritt 9

Anzahl der Musterwiederholungen

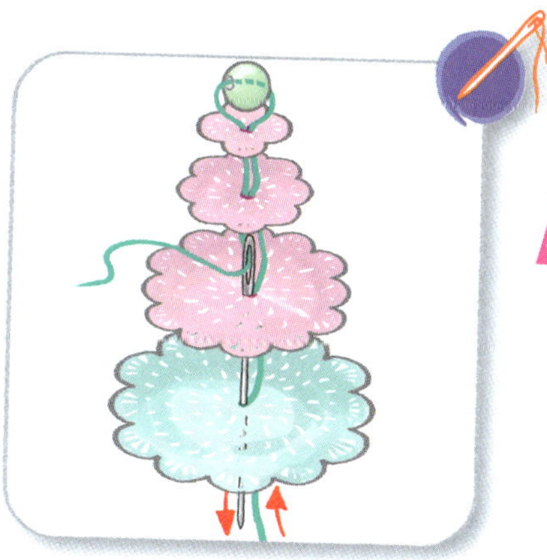

Schritt 10

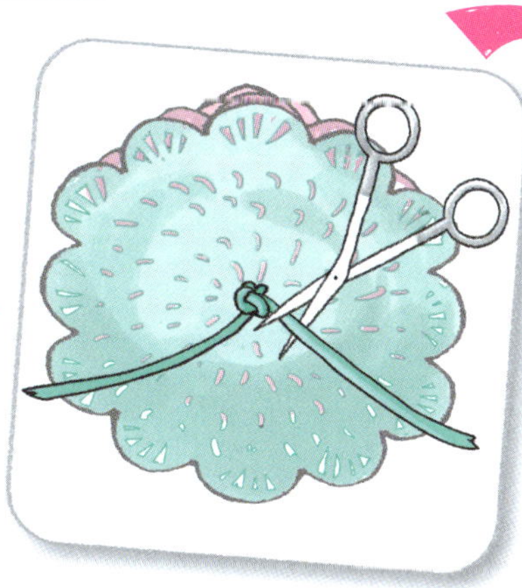

Schritt 11

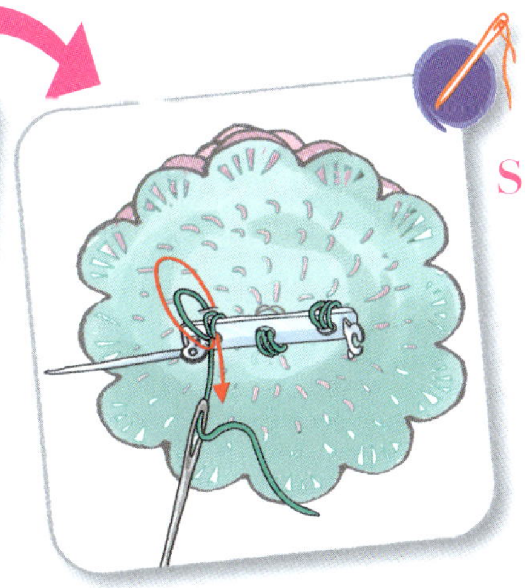

Schritt 12

Fertig!

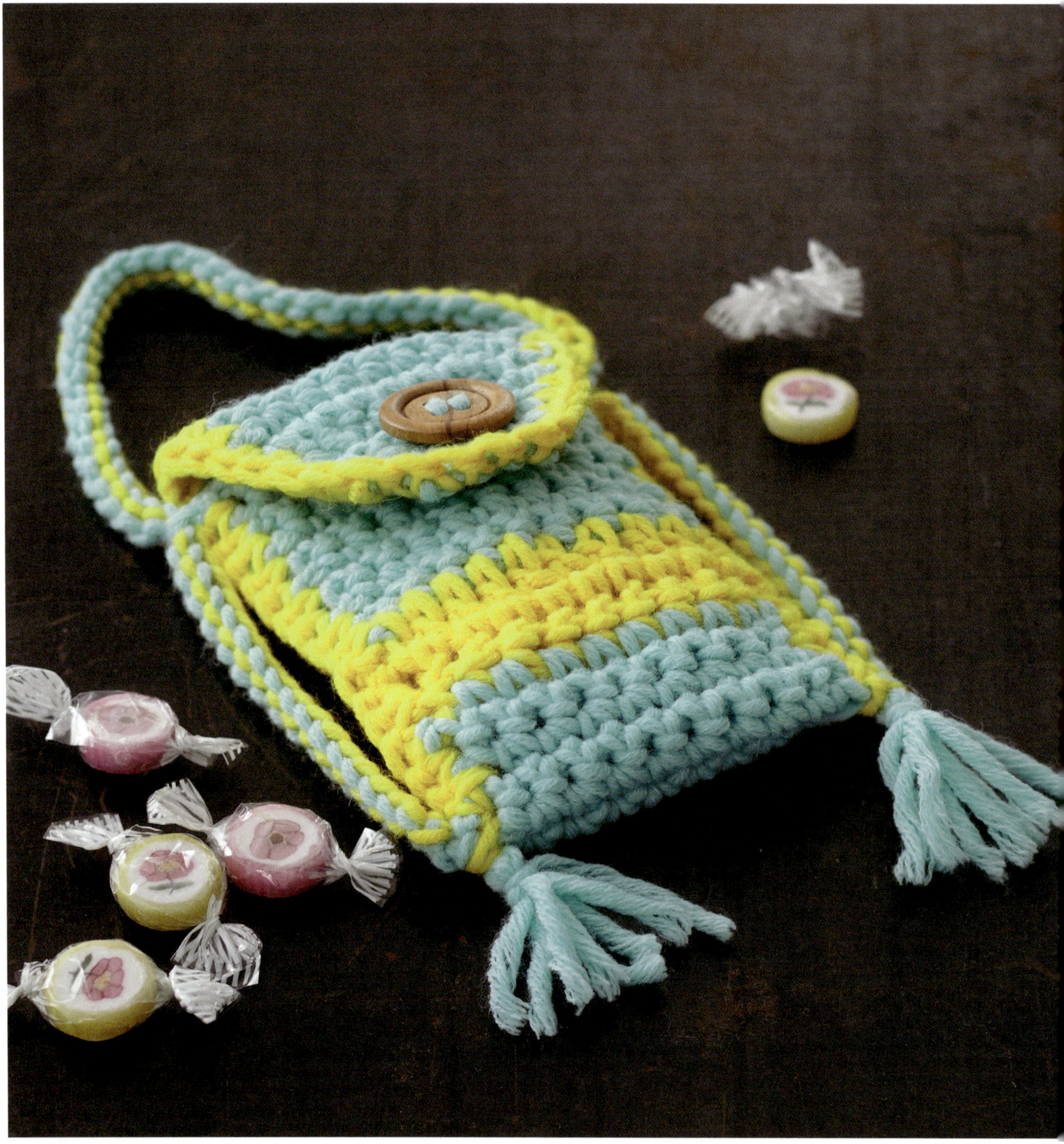

Smartphonetäschchen

Material

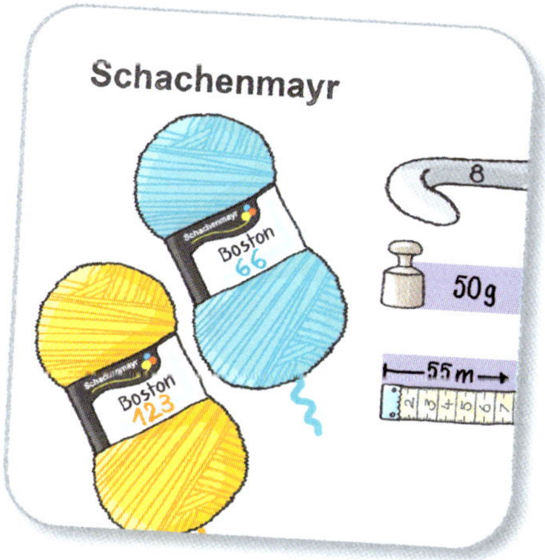

Größe

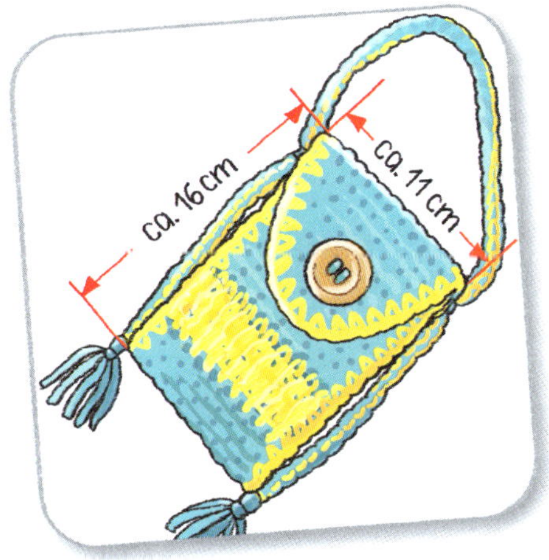

Maschenprobe

feste Maschen

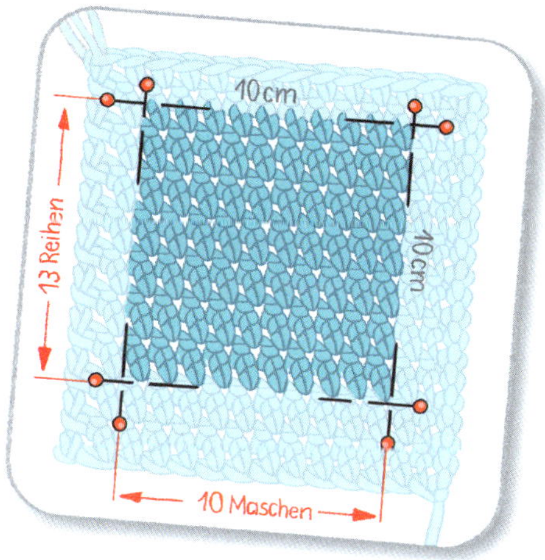

Zubehör

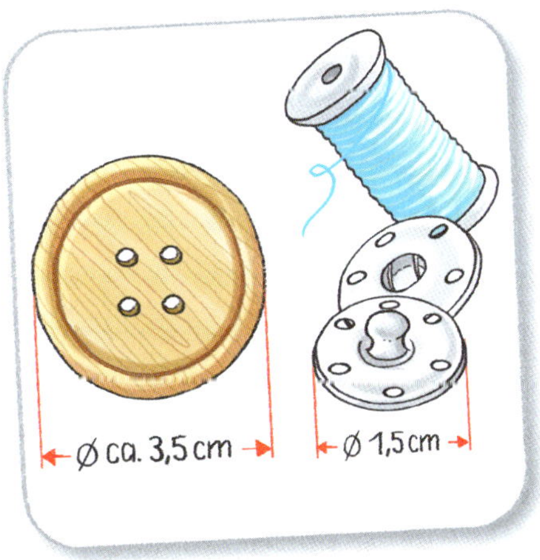

Maschenarten

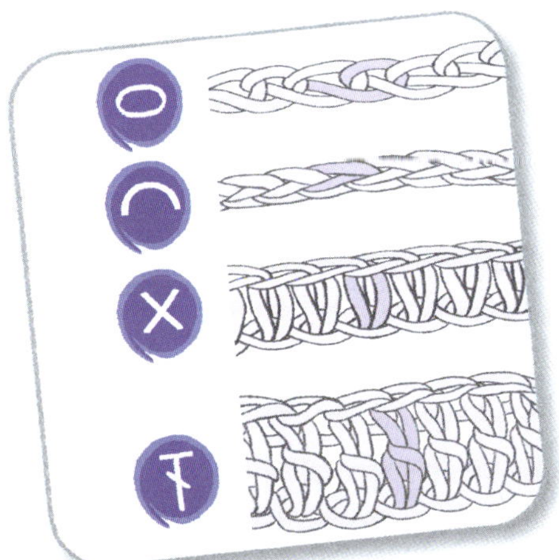

Anleitung 2

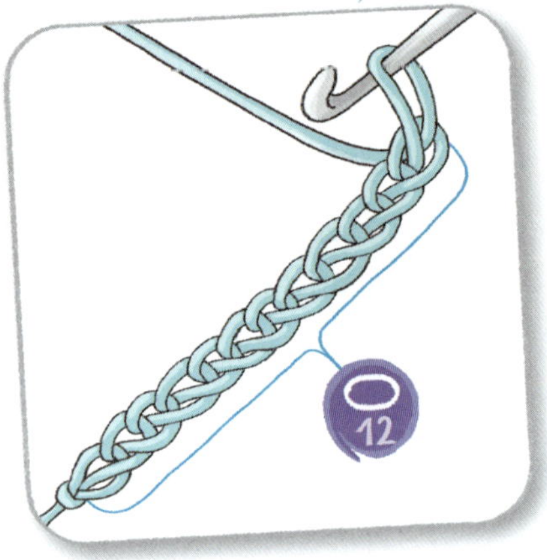

Schritt 1

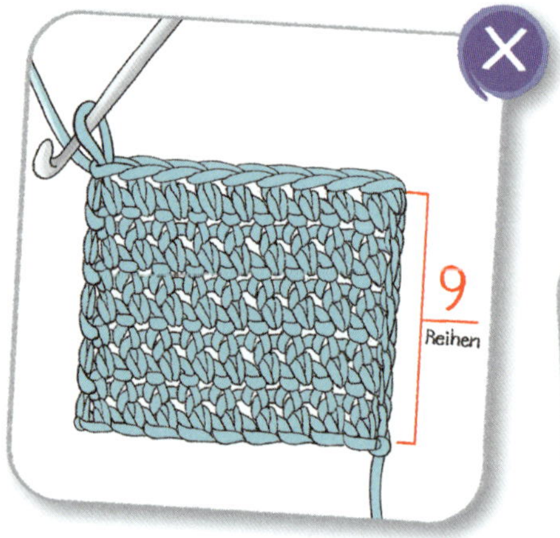

Schritt 2

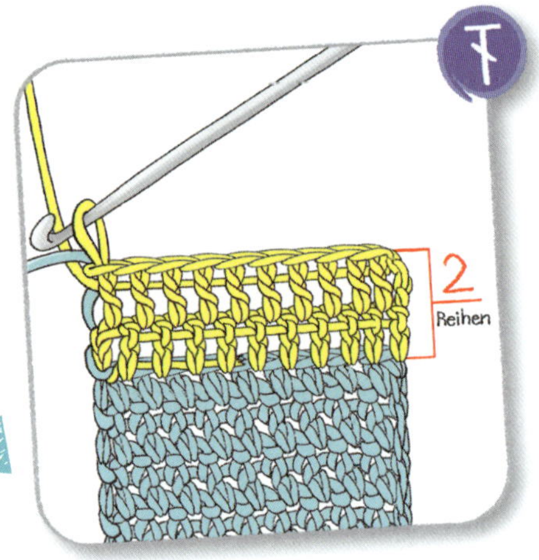

Schritt 3

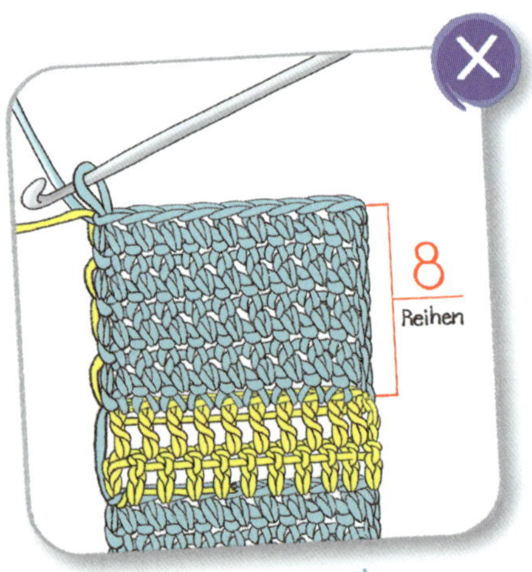

Schritt 4

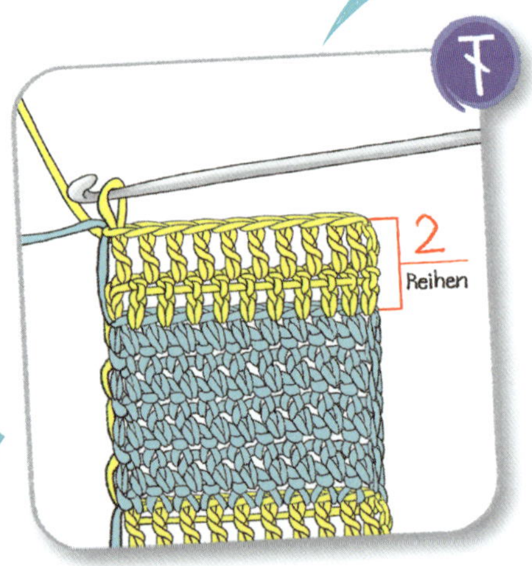

Schritt 5

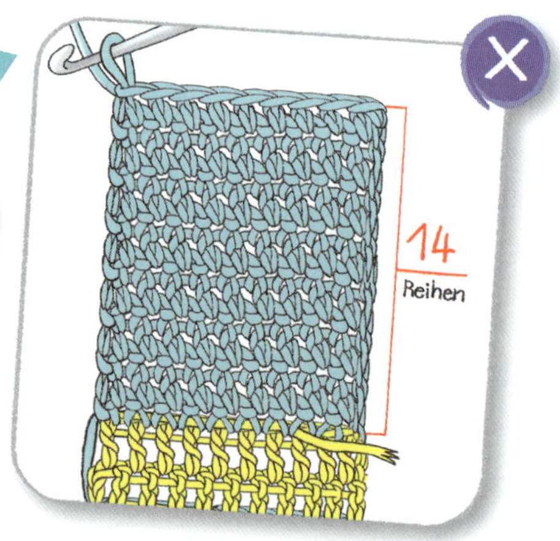

Schritt 6

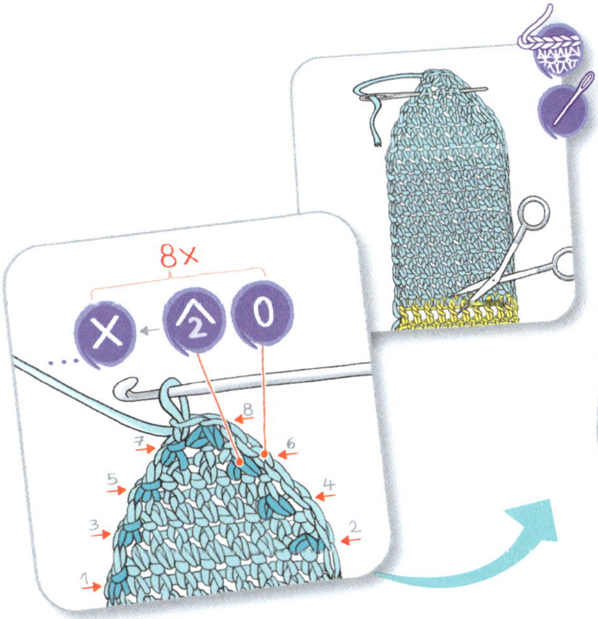

Schritt 7

Abnahme am Anfang jeder Hin- und Rückreihe

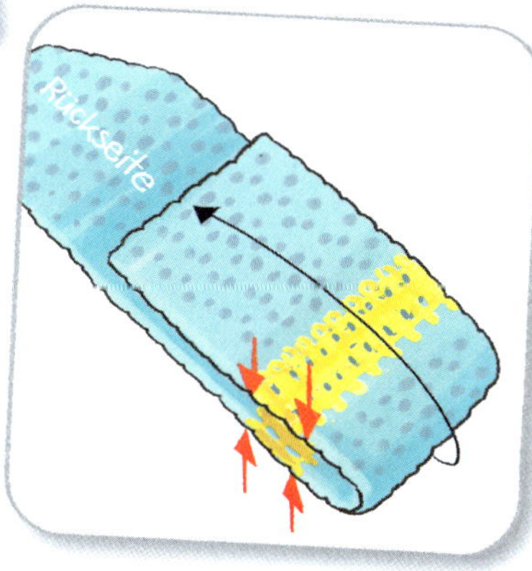

Schritt 8

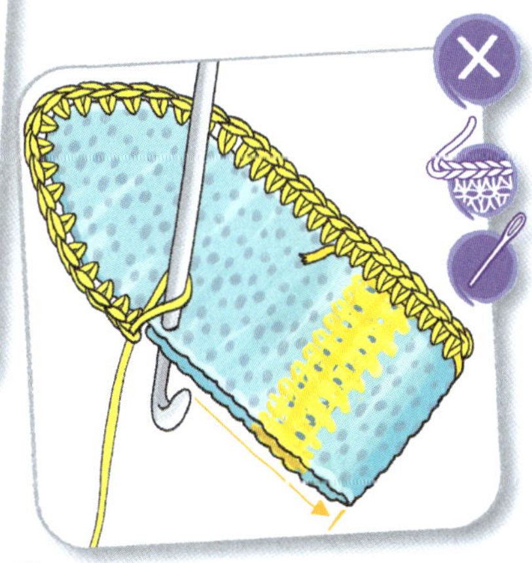

Schritt 9

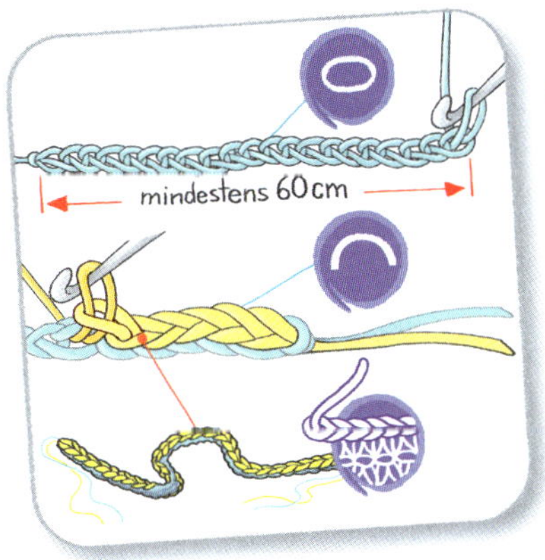

Schritt 10

Anfangs- und Endfäden ca. 15 cm

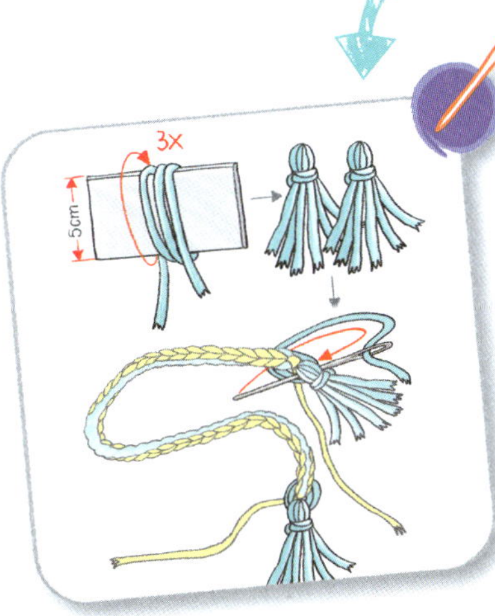

Schritt 11

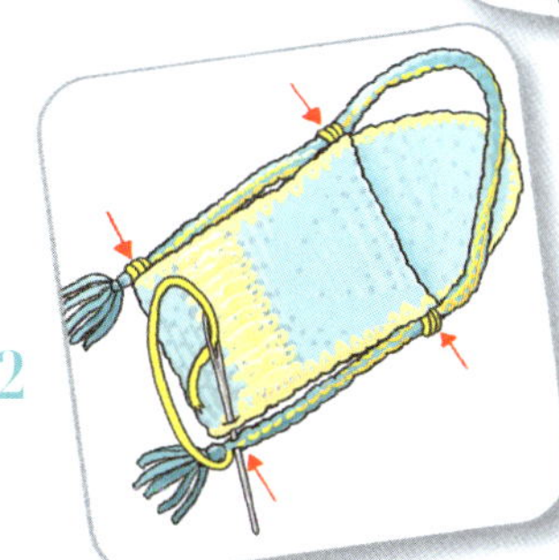

Schritt 12

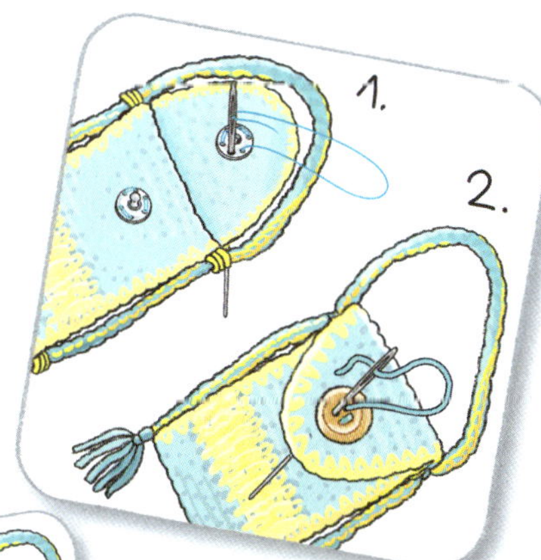

Fertig!

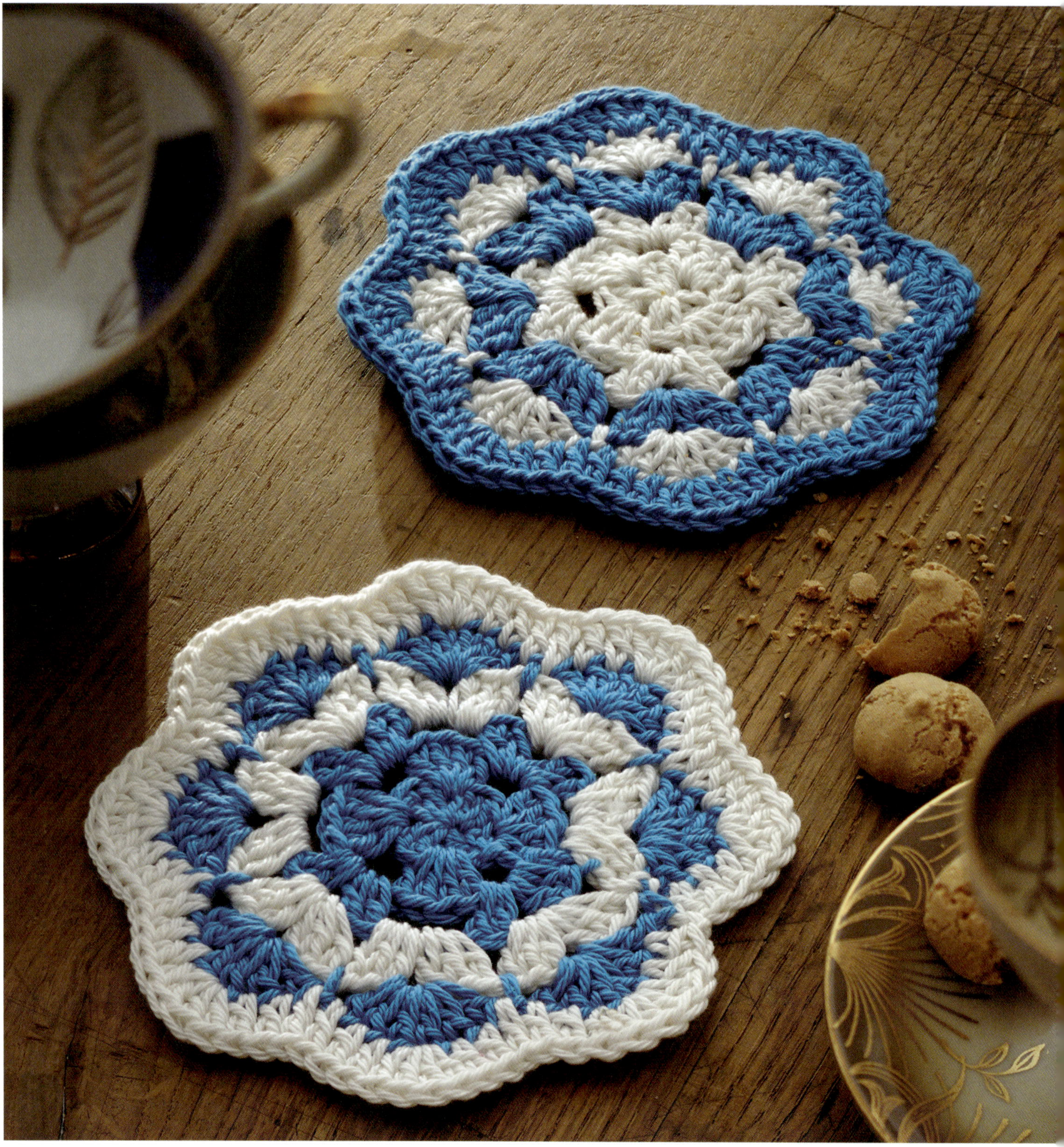

Blütenuntersetzer

Größe

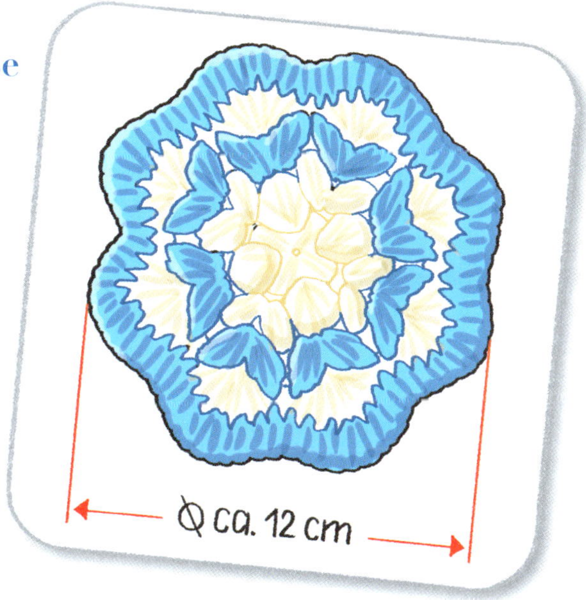

Material

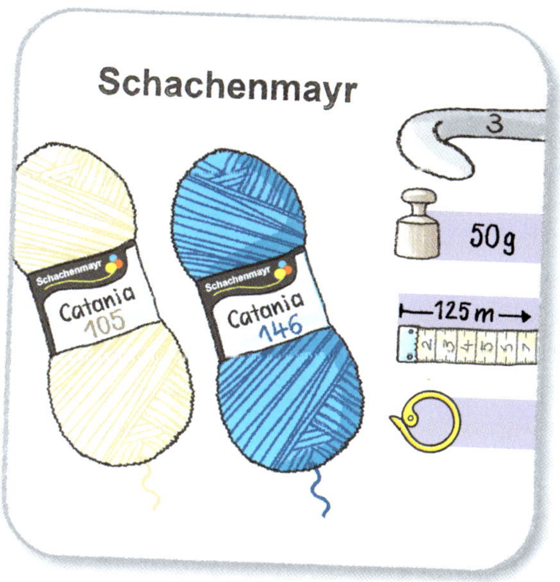

Maschenarten

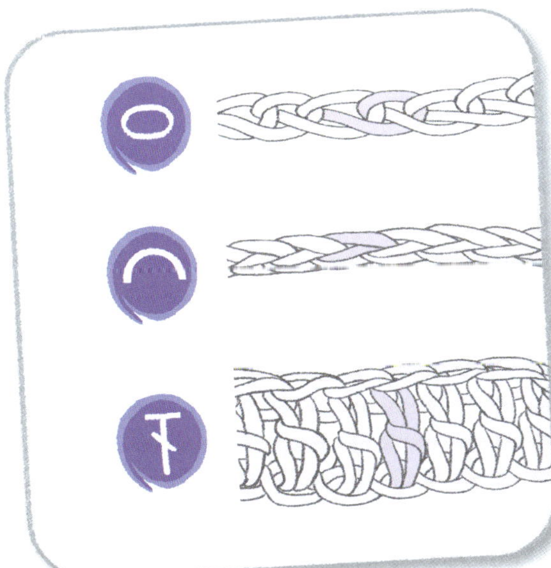

Anleitung

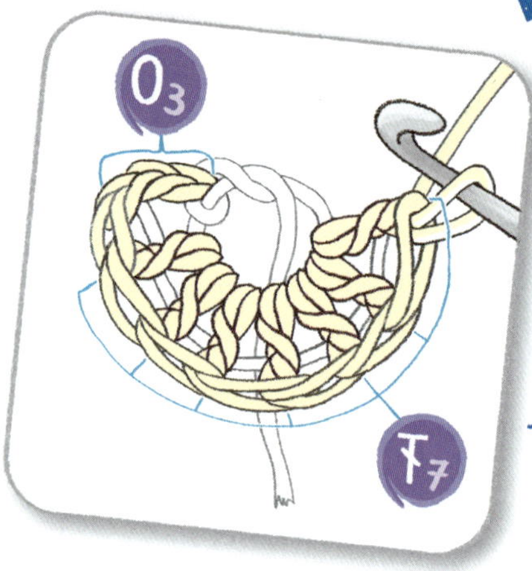

Schritt 1

1. Runde: Fadenring (Seite 60)

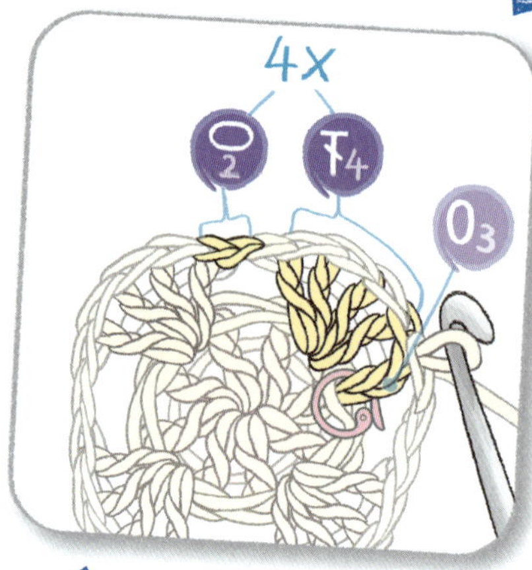

Schritt 2

2. Runde:
Nach Stäbchengruppe jeweils 1 Masche überspringen

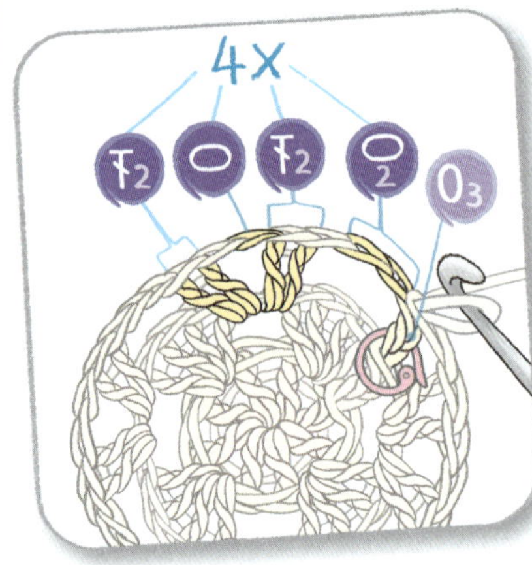

Schritt 3

3. Runde:
Stäbchen um die Luftmaschen häkeln

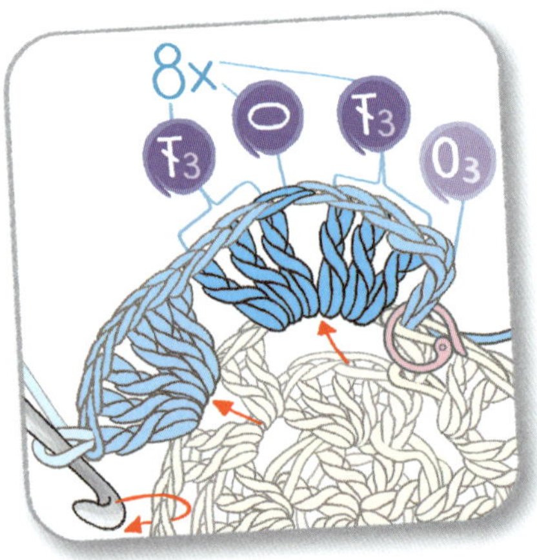

Schritt 4

4. Runde: Stäbchengruppen in große und kleine Luftmaschenlücken häkeln

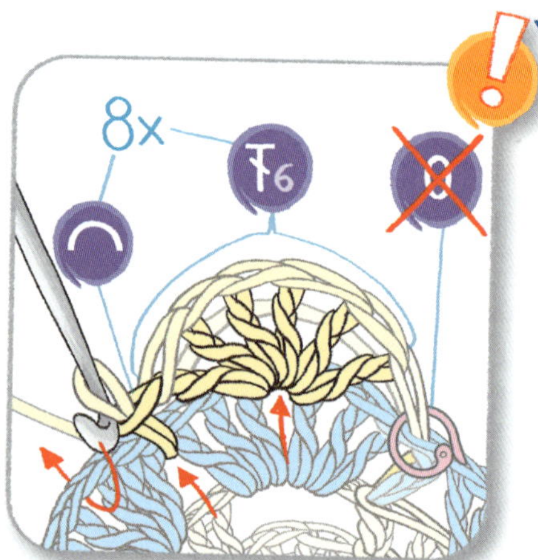

Schritt 5

5. Runde: Keine Steigeluftmaschen! Stäbchengruppe in die Mitte der Gruppe der 4. Runde

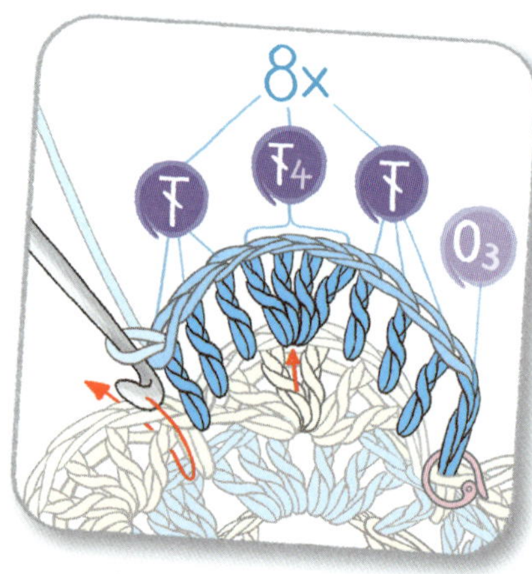

Schritt 6

6. Runde: Stäbchengruppe in die Mitte der Gruppe der 5. Runde

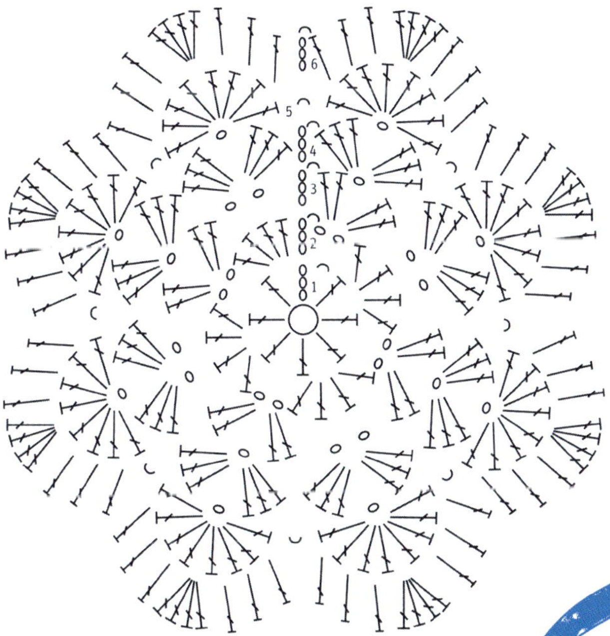

Schritt 7

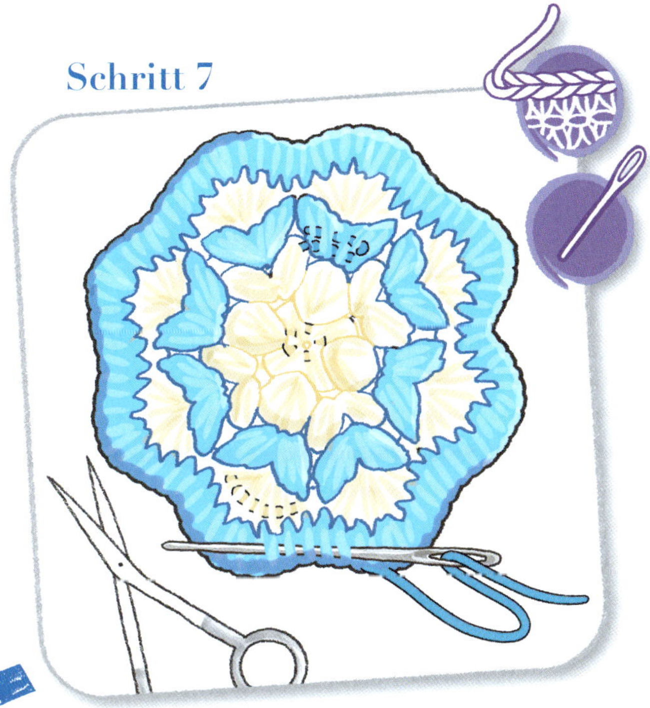

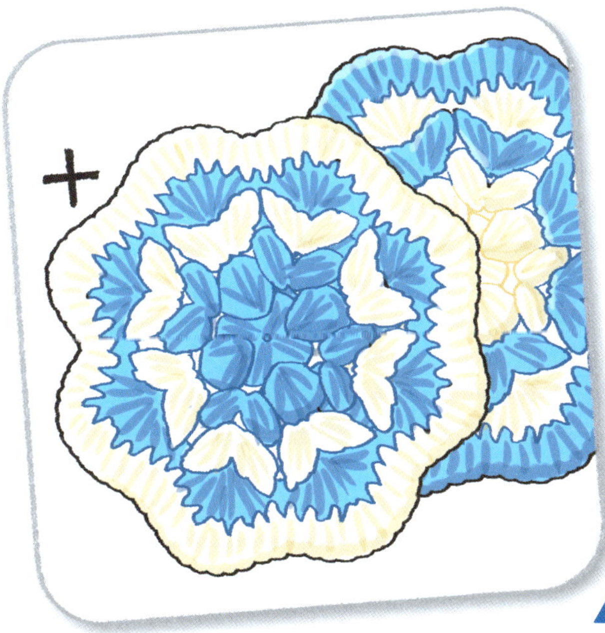

Schritt 8

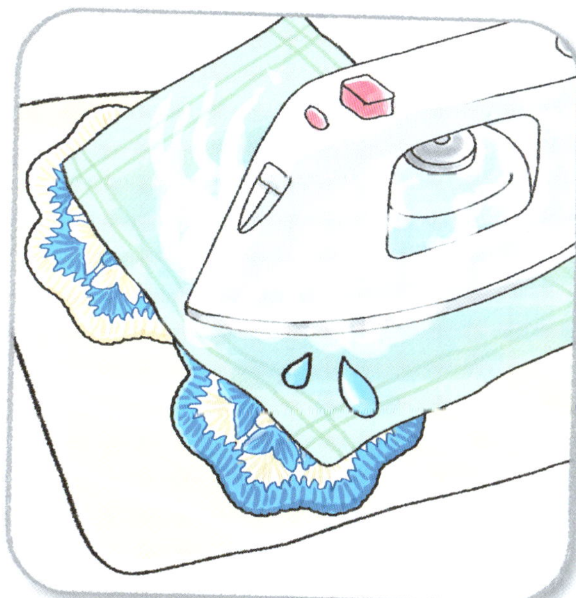

Schritt 9

Fertig!

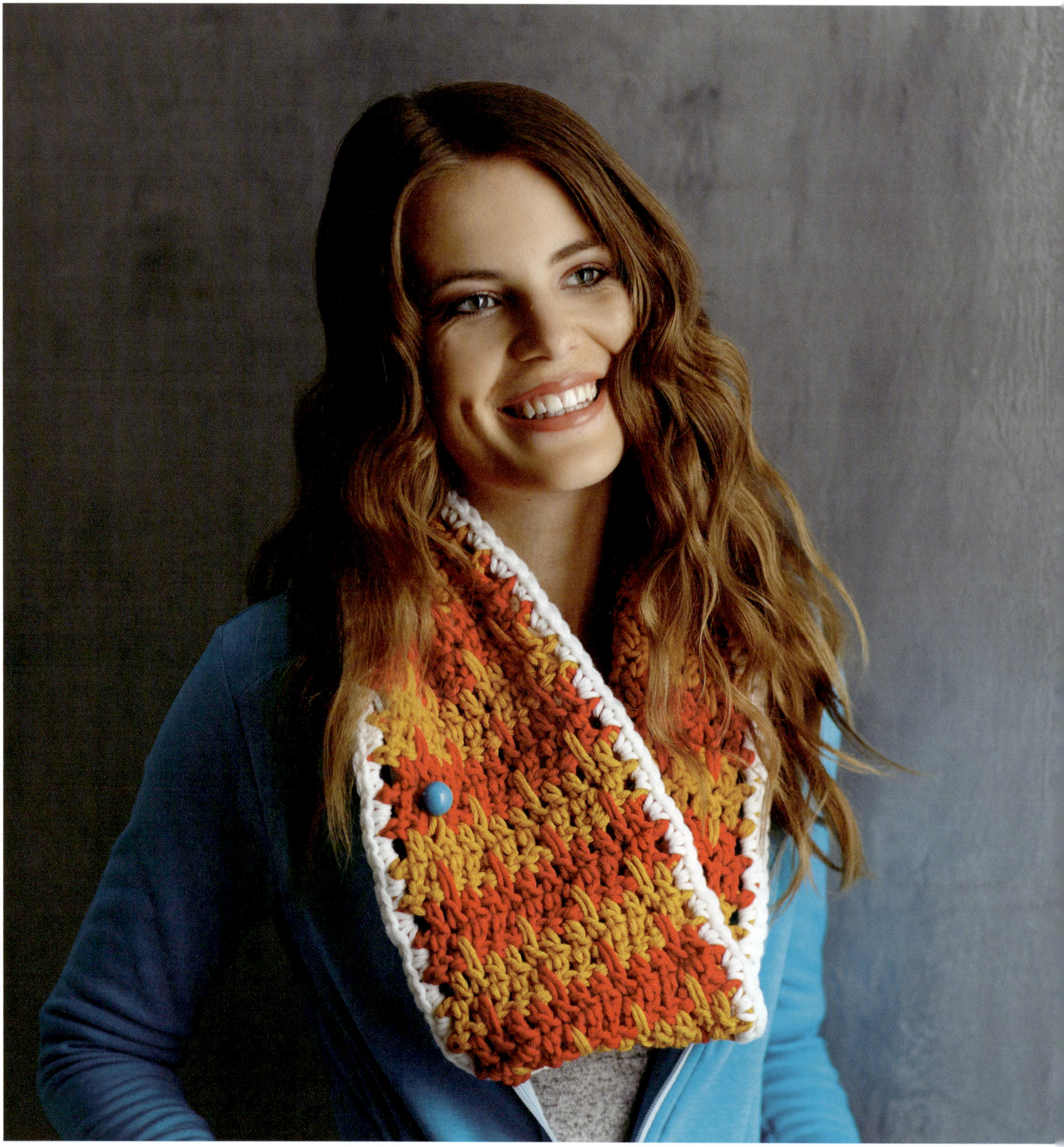

Knopfloop

Tragevarianten

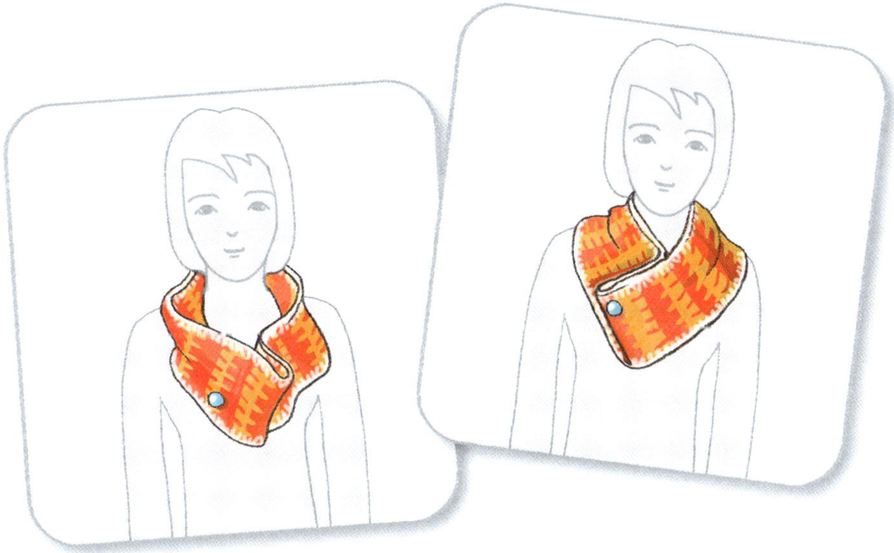

Material

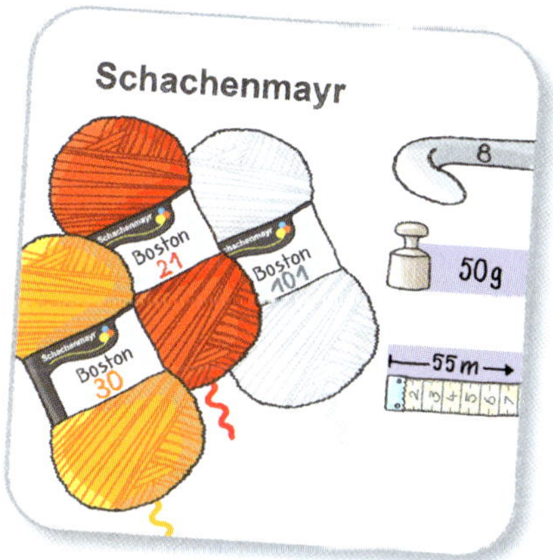

Größe

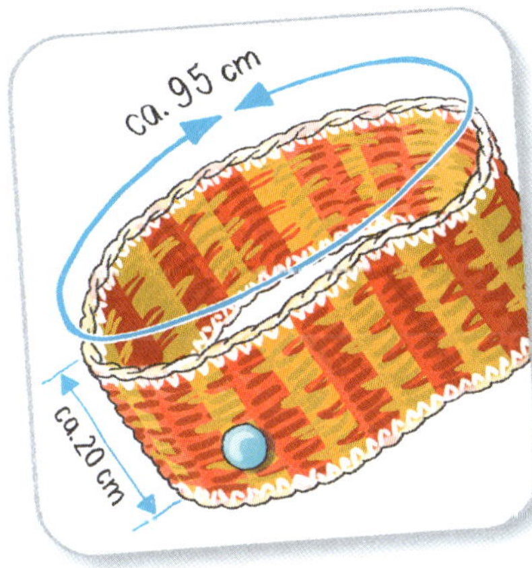

Maschenprobe

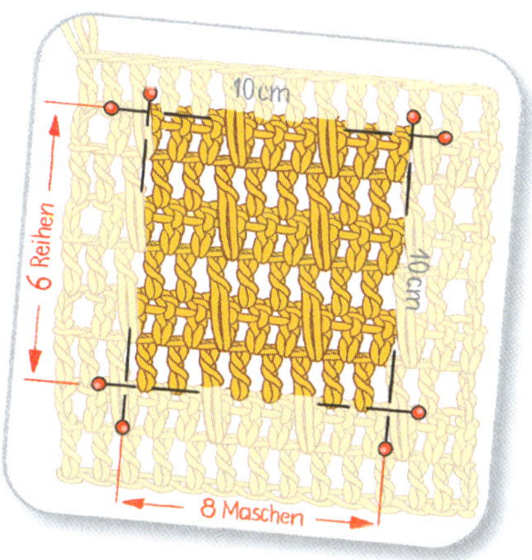

Zubehör

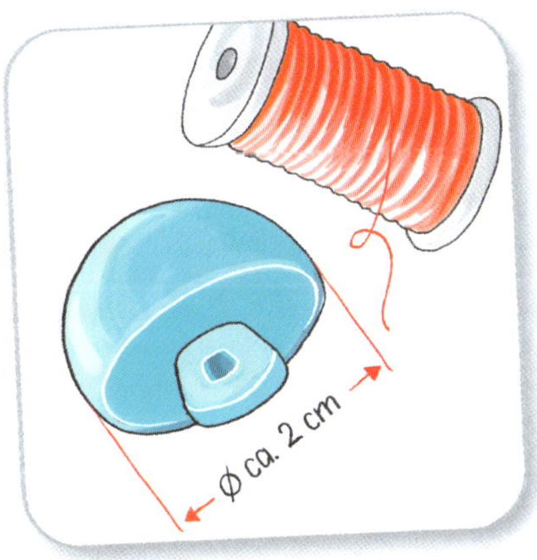

Maschenarten

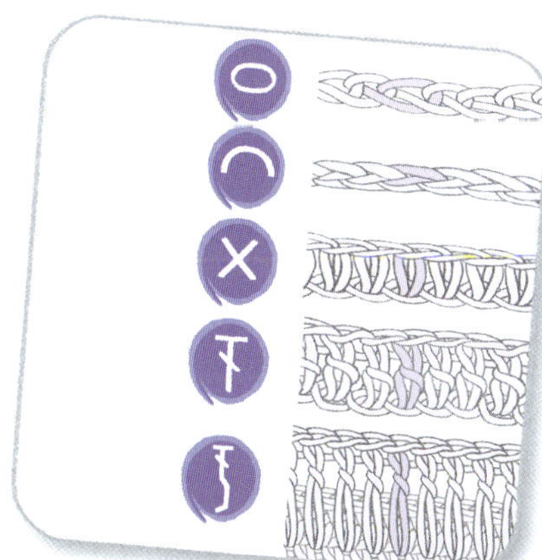

Anleitung 2

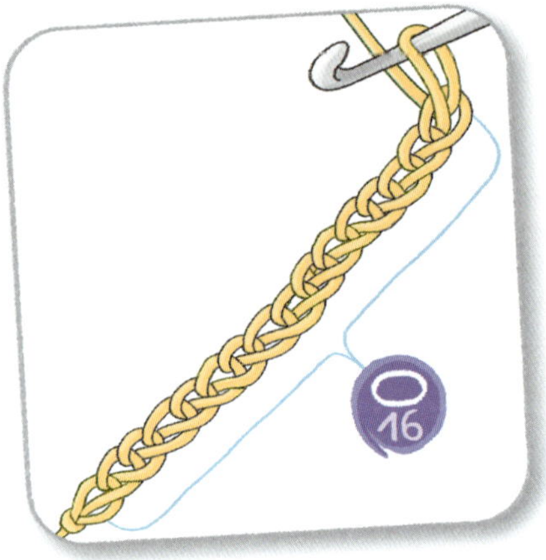

Schritt 1

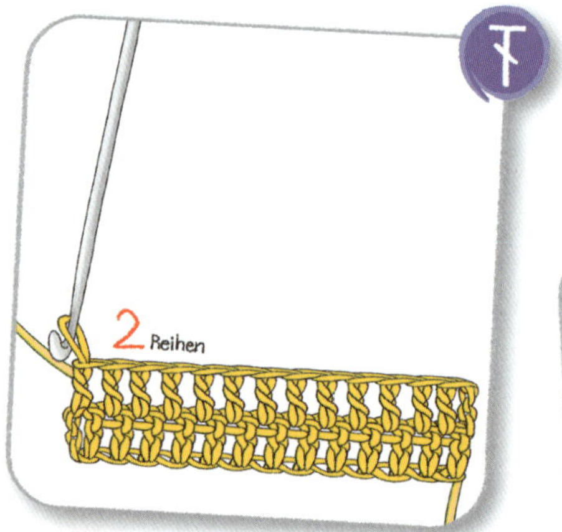

Schritt 2

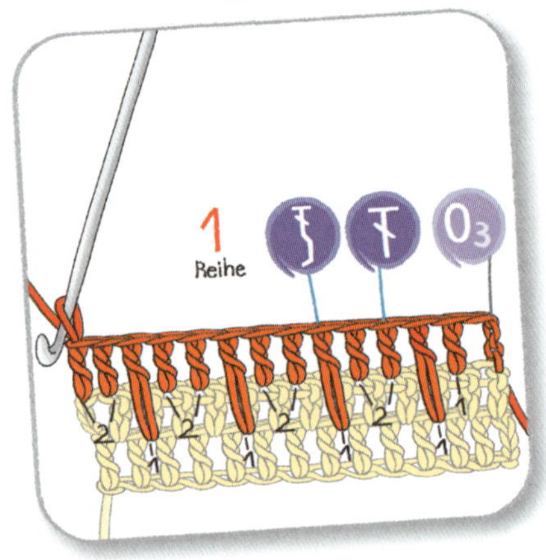

Schritt 3

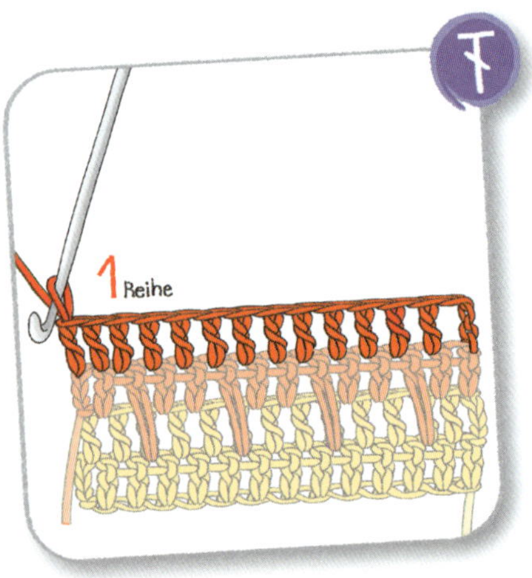

Schritt 4

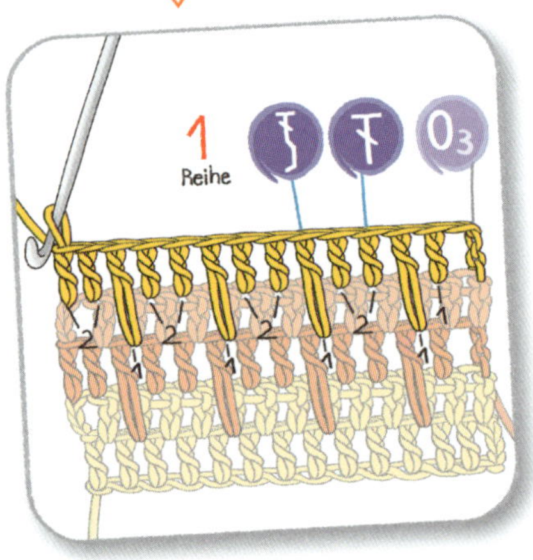

Schritt 5

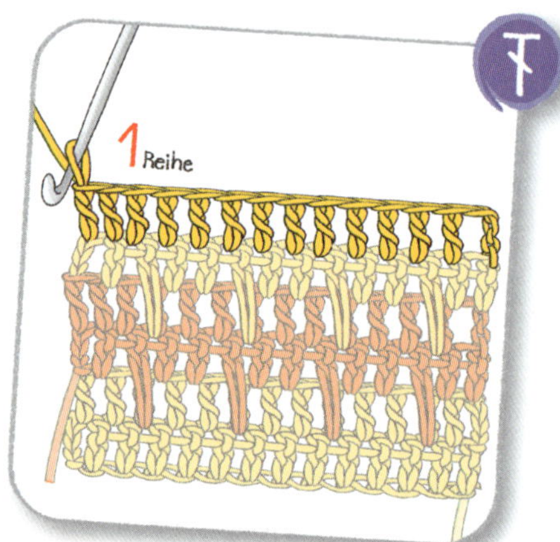

Schritt 6

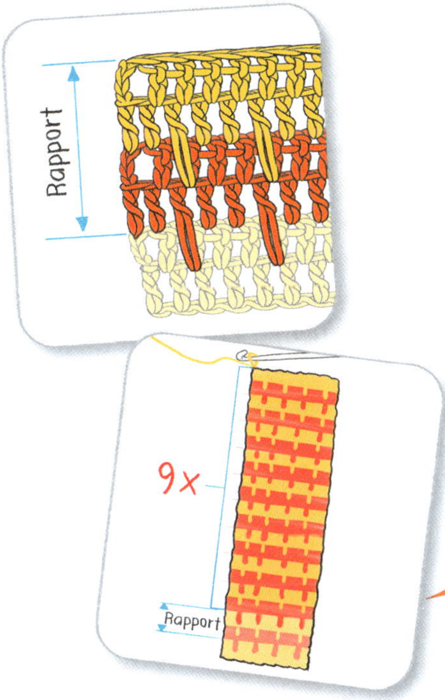

Schritt 7

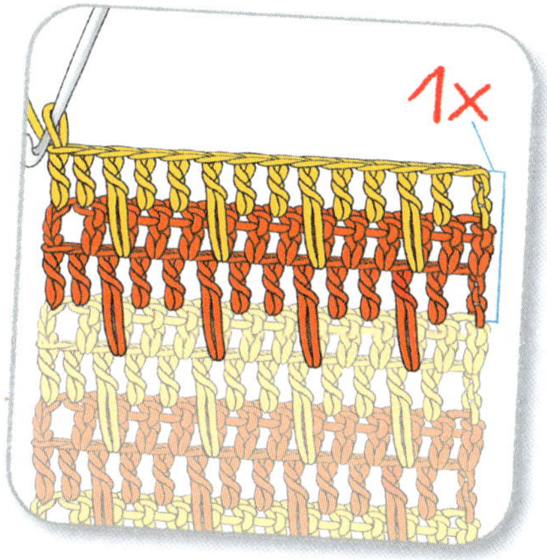

Schritt 8

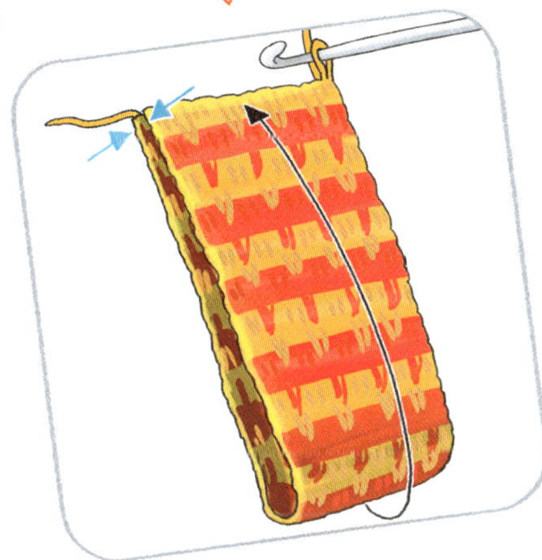

Schritt 9

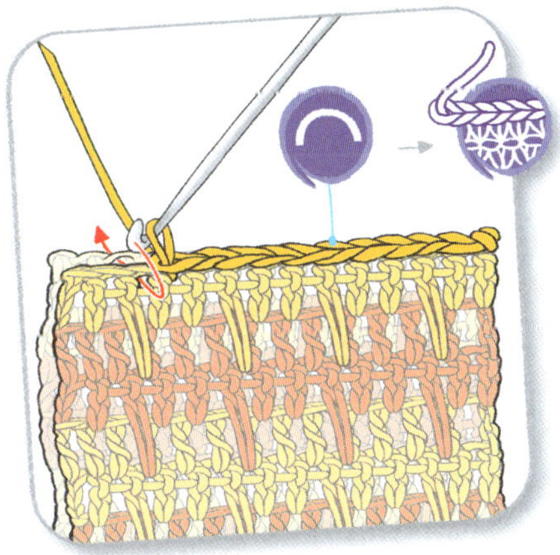

Schritt 10

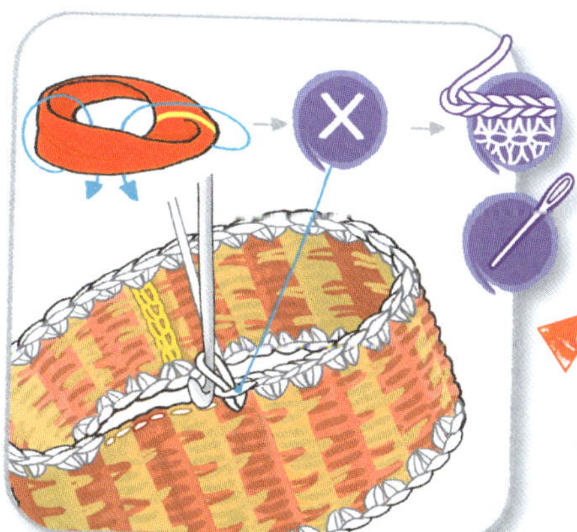

Schritt 11

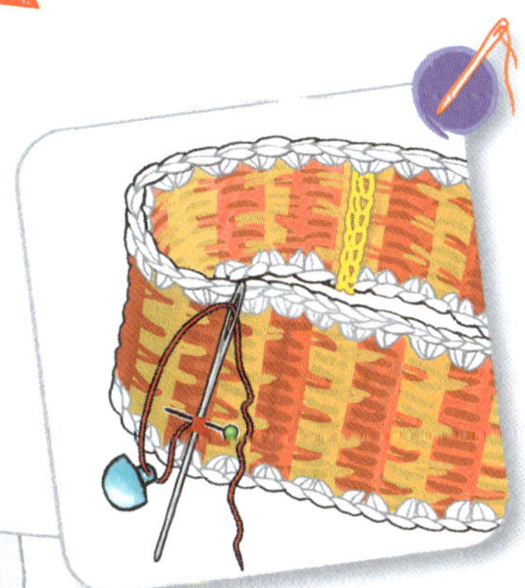

Schritt 12

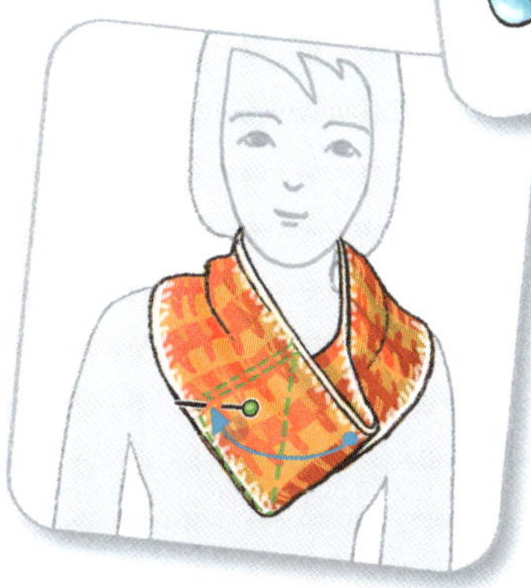

Fertig!

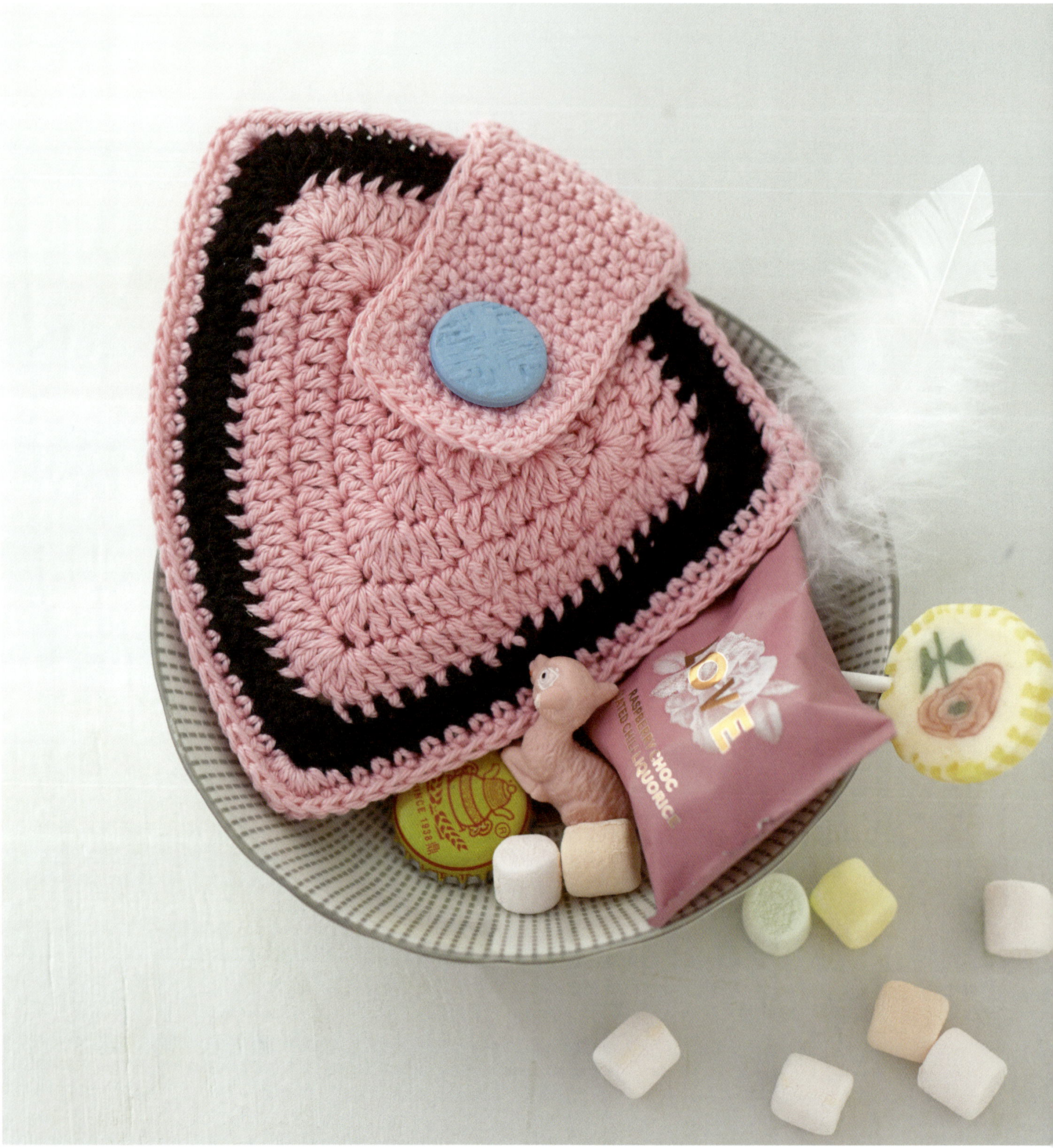
LOVE
RASPBERRY CHOC
LIQUORICE

Dreieckstäschchen

Material

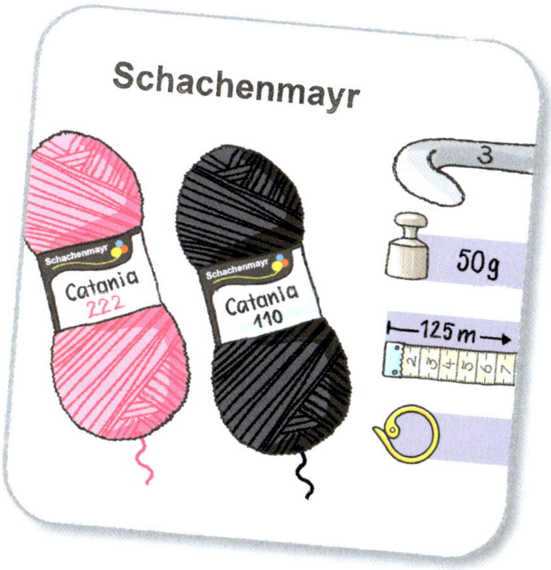

Größe

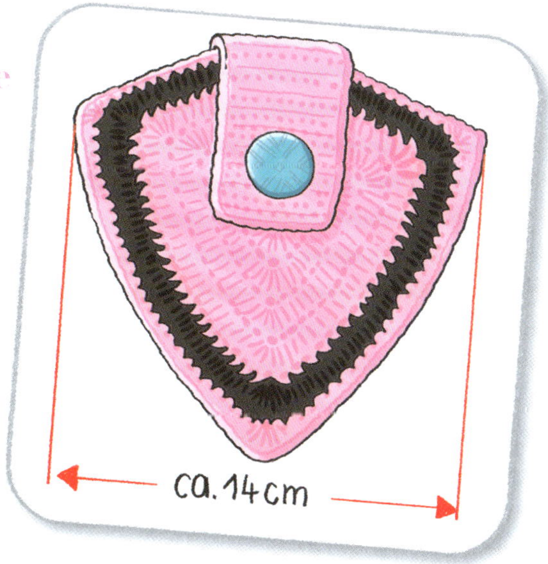

Maschenprobe

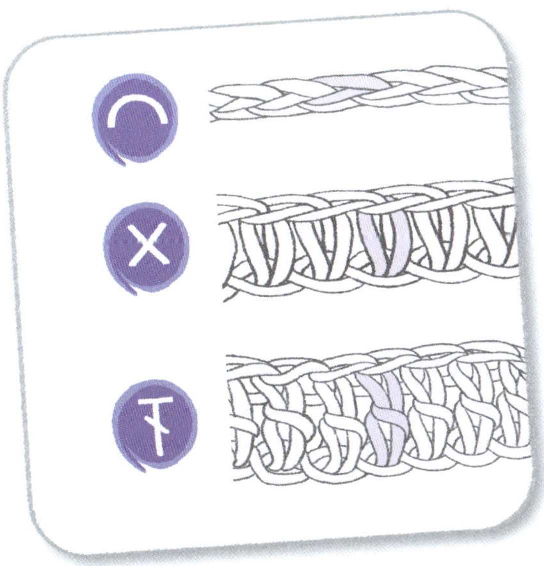

Zubehör

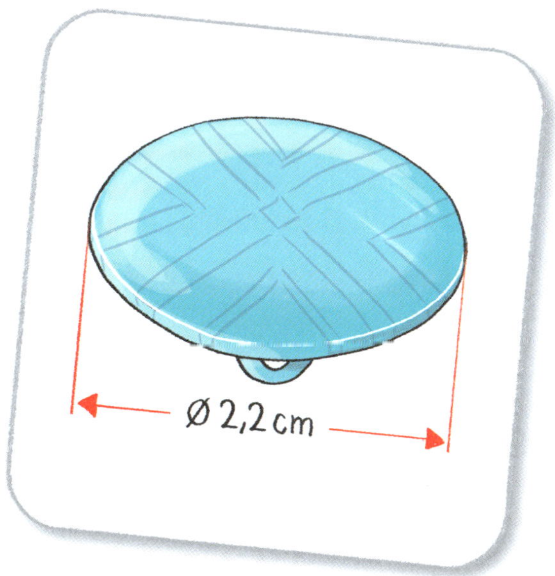

Anleitung

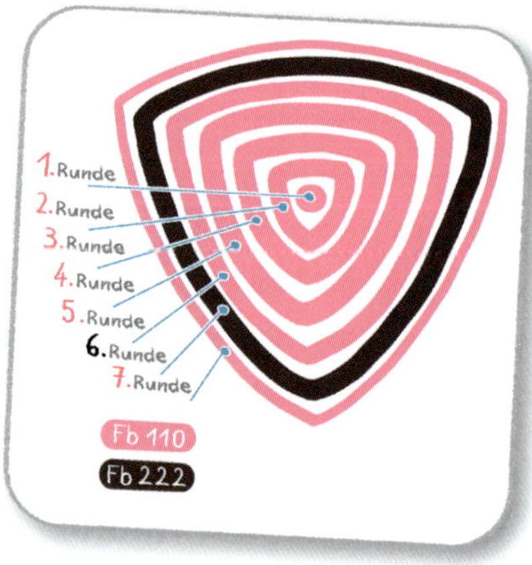

Farb-
verteilung

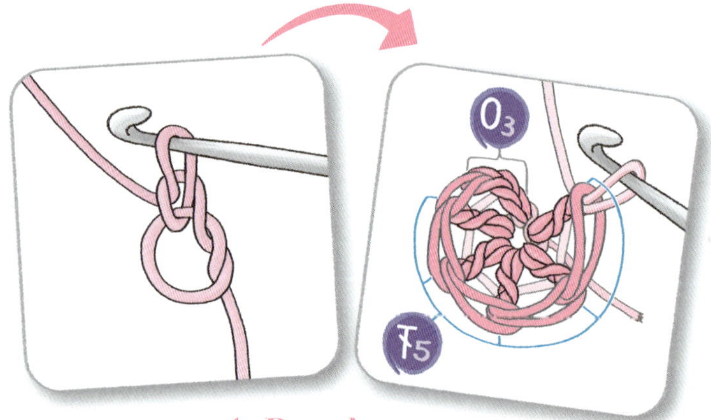

1. Runde

Fadenring (Seite 60)

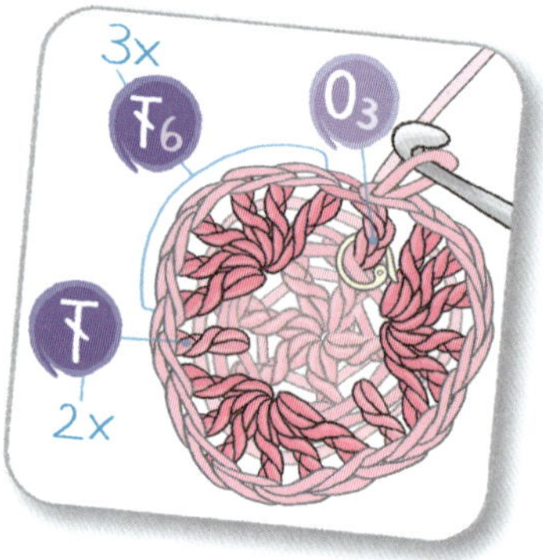

2. Runde

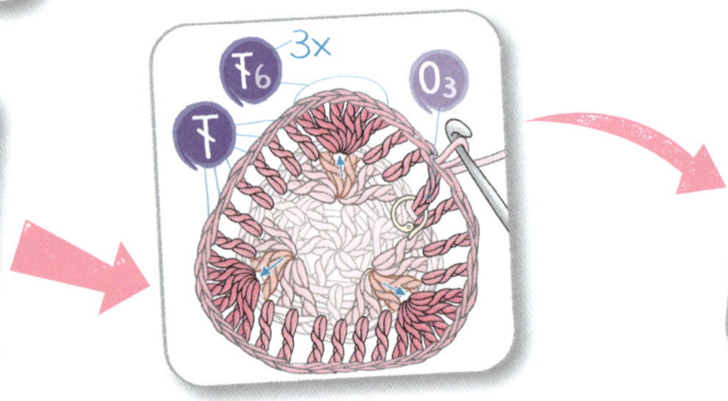

3.–6. Runde

Maschengruppe immer in die Mitte der Vorrundengruppe

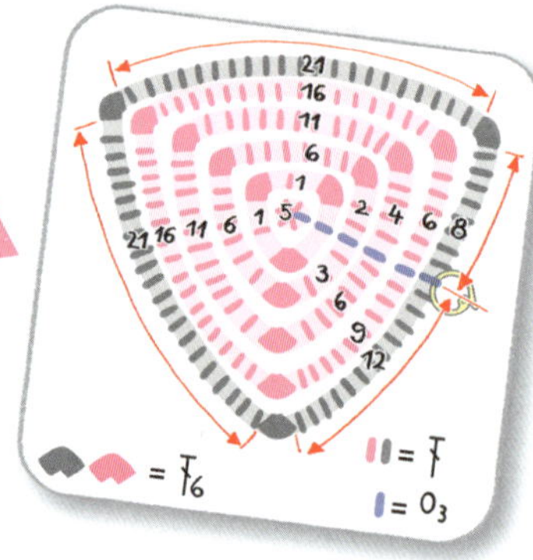

Anzahl der benötigten Zwischenmaschen

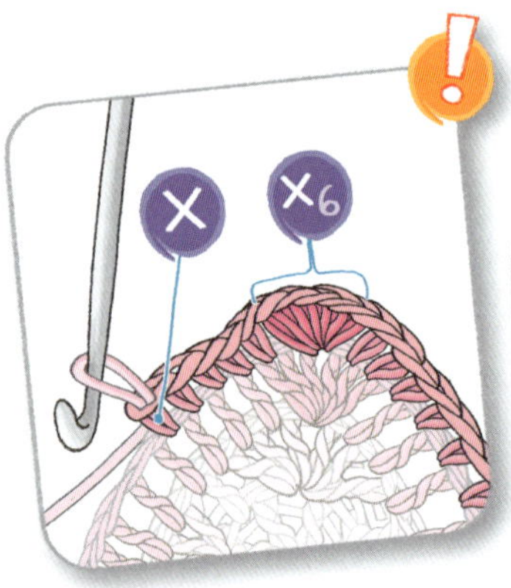

7. Runde

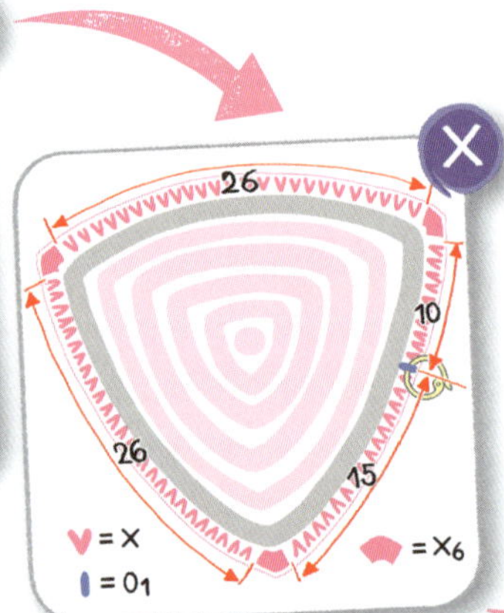

Anzahl der benötigten Zwischenmaschen

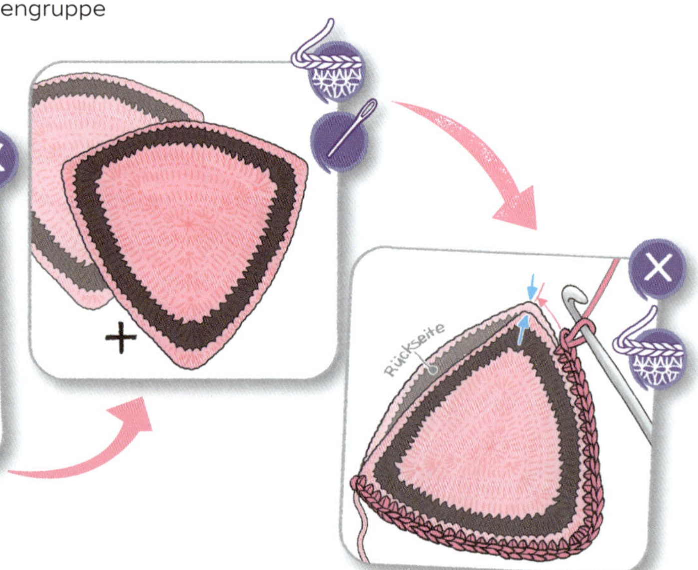

Weiter in 2

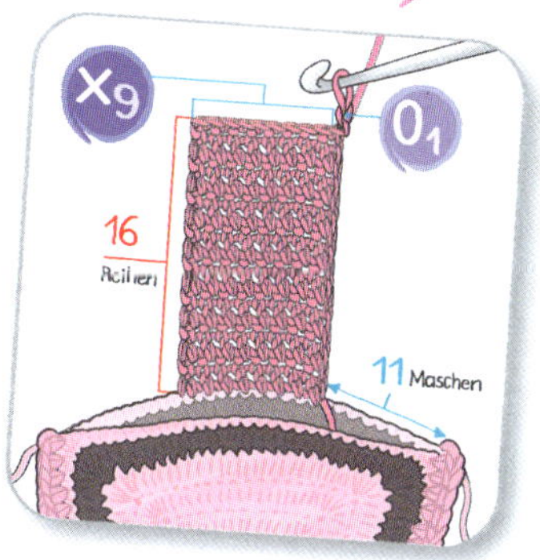

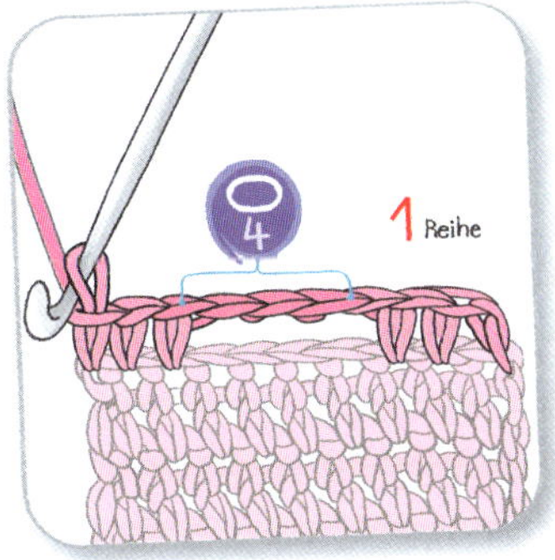

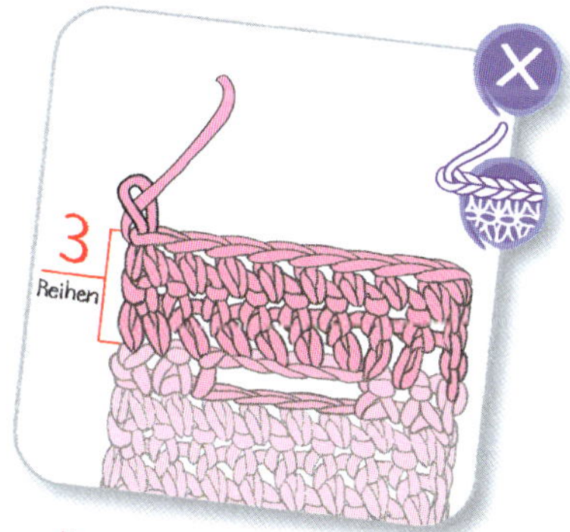

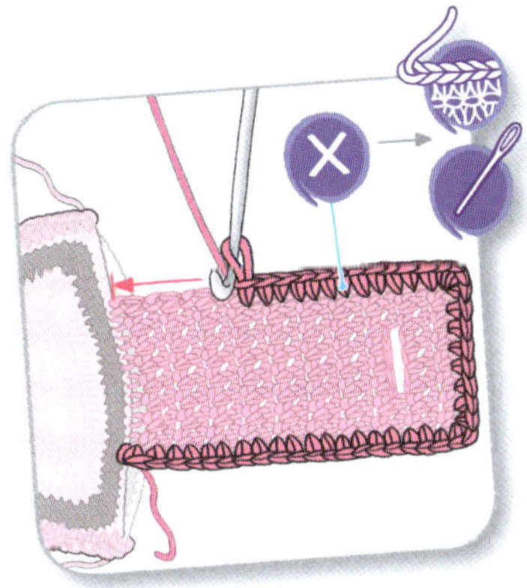

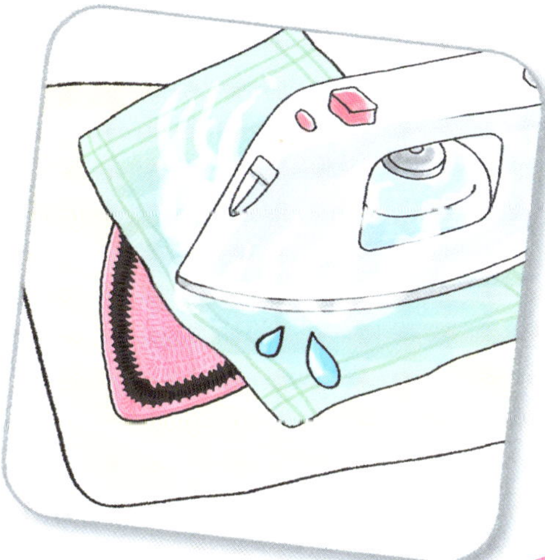

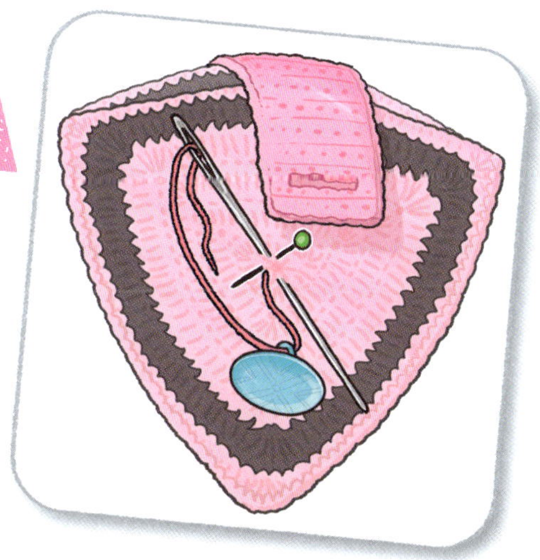

Fertig!

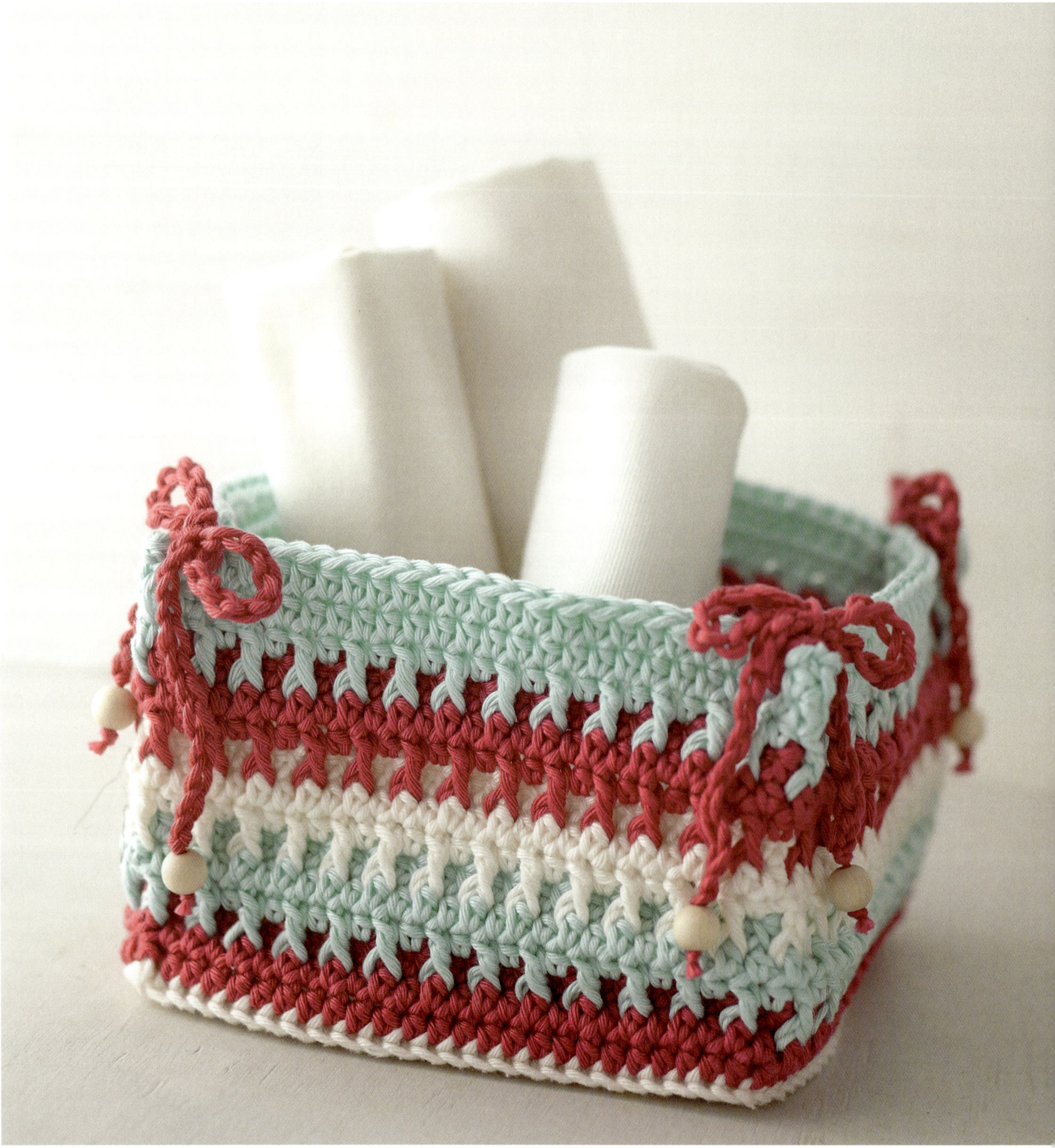

Körbchen

Material

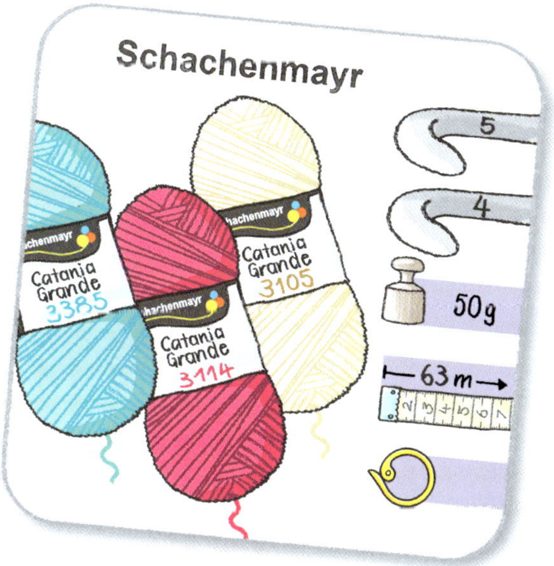

Größe

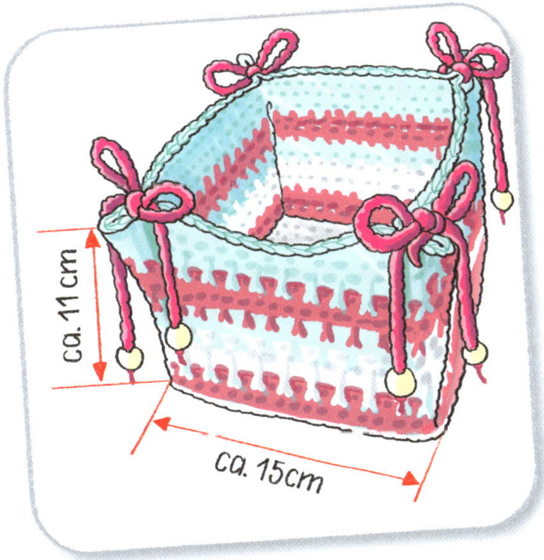

Zubehör

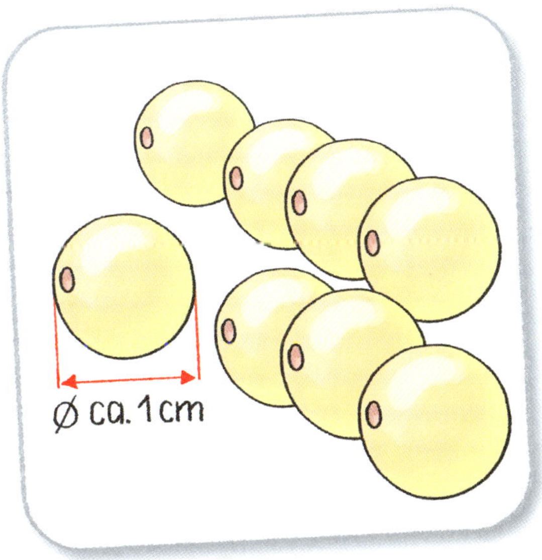

Maschenarten

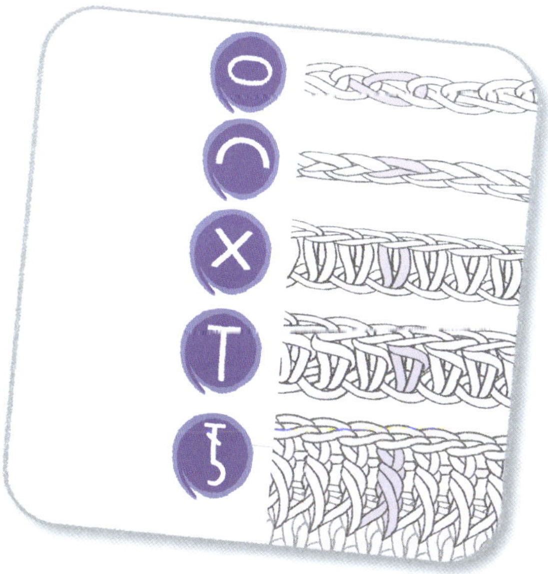

Anleitung

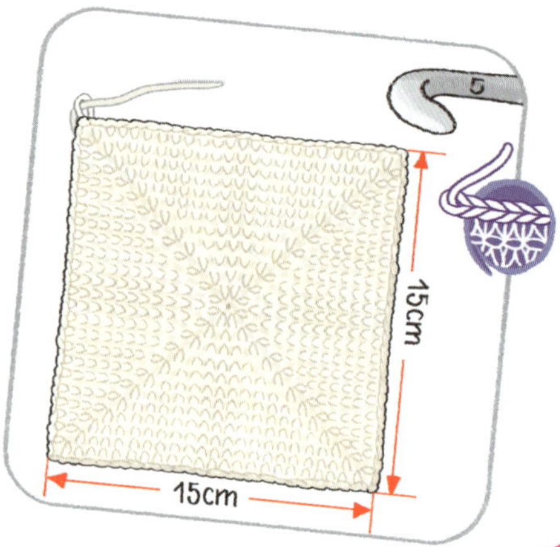

Schritt 1

Quadrat häkeln (Seite 63)

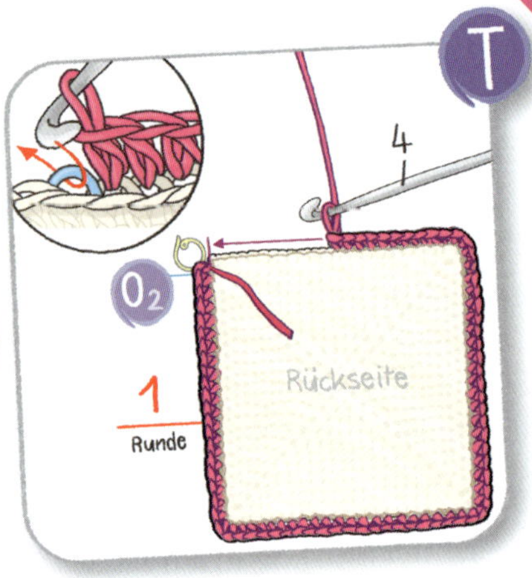

Schritt 2

Nur ins hintere Maschenglied häkeln

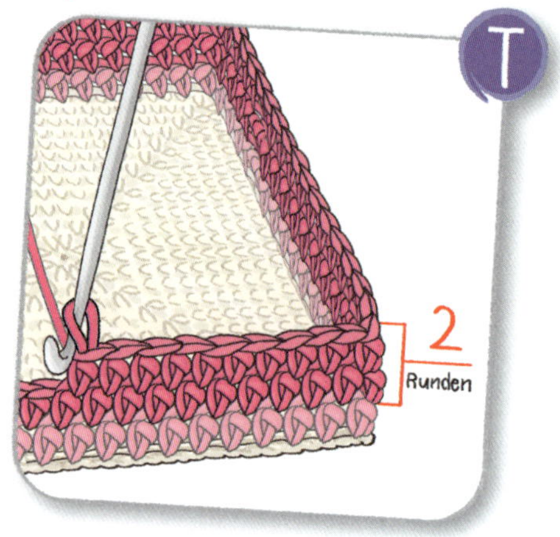

Schritt 3

1. Muster-Runde

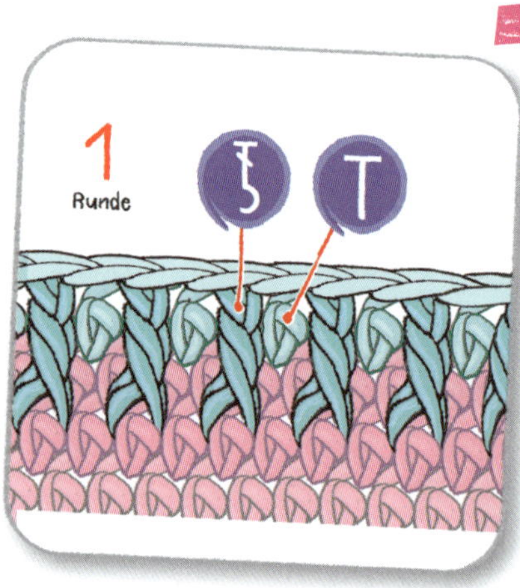

Schritt 4

2. und 3. Muster-Runde

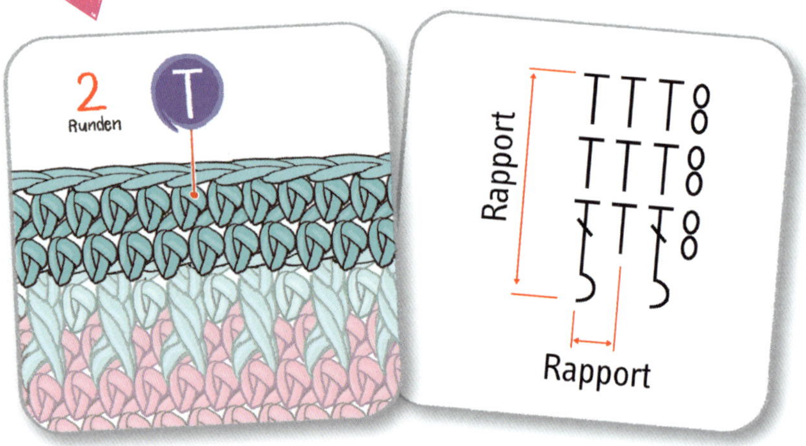

Schritt 5

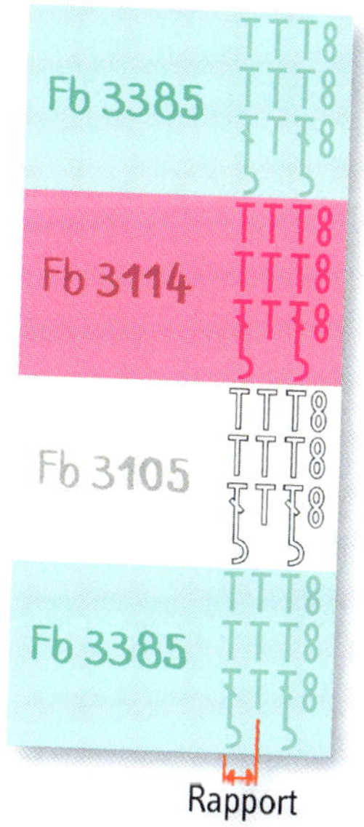

Schritt 6

Farbreihenfolge

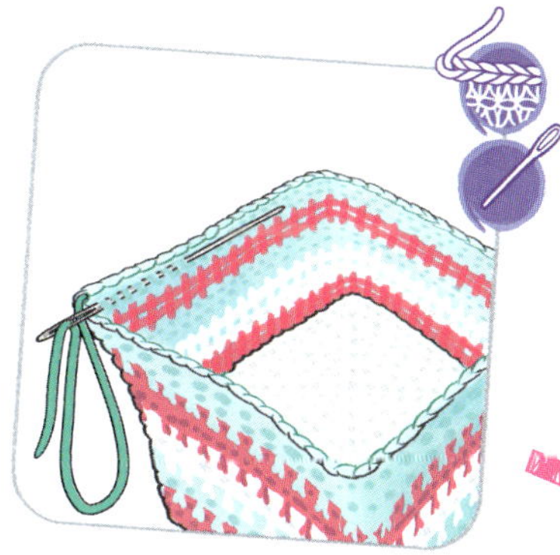

Schritt 7

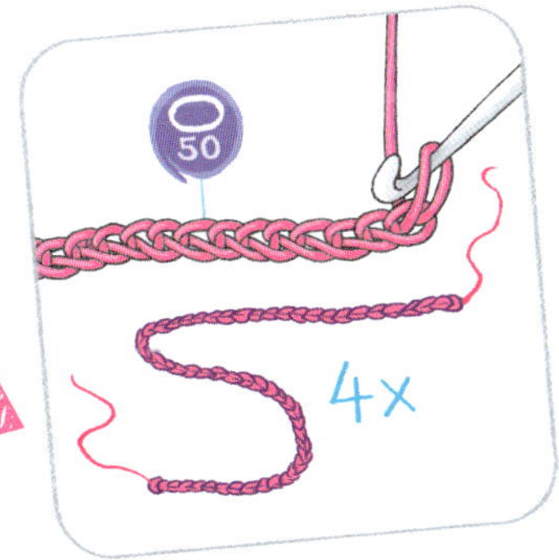

Schritt 8

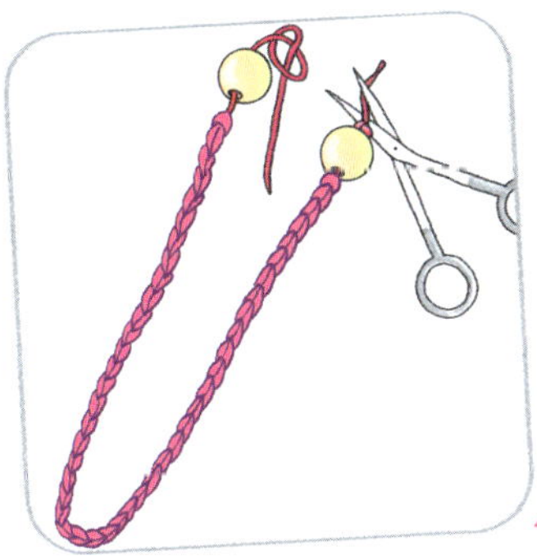

Schritt 9

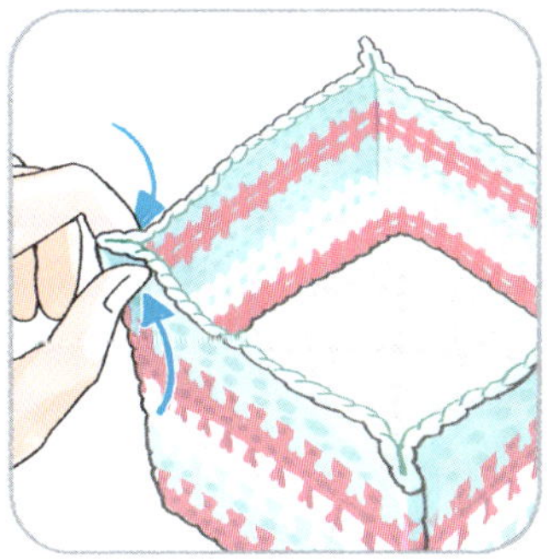

Schritt 10

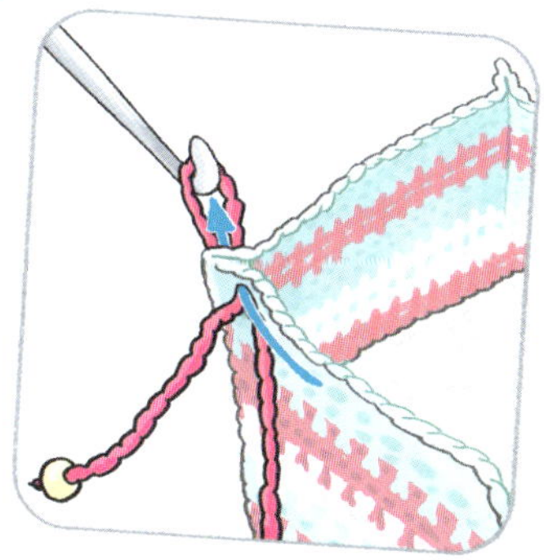

Schritt 11

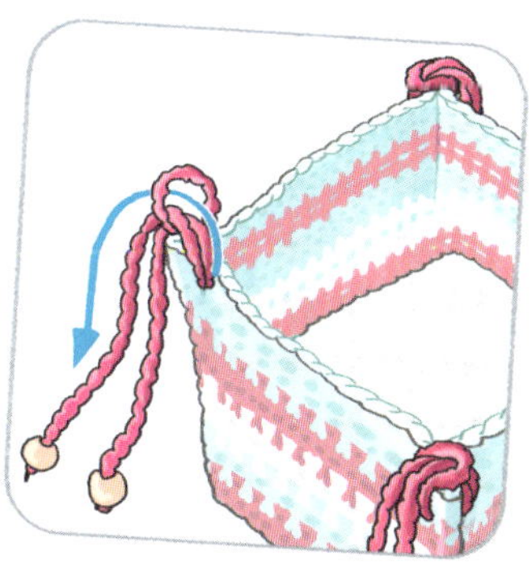

Schritt 12

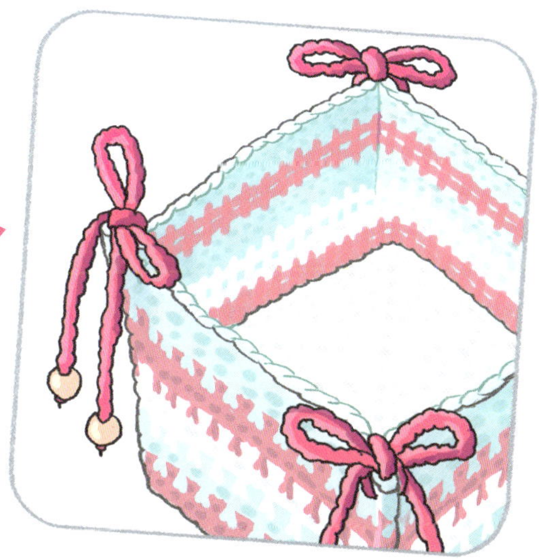

Schritt 13

Fertig!

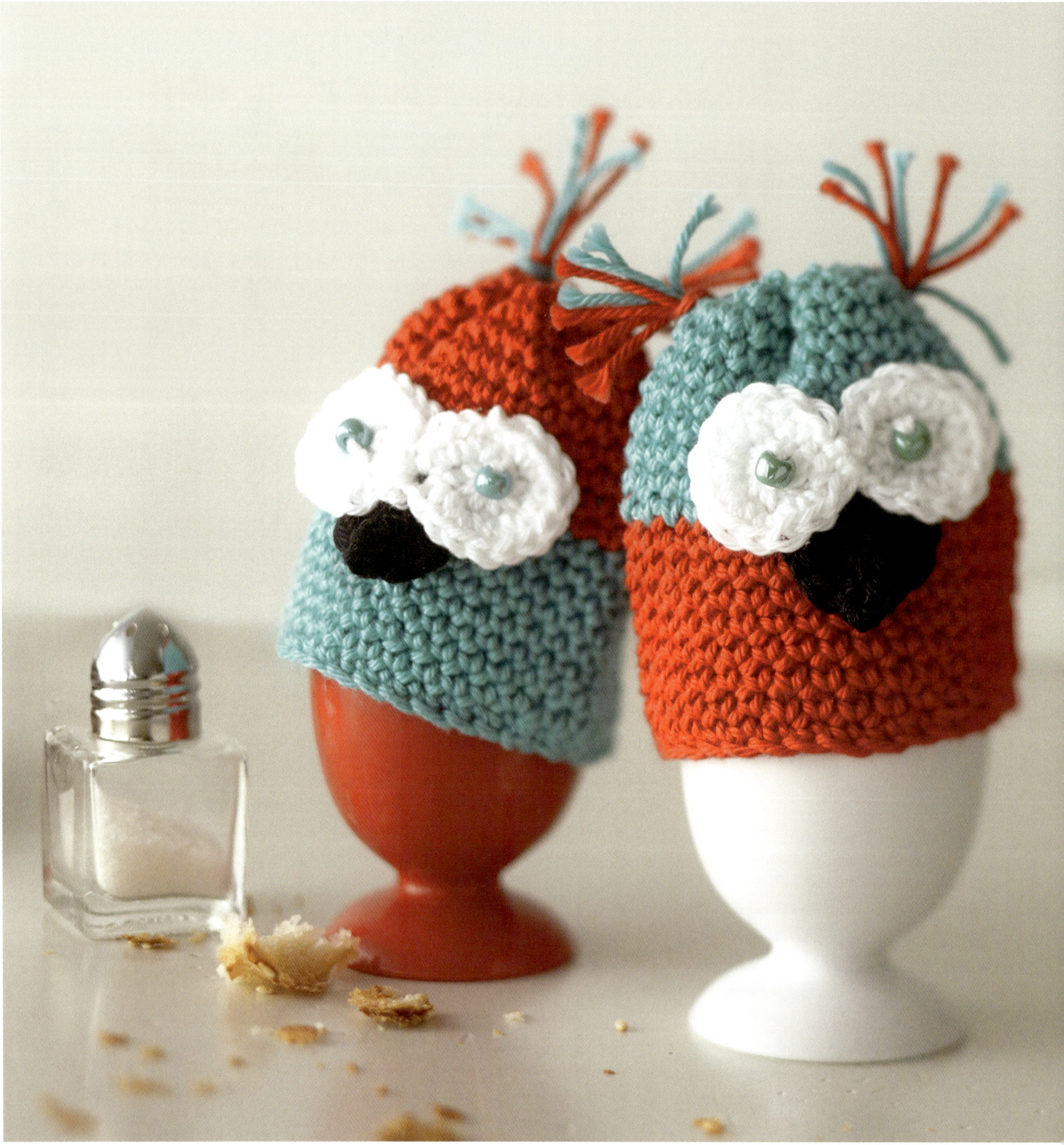

Eierwärmer

Material

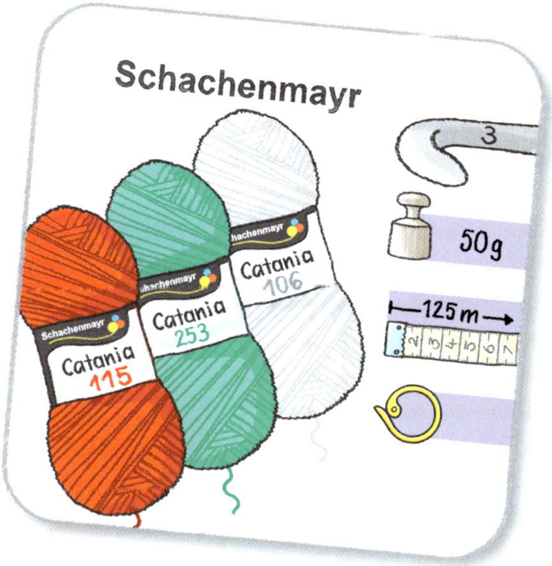

Größe

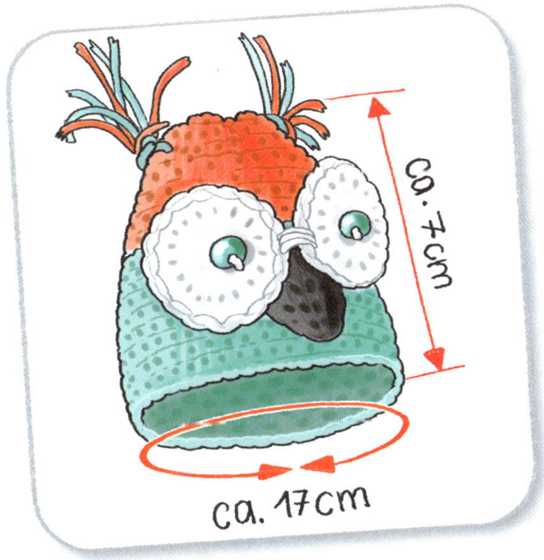

Zubehör

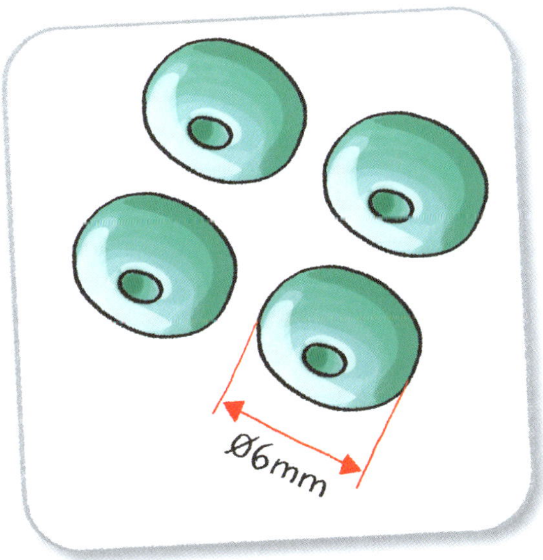

Maschenarten

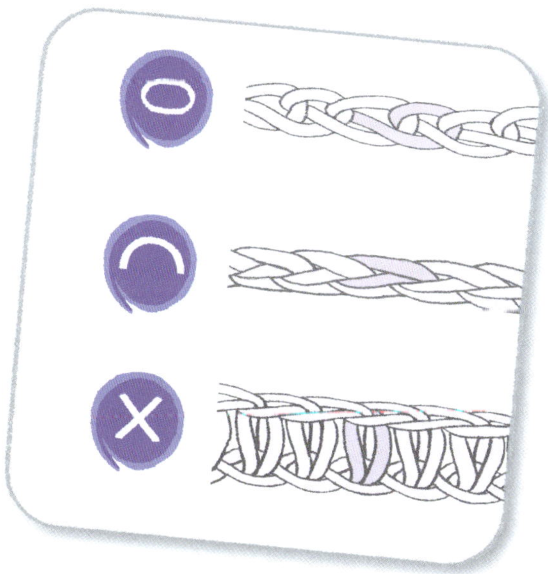

Anleitung

Körper

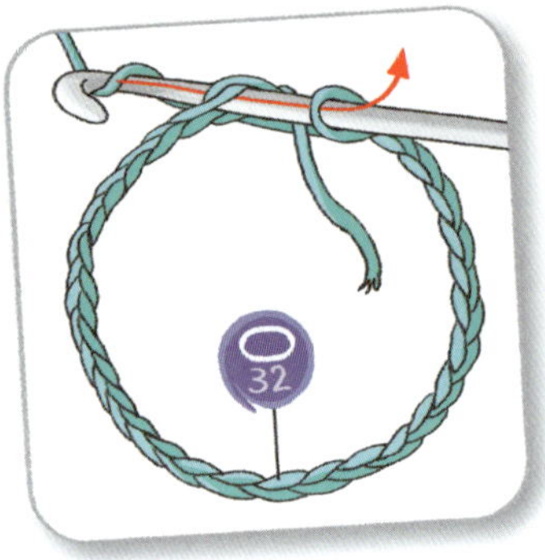

Schritt 1

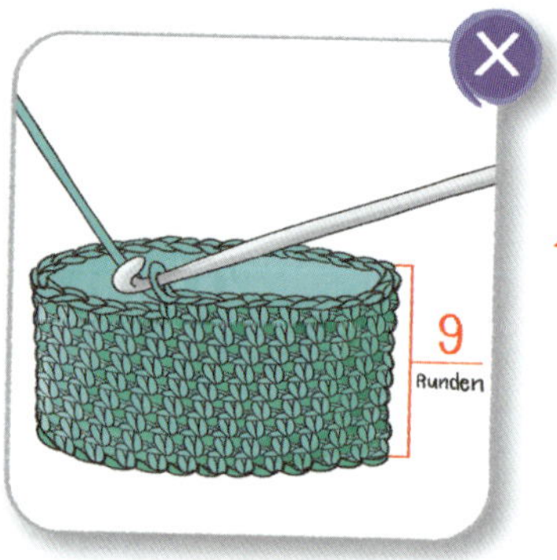

Schritt 2

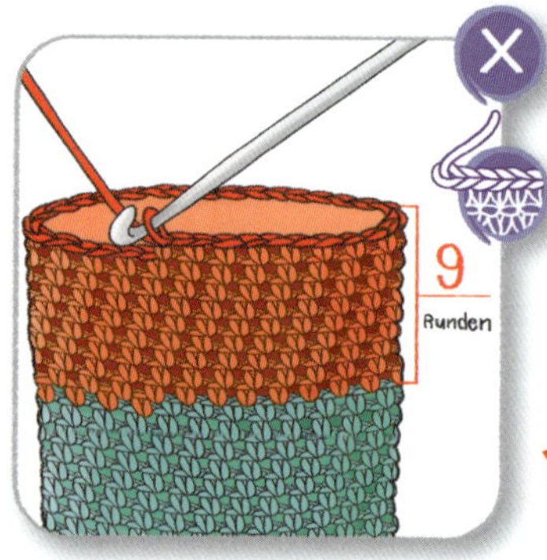

Schritt 3

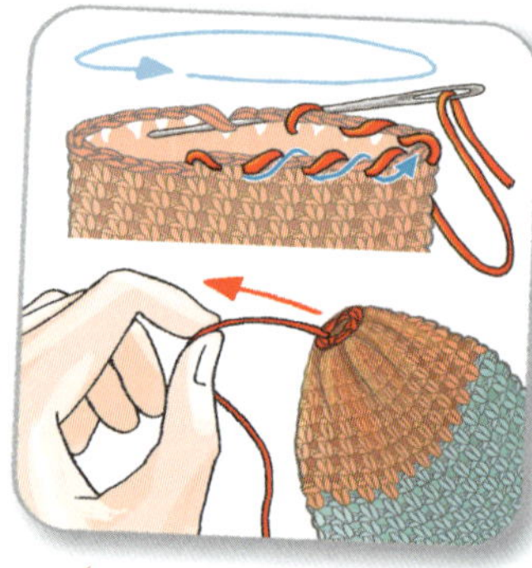

Schritt 4

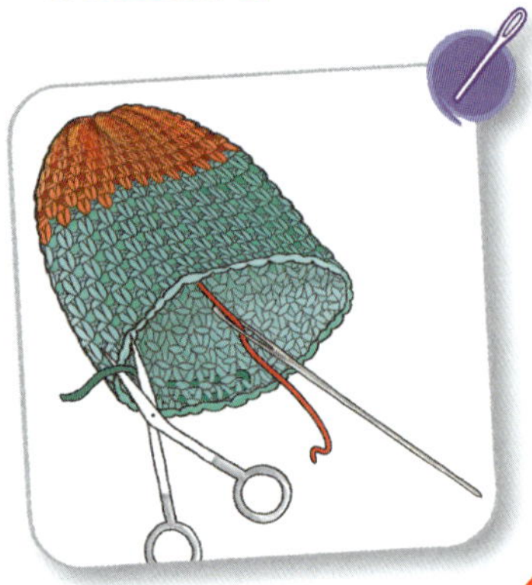

Schritt 5

Augen und Schnabel

1. Runde

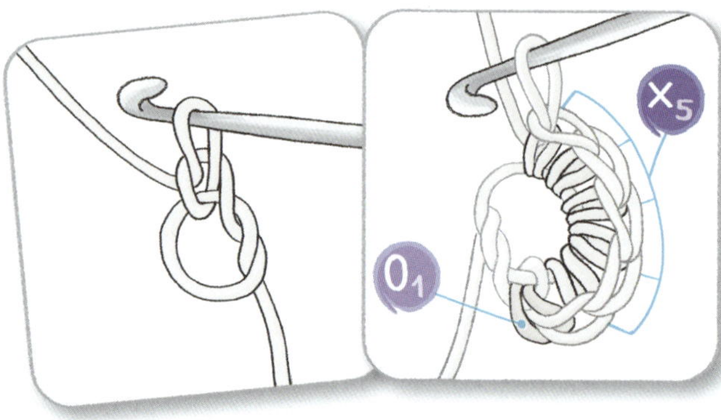

Schritt 1

Fadenring (Seite 60)

2. Runde

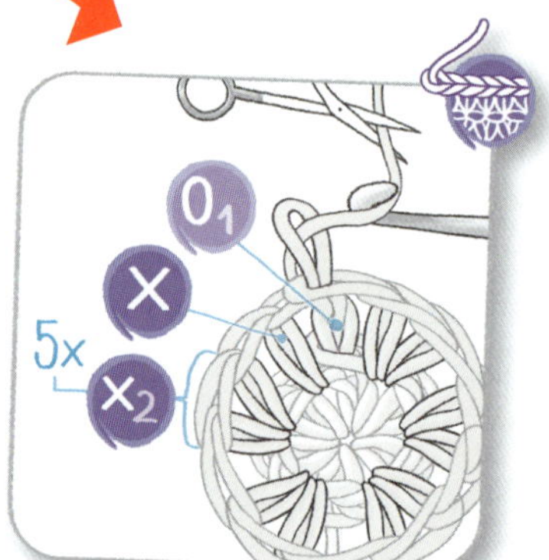

Schritt 2

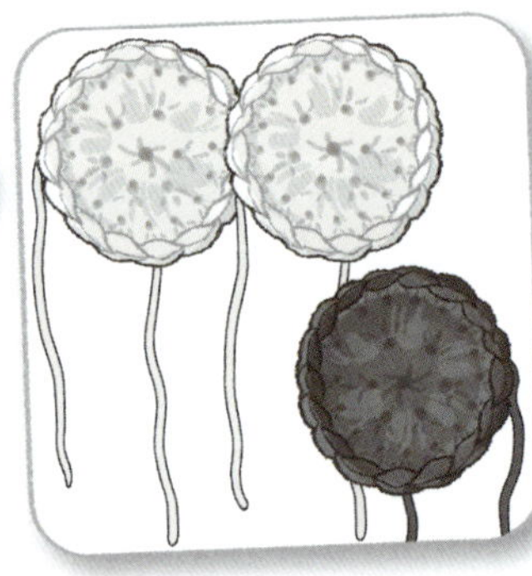

Schritt 3

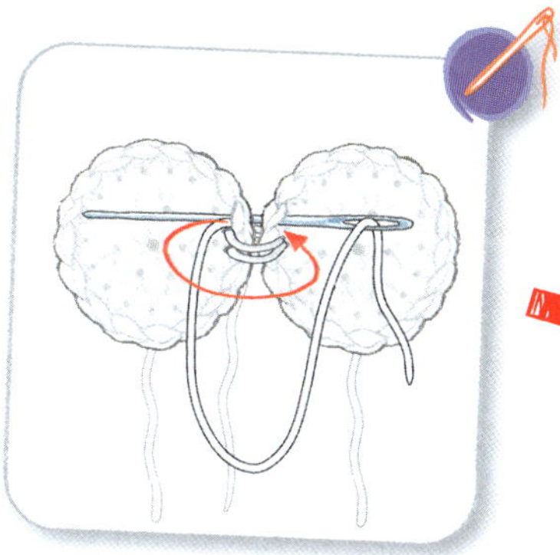

Schritt 4

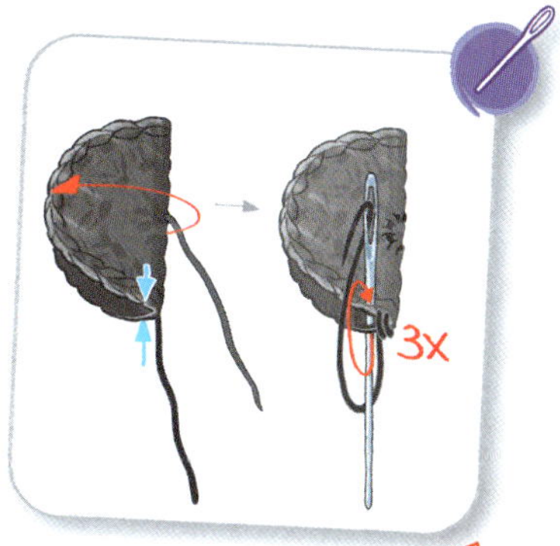

Schritt 5

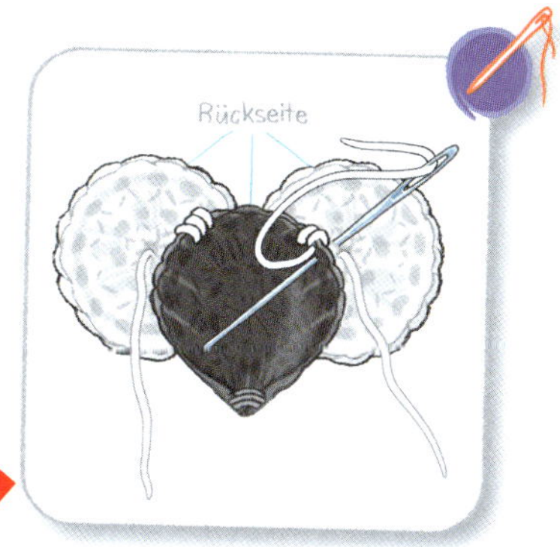

Schritt 6

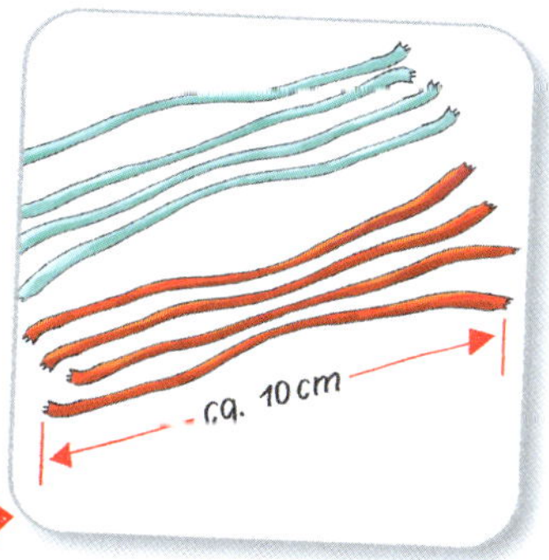

Schritt 8

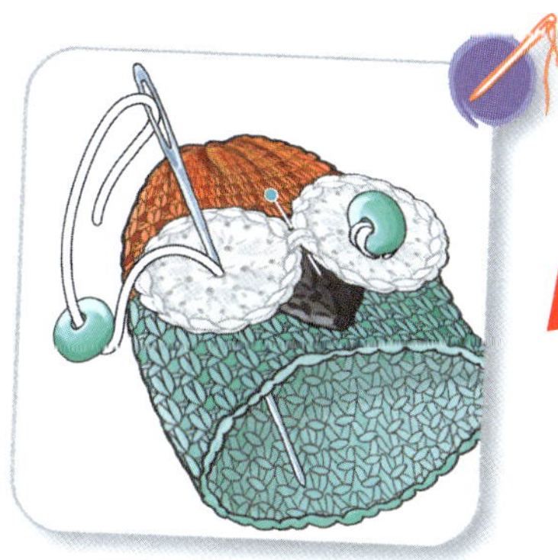

Schritt 7

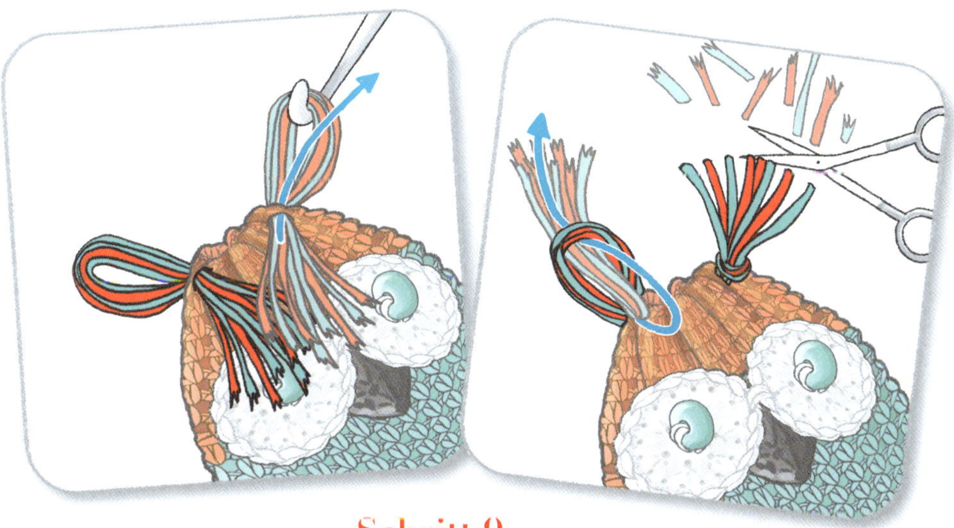

Schritt 9

Fertig!

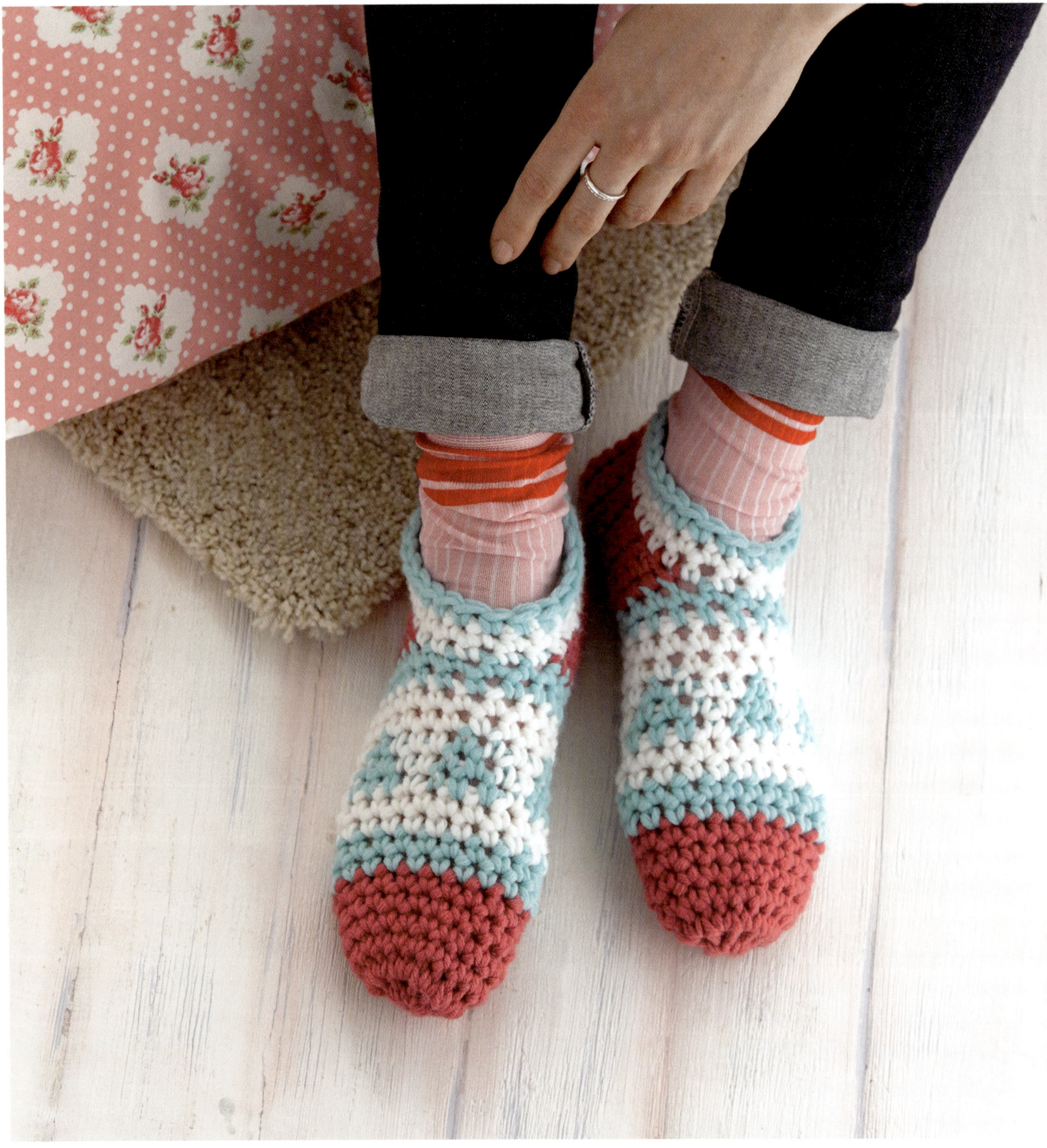

Hüttenschuhe

Größe

37 / 38

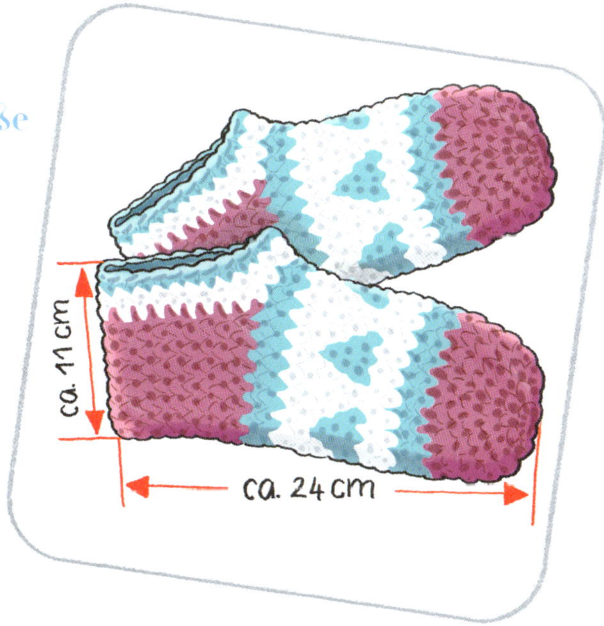

Material

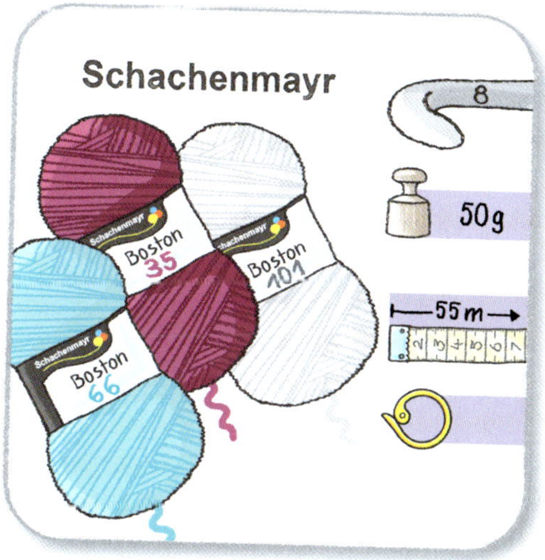

Maschenprobe

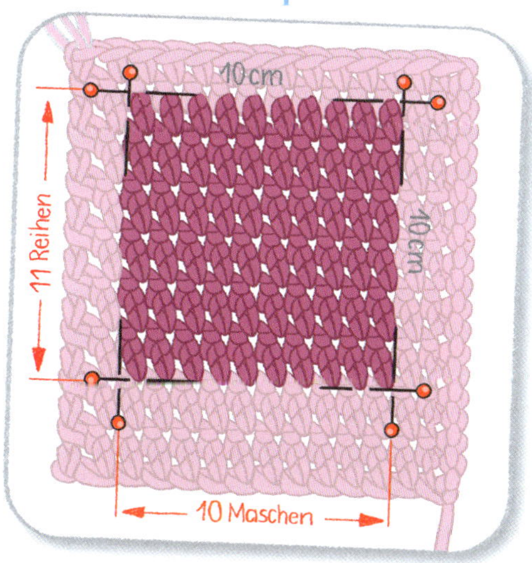

Maschenarten

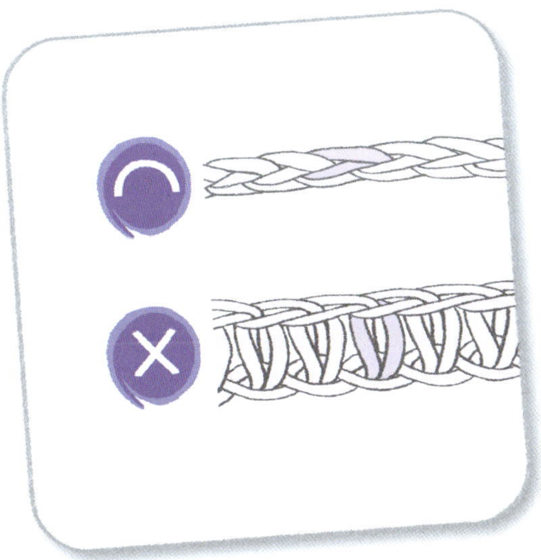

Anleitung

Fußteil

Schritt 1

Fadenring (Seite 60)

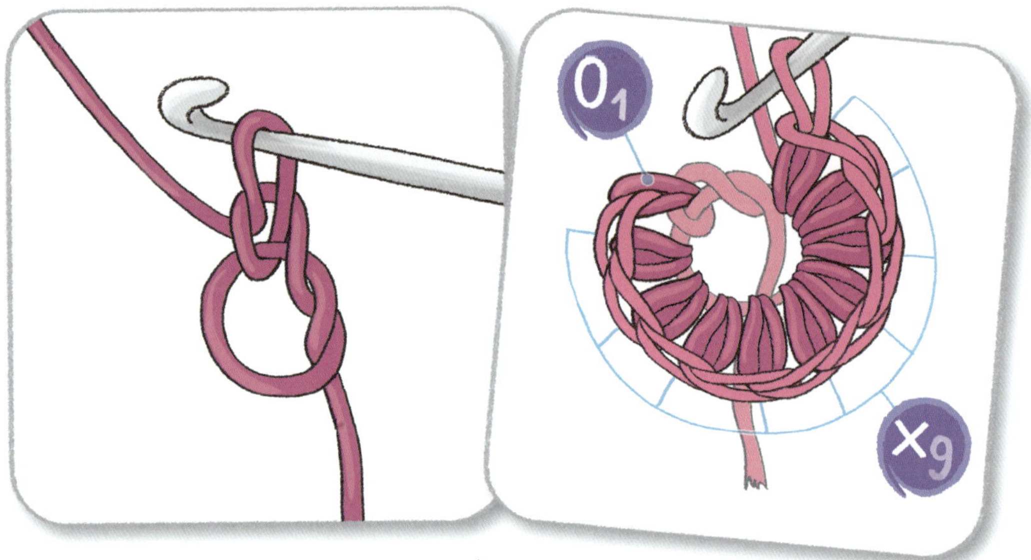

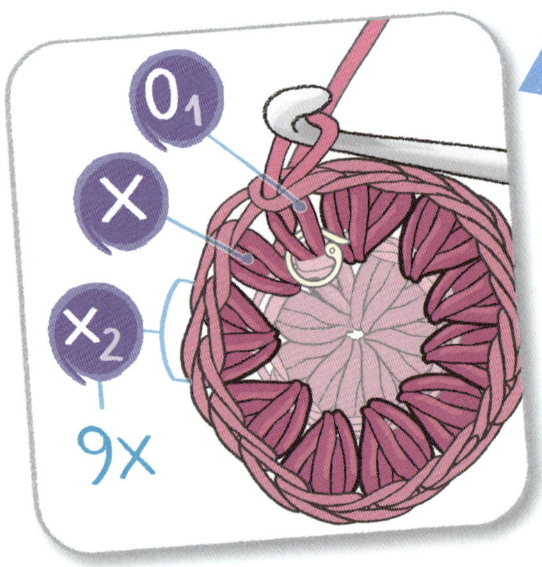

Schritt 2

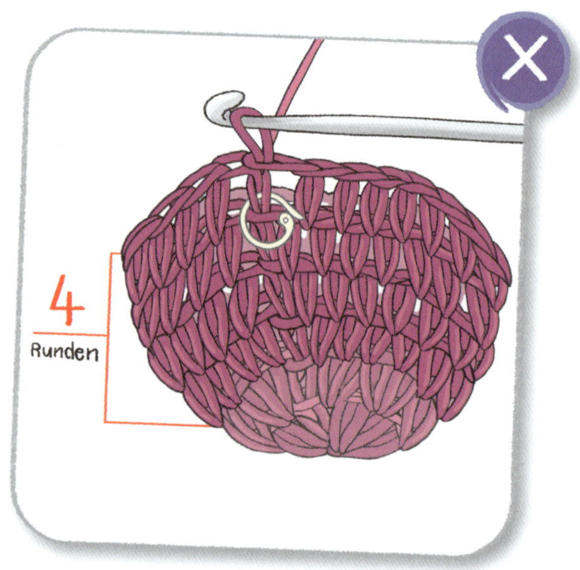

Schritt 3

Schritt 4

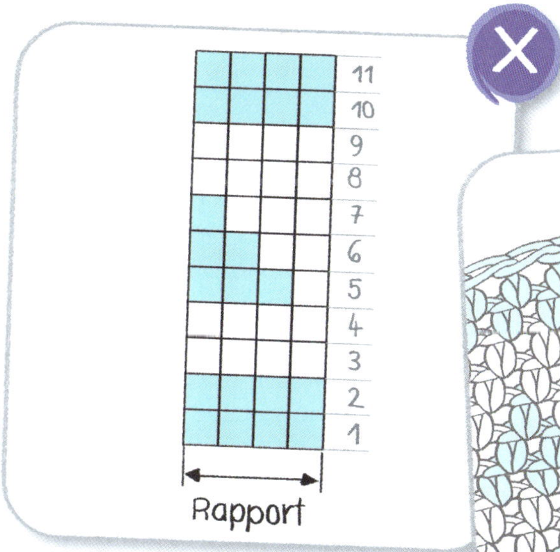

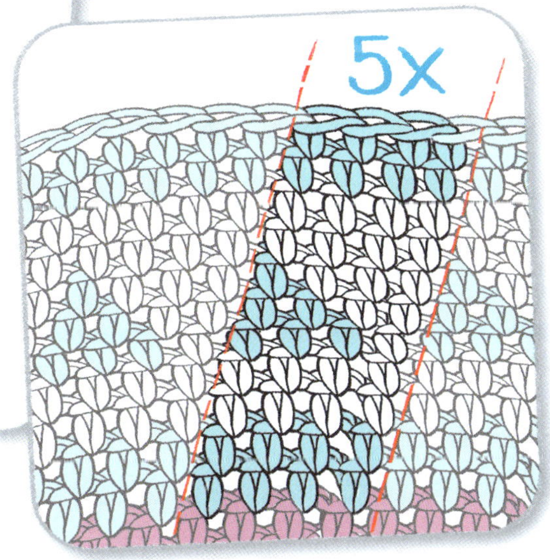

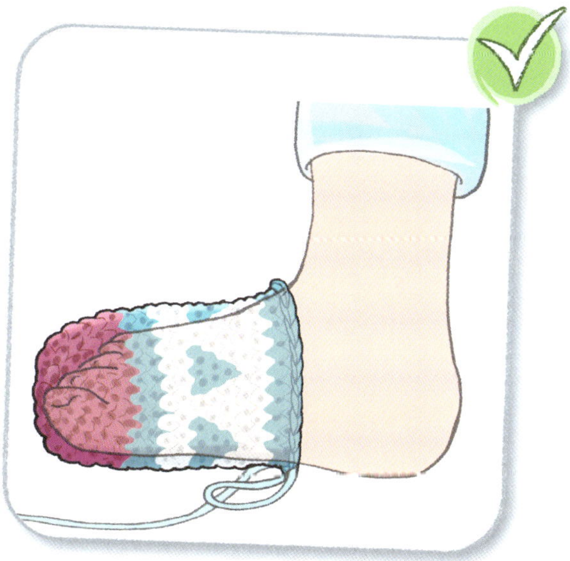

Schritt 5

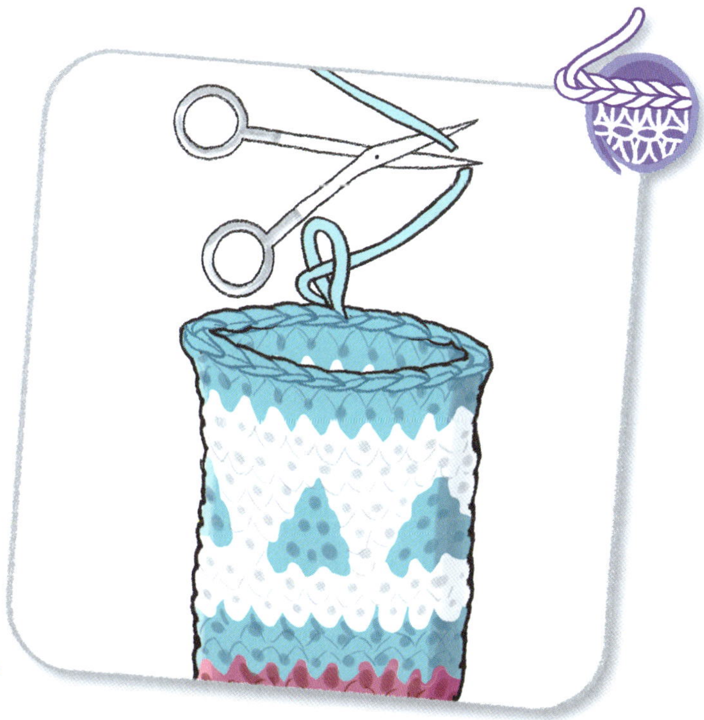

Schritt 6

Ferse

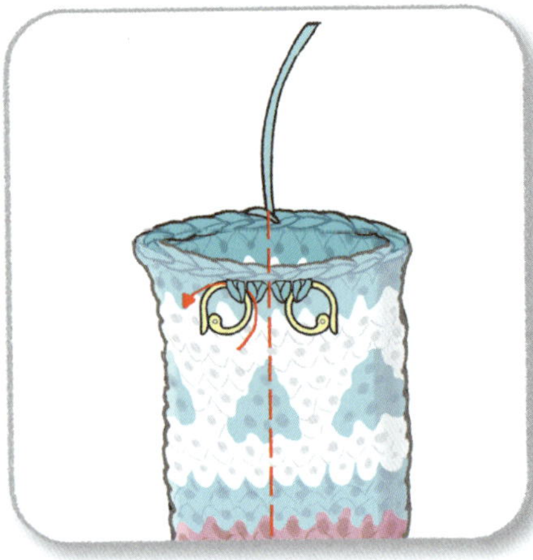

Schritt 7

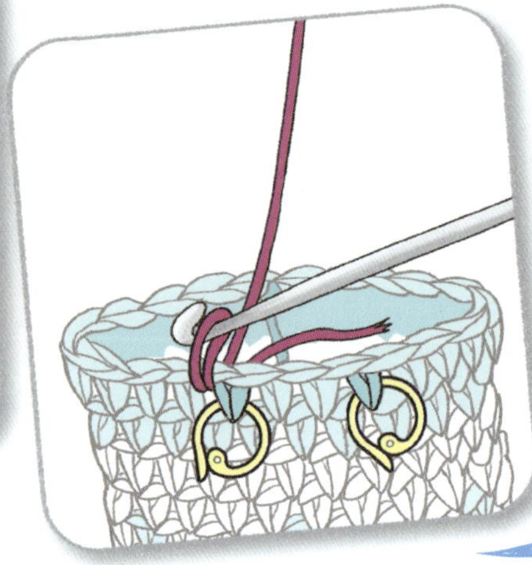

Schritt 8

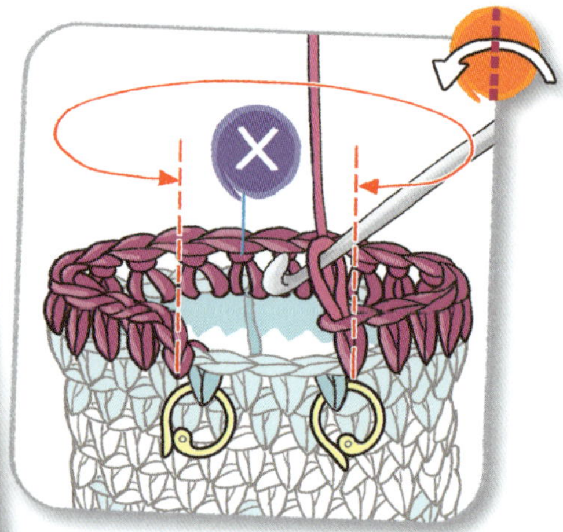

Schritt 9

Weiter mit 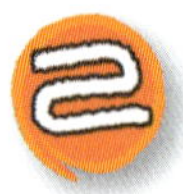

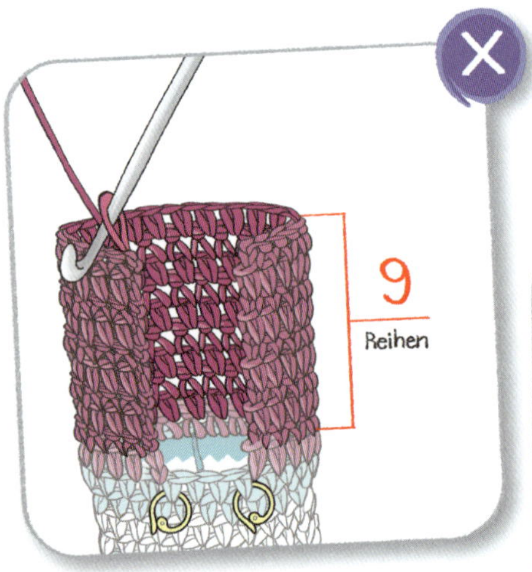

Schritt 10

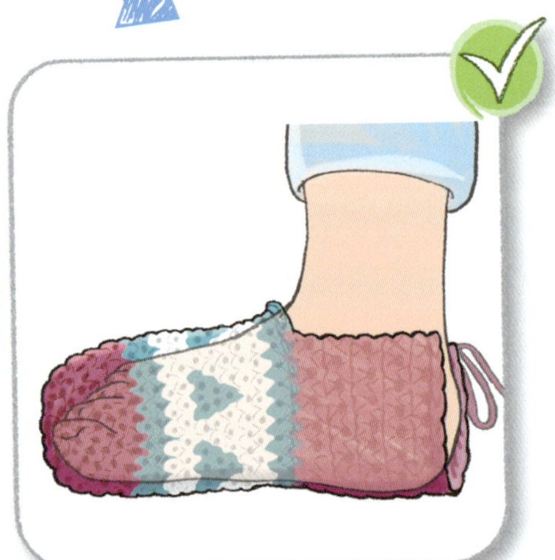

Schritt 11

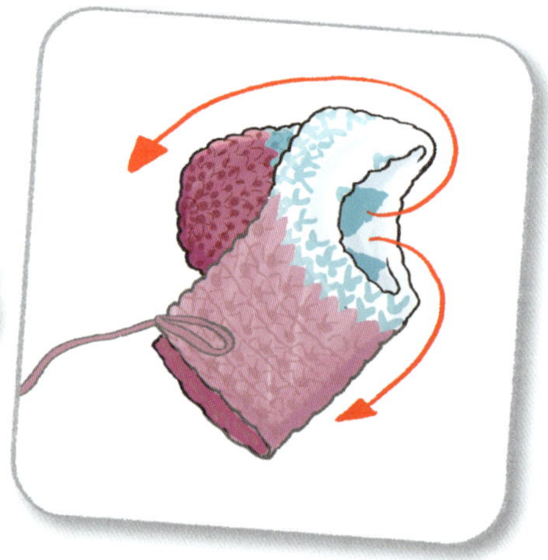

Schritt 12

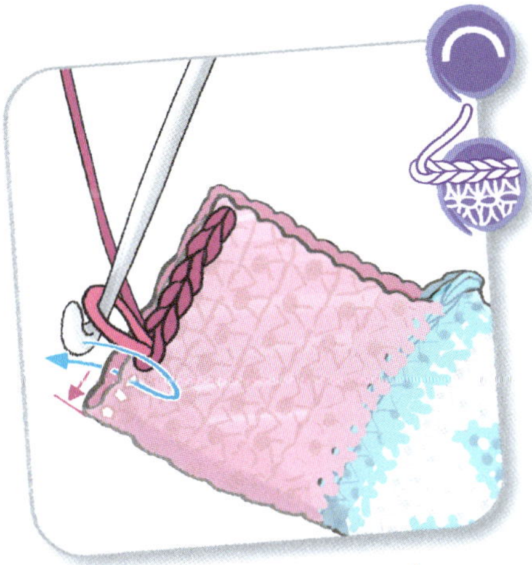

Schritt 13

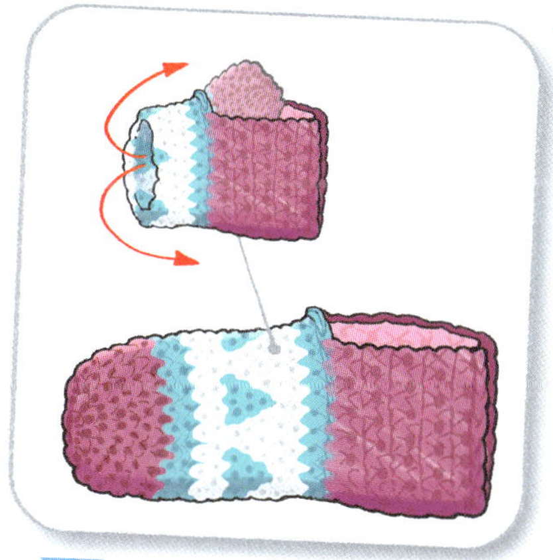

Schritt 14

Weiter mit

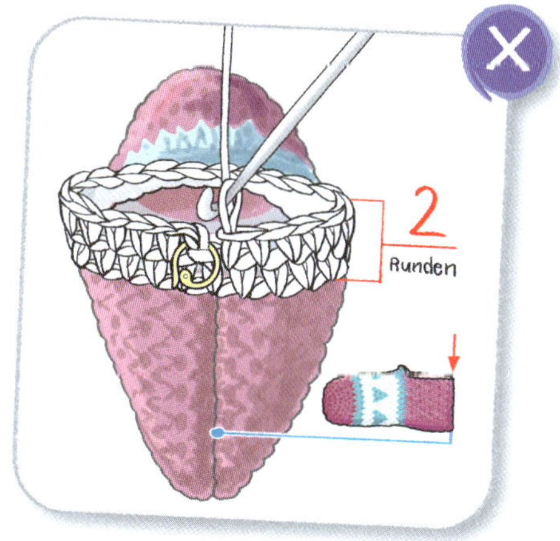

Schritt 15

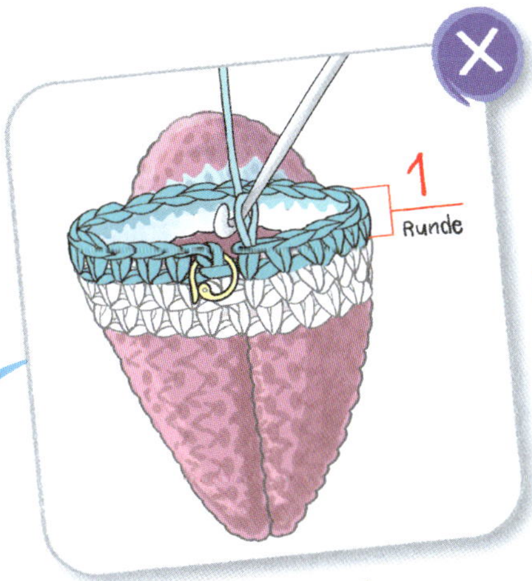

Schritt 16

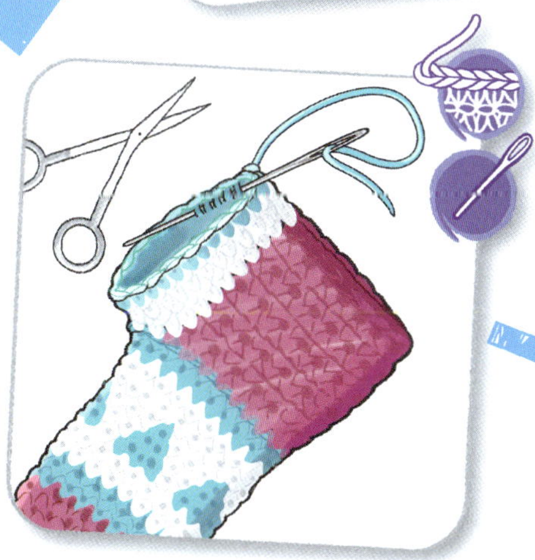

Schritt 17

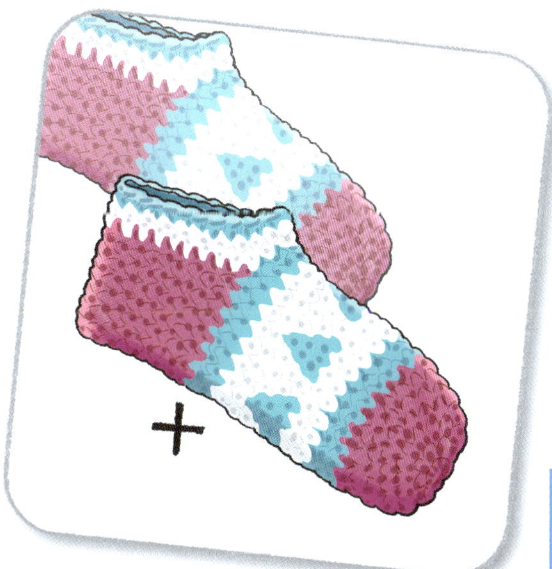

Schritt 18

Fertig!

Register

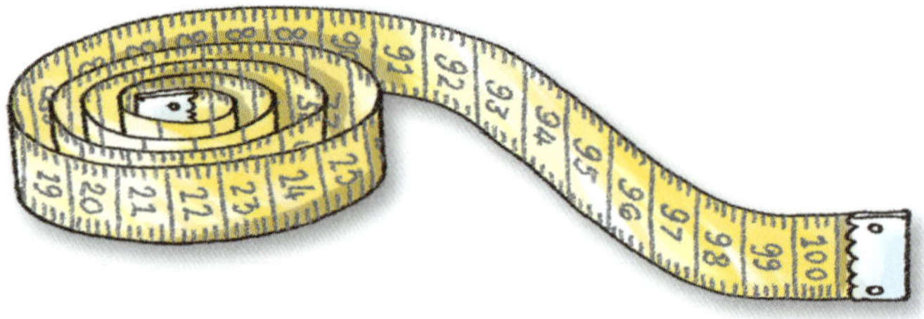

Anfangsschlinge 30
Anleitungen lesen 76
Banderole 26
Baumwolle 9
Büschelmaschen 53
Doppelstäbchen 46
Dreieck 65
Ecken 62
Effektgarn 12
Faden ansetzen 66
Fadenring 60
Farben häkeln 74
Fertigstellen 68
Feste Maschen 34
Garnstärken 14
Häkelschriften 78
Halbe Stäbchen 38
Handhaltung 31
Kettmaschen 50
Knäuelarten 15
Lacegarn 13
Linkshänder 25
Luftmaschen 32
Maschen abnehmen 56
Maschen zunehmen 55
Maschenprobe 80

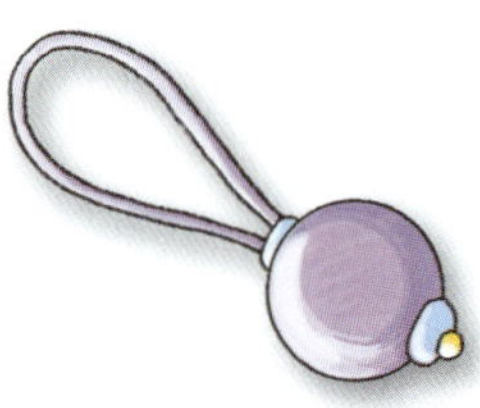

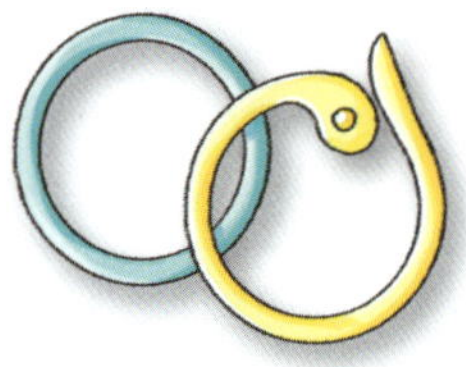

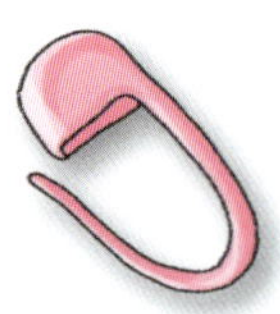

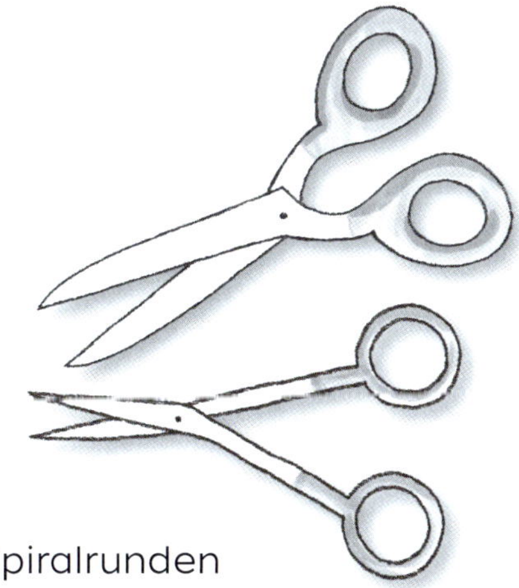

Mischgarn 10
Muscheln 52
Nadelarten 16
Nadeltester 17
Noppen 54
Pflege 20
Pompons 82
Quadrat 63
Quasten 83
Runden 58
Runden, geschlossene 59
Sockengarn 13
Spannen 71
Spiralrunden 59
Stäbchen 42
Stäbchen, tiefer gestochene 51
Synthetikgarn 11
Vernähen 70
Wolle 8
Zusammennähen 72

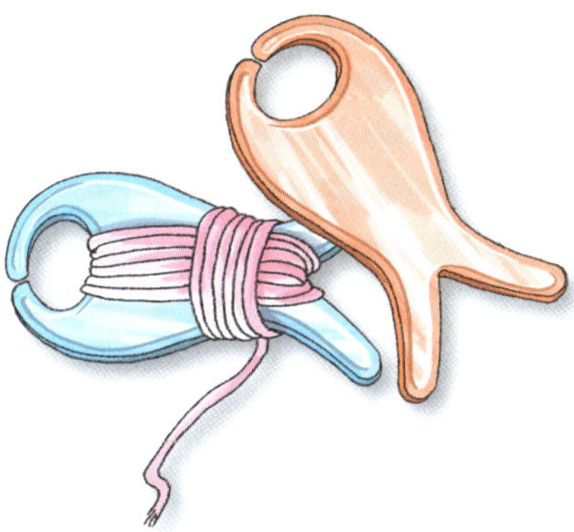

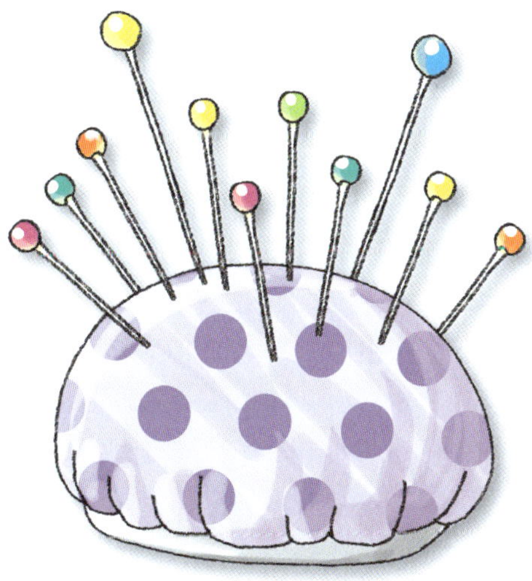

Buchempfehlungen für dich

Noch mehr kreative Bücher zum gleichen Thema gesucht?

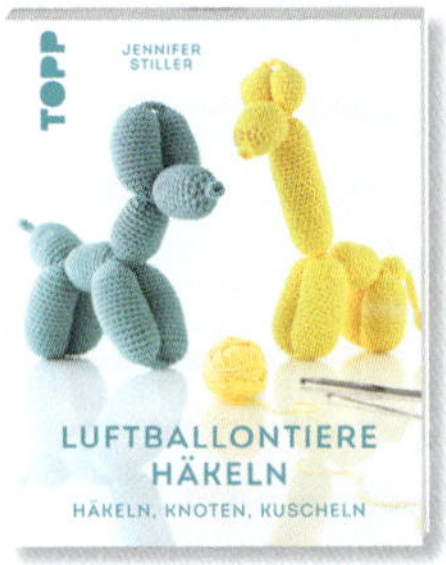

ISBN 978-3-7358-7103-9

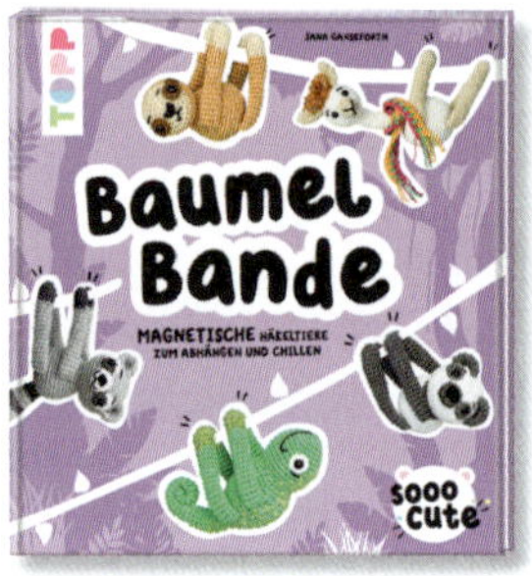

ISBN 978-3-7724-4840-9

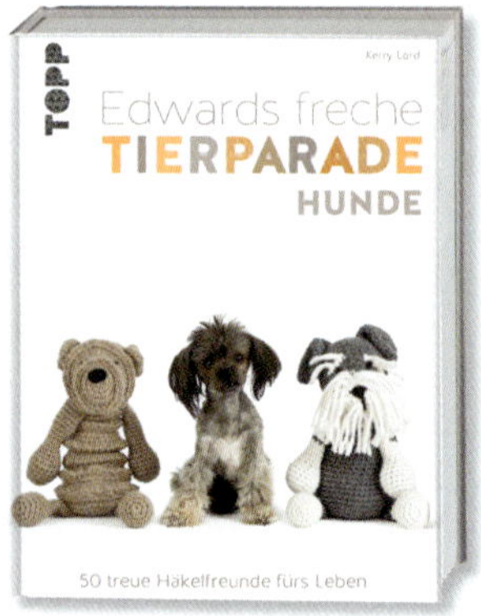

ISBN 978-3-7724-8164-2

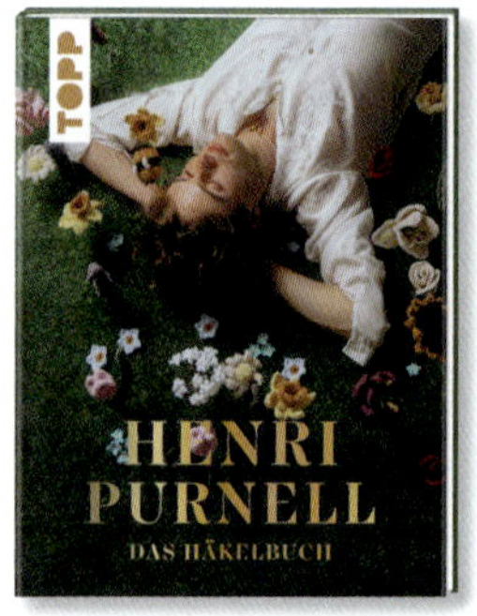

ISBN 978-3-7358-7047-6

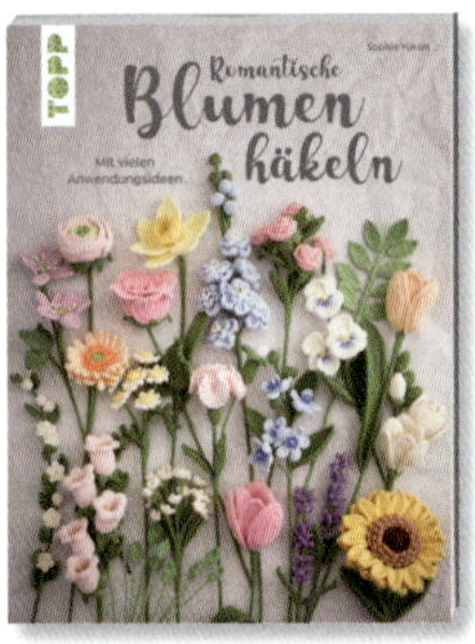

ISBN 978-3-7358-7225-8

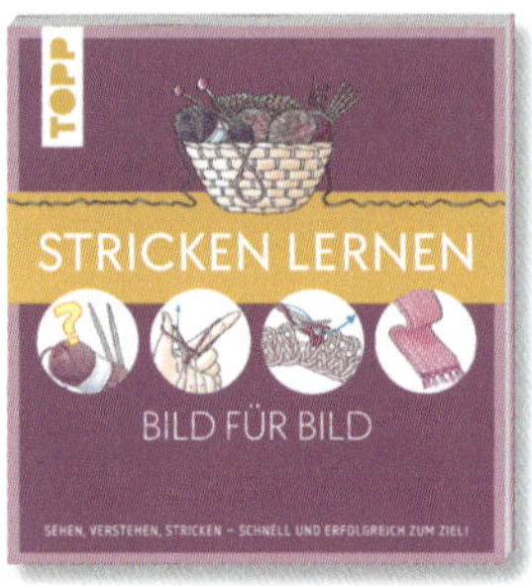

ISBN 978-3-7358-7089-6

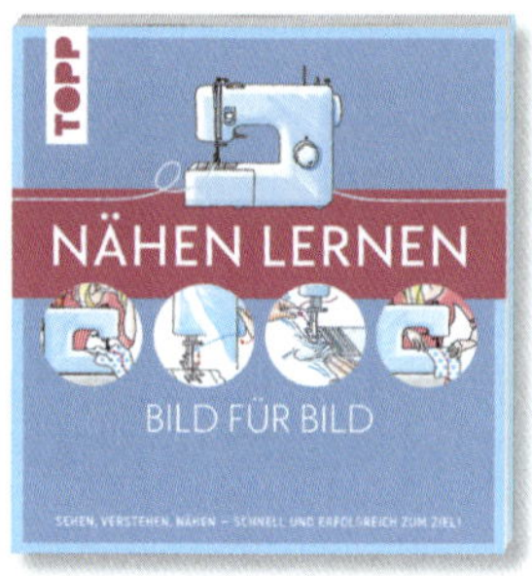

ISBN 978-3-7358-7090-2

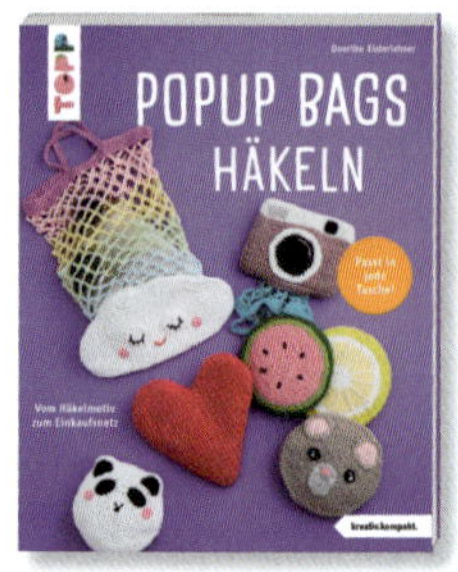

ISBN 978-3-7358-7215-9

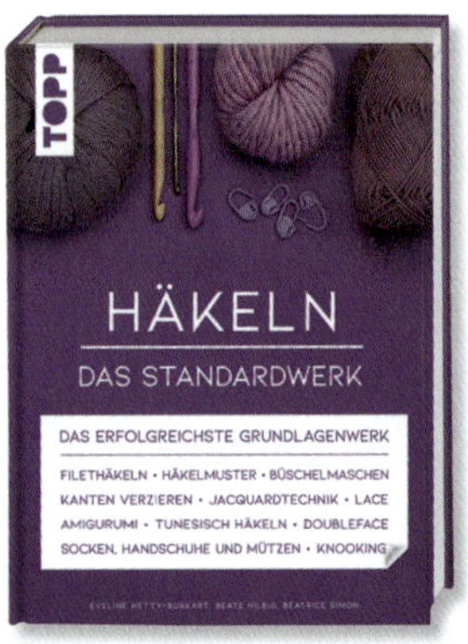

ISBN 978-3-7724-4885-0

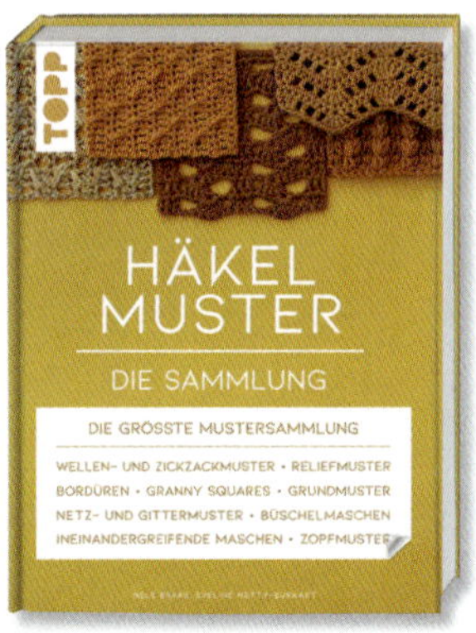

ISBN 978-3-7724-4887-4

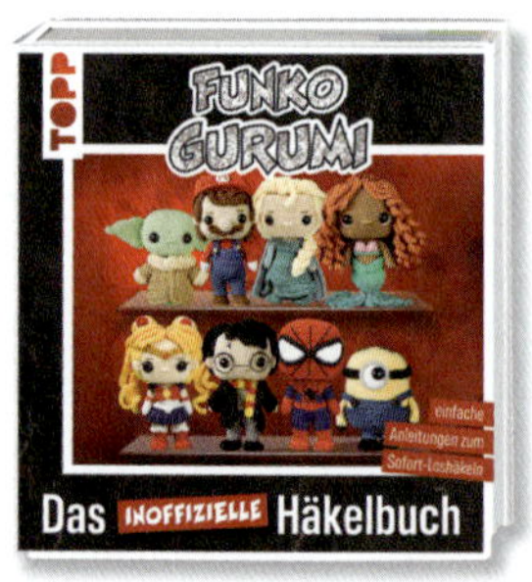

ISBN 978-3-7358-7098-8

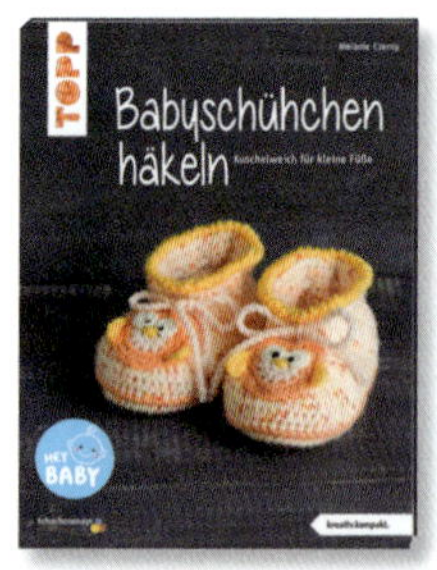

ISBN 978-3-7724-6841-4

Noch mehr Kreativ-Bücher findest du auf www.TOPP-kreativ.de

#TOPPPROJEKT

Die eigene Kreativität zeigen: TOPPprojekt mit anderen Kreativen teilen und Teil der Gemeinschaft werden.

DIY-begeistert und auf Instagram? Dann unbedingt mitmachen! Hier gibt's Tipps und Feedback zu den eigenen Projekten. Außerdem verlosen wir jeden Monat ein Überraschungspaket. Um am Gewinnspiel teilzunehmen, einfach ein Bild vom Kreativ-Projekt aus unseren Büchern mit #TOPPprojekt posten und unserem Account @frechverlag folgen. Mehr Infos auf TOPP-kreativ.de/TOPPprojekt

Mach mit beim

#TOPPprojekt

#TOPPprojekt
@frechverlag

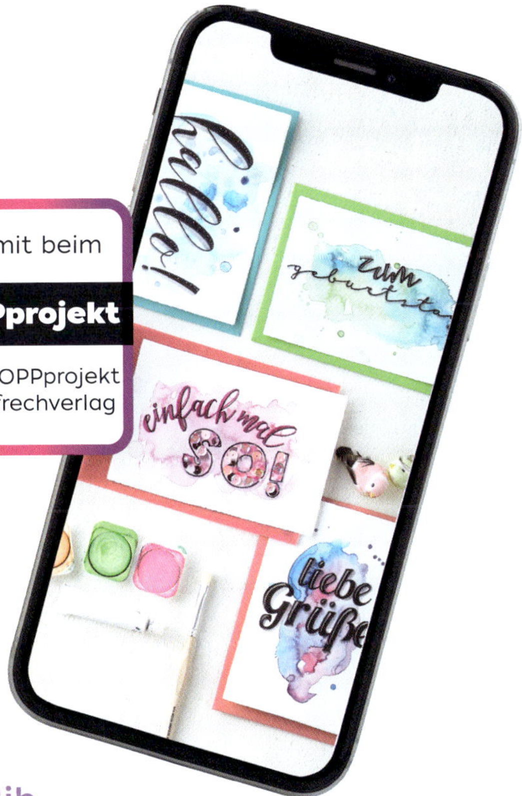

Webseite

Auf TOPP-kreativ.de gibt es ein riesiges Angebot von über 1.000 Kreativbüchern, Sets und mehr zu entdecken.

Newsletter

Immer als Erstes von unseren Neuheiten und Sonderaktionen erfahren: TOPP-kreativ.de/newsletter

Instagram

@frechverlag

Pinterest

pinterest.com/frechverlag

Facebook

facebook.com/frechverlag

DigiBib

Hier gibt es zusätzlich zu einigen unserer Bücher digitale Extras, wie Video-Tutorials, Plotter-Dateien, Vorlagen, Übungsblätter und vieles mehr. Einfach im Impressum eines TOPP-Buchs nachschauen, ob dort ein Code vorhanden ist, und exklusive Inhalte freischalten. TOPP-kreativ.de/digibib

Youtube

youtube.com/frechverlag

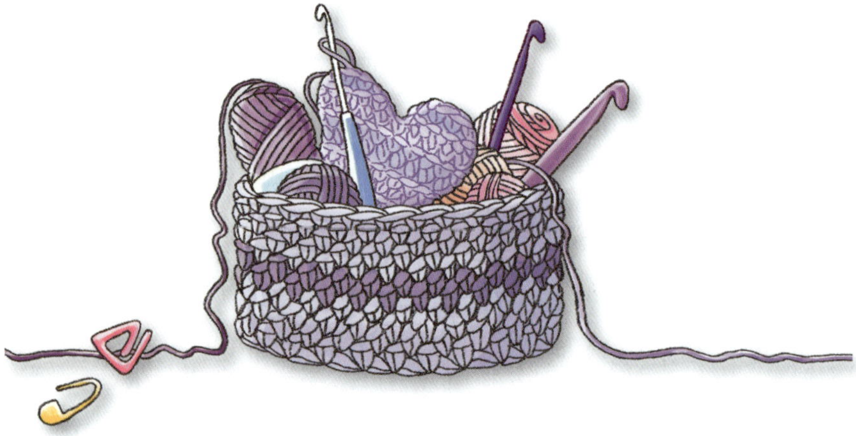

Wir danken der Firma MEZ GmbH für die freundliche Unterstützung bei diesem Buch:
www.schachenmayr.com
www.mezcrafts.com

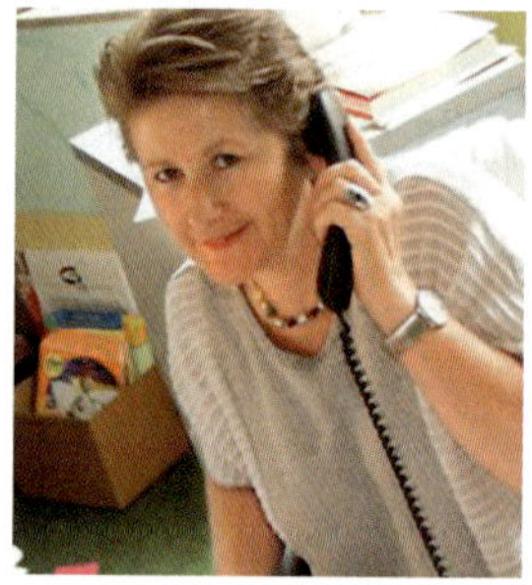

Service-Hotline

Haben Sie Fragen oder gibt es ein Problem? Wir helfen Ihnen gern. Rufen Sie uns an oder schreiben Sie eine E-Mail:

Telefon: 0711/12375720*
*normale Telefongebühren
E-Mail: hilfe@frechverlag.de

Weitere Informationen zum Verlag und zu unserem gesamten Programm finden Sie unter: www.topp-kreativ.de

Impressum

IDEE: Miriam Heil
KONZEPT: Miriam Heil, Ina Hoffmann
PRODUKTMANAGEMENT UND LEKTORAT: Miriam Heil, Claudia Mack
ILLUSTRATIONEN: schwab:illustrationen, Ursula Schwab, Haselund
MODELLE: Ursula Schwab
FOTOS: frechverlag GmbH, 70839 Gerlingen; lichtpunkt, Michael Ruder, Stuttgart
UMSCHLAGGESTALTUNG: Petra Schmidt
GESTALTUNG: Katrin Röhlig
SATZ: fsm premedia GmbH & Co. KG, Münster
DRUCK UND BINDUNG: DZS GRAFIK, SLOWENIEN

Materialangaben und Arbeitshinweise in diesem Buch wurden von der Autorin und den Mitarbeitern des Verlags sorgfältig geprüft. Eine Garantie wird jedoch nicht übernommen. Autorin und Verlag können für eventuell auftretende Fehler oder Schäden nicht haftbar gemacht werden. Das Werk und die darin gezeigten Modelle sind urheberrechtlich geschützt. Die Vervielfältigung und Verbreitung ist, außer für private, nicht kommerzielle Zwecke, untersagt und wird zivil- und strafrechtlich verfolgt. Dies gilt insbesondere für eine Verbreitung des Werkes durch Fotokopien, Film, Funk und Fernsehen, elektronische Medien und Internet sowie für eine gewerbliche Nutzung der gezeigten Modelle. Bei Verwendung im Unterricht und in Kursen ist auf dieses Buch hinzuweisen.

Neubearbeitung von TOPP 4857
4. Auflage 2026

© 2023 frechverlag GmbH, Dieselstraße 5, 70839 Gerlingen, einem Unternehmen der Penguin Random House Verlagsgruppe GmbH, München,
produktsicherheit@frechverlag.de

ISBN 978-3-7358-7106-0 · Best.-Nr. 27106